AF741687

Dynamiques locales et construction du développement au Sénégal

Collection « Études africaines »

dirigée par Denis Pryen et son équipe

Forte de plus de mille titres publiés à ce jour, la collection « Études africaines » fait peau neuve. Elle présentera toujours les essais généraux qui ont fait son succès, mais se déclinera désormais également par séries thématiques : droit, économie, politique, sociologie, etc.

Dernières parutions

Julien IRUMU AGOZIA-KARIO, *Spiritualité logo au contact de la colonisation*, 2021.
NIAMKEY-KOFFI, *La notion de système philosophique. Spinoza et Nietzsche*, 2021.
Mylène DANGLADES, Babou DIÈNE et Denis Assane DIOUF (dir.), *L'esclavage en mots/maux et en images,* 2021.
Benjamin KAGINA SENGA, *Quelle protection pour les enfants déplacés et refugies non accompagnés en République démocratique du Congo ?,* 2021.
Christian ROCHE, *Les pionniers des indépendances africaines face à leur destin. Colonies françaises d'Afrique noire et territoires de l'océan Indien,* 2021.
Emmanuel KABONGO MALU, *La critique de la raison scientifique égypto-africaine chez Cheikh Anta Diop*, 2021.
NIAMKEY-KOFFI, *Philosophie, culture et développement. De l'esthétique nègre à l'impensé philosophique des langues*, 2021.
Amadou Lamine NDIAYE, *Julius Nyerere et l'édification d'une nation africaine. Ujamaa : panafricanisme et socialisme*, 2021
César MAWANZI NDOMBE, *Jean-Marc Ela. L'humanisme de la raison critique au coeur d'une pensée politique*, 2021.
Moustapha SOUMAHORO (dir.), *Agriculture, pêche et développement local en Afrique subsaharienne*, 2021.
Simon NGONO, *Médias audiovisuels et tolérance administrative au Cameroun. Enjeux communicationnels et logique d'acteur*, 2021.
Phidias AHADI SENGE MILEMBA, *Mouvements citoyens africains. Creuset de l'éveil civique et briseurs de l'ordre néolibéral ?*, 2021.
Jean-Michel TCHITEMBO, *Communication traditionnelle et moderne pour un objectif commun, L'exemple du peuple vili au Congo-Brazzaville*, 2021
Alain Georges BESSALA, *Sécurité d'approvisionnement et énergies renouvelables en droit camerounais. Recherches sur les mécanismes de diversification du parc énergétique*, 2021.
Mamadou Diarafa DIALLO, *État et territoire(s) au Sahel. Entre contrôle, compétition et coopération : le cas du Mali*, 2021.

Joseph Diop

Dynamiques locales et construction du développement au Sénégal

L'intelligence territoriale stratégique au service des territoires

Préface de Jean-Yves Dartiguenave

L'Harmattan

Du même auteur

Aide au développement et populations locales : Logiques sous-jacentes : Dynamique du champ de construction d'initiatives de développement, 2010, Éditions universitaires européennes

© L'Harmattan, 2021
5-7, rue de l'École-Polytechnique – 75005 Paris
www.editions-harmattan.fr
ISBN : 978-2-343-24238-5
EAN : 9782343242385

PRÉFACE

Le titre, à lui seul, indique bien l'intention de Joseph DIOP dans cet ouvrage : penser le développement au Sénégal en l'arc-boutant solidement aux dynamiques locales. Plus encore, il entend montrer comment ces dernières constituent la condition même de possibilité à ce qu'il dénomme « l'intelligence territoriale stratégique ». Sans doute cette perspective a-t-elle été, pour partie, déjà empruntée. Mais elle l'est, ici, de manière tout à fait singulière, en raison notamment des qualités, elles-mêmes singulières, de l'auteur. Tout au long de son parcours de thèse, que j'ai eu l'honneur de diriger, Joseph DIOP a témoigné d'un souci de l'exactitude, de la rigueur, du « sens du problème », de la formalisation théorique au service d'une intellection se soumettant à l'épreuve des « faits », tout en ayant à cœur d'apporter sa contribution à la résolution des difficultés de développement que connait son pays.

Mais surtout, Joseph DIOP a su parfaitement combiner une double acculturation : celle qui le lie bien sûr à son pays d'origine, le Sénégal, et celle de son pays d'adoption, la France, dont il a su tirer le meilleur parti dans l'un et l'autre cas. Son ouvrage en porte indéniablement la marque. Ainsi, s'il dénonce les effets délétères, sur le développent du Sénégal, de « l'échange inégal » entre le Nord et le Sud, de l'héritage colonial et du système esclavagiste qui lui est lié, des différents plans d'ajustement structurel initiés par la Banque mondiale et le FMI, du rôle pour le moins ambigu des ONG, il ne cède jamais, pour autant, à un quelconque manichéisme ou simplisme le conduisant à conclure à l'unilatéralité d'une « logique de la domination » annihilant toute forme de résistance, d'autonomie et de subjectivité aux acteurs.

La force de son ouvrage tient précisément à une prise en compte de la complexité anthropologique des situations sociohistoriques dans lesquelles les représentations sociales, les évènements, les modes de vie, l'organisation des rapports sociaux ont toute leur place. C'est cette prise en compte de la complexité anthropologique des « dynamiques locales » qui le conduit à porter une attention soutenue au territoire comme « espace approprié » où les individus ou les groupes d'individus « projettent leur propre symbolisme construit sur une certaine conception du monde ». C'est aussi ce qui l'amène à se départir d'un modèle unique et universel du développement au profit d'une vision plurielle et contextualisée des « dynamiques locales » sans renoncer, pour autant, à dégager les processus généraux qui les stimulent ou au contraire leur font obstacle. C'est en cela que Joseph DIOP nous propose bien plus qu'un regard ponctuel sur le Sénégal et la commune de *Fandène* qu'il a plus particulièrement étudiée. Il nous introduit à une méthode, qui à l'encontre d'un « prêt à penser » ou « à appliquer », oblige à emprunter des voies de traverse qui, au bout du compte, se présentent comme le plus sûr chemin de la centralité. Rien que pour cela, cet ouvrage mérite que l'on s'y arrête. Il arrive même à point nommé en un temps où la recherche universitaire tend à être décriée au motif qu'elle serait purement idéologique ou inopérante. Il échappe précisément à l'un et l'autre de ces travers pour nous introduire à la compréhension des tensions contradictoires qui agitent nécessairement toute problématique de changement social jusques et y compris dans ses effets les plus tangibles.

Jean-Yves DARTIGUENAVE

Professeur de sociologie, Université Rennes 2

INTRODUCTION GÉNÉRALE

Pourquoi l'Afrique n'est-elle pas au concert des nations prospères ? Pourquoi la population africaine se maintient-elle dans la pauvreté chronique ? Qu'est-ce qui explique le retard de l'Afrique ? Comment sortir l'Afrique de la pauvreté ? Pourquoi les ressources trouvées (or, pétrole, gaz, pierres précieuses) ne profitent-elles pas à la population qui s'enlise dans la pauvreté et voit encore ses enfants partir à l'exil (émigration clandestine…) ? Pourquoi le Sénégal stagne-t-il, dépérit-il, s'enlise-t-il dans la pauvreté ? Voilà autant de questions que se sont posées et se posent encore des intellectuels de toute part et de toute discipline, des politiques de tout horizon, qui ont en commun le souci de résoudre l'équation de la situation permanente de précarité du continent « noir ».

Un paradoxe principal cristallise, malgré tout, les attentions : un continent riche avec une population vivant en dessous du seuil de pauvreté et dans la misère. Selon un rapport publié en juin 2010, les experts du célèbre McKinsey Global Institute ont estimé que le continent africain détient un potentiel minier unique dans le monde qui se traduit comme suit : 10 % des réserves mondiales de pétrole, 40 % des réserves mondiales d'or, 80 % du chrome et 90 % du groupe des métaux du platine. Au total, 30 % des ressources minérales du monde sont en Afrique[1]. Dernièrement, au Sénégal, d'importants gisements de gaz, de pétrole, en plus de l'or de Sabadola, ont été trouvés. Forcément, cela questionne sur l'exploitation de ces ressources et sur la redistribution des richesses économiques qu'elles engendrent. D'autres paradoxes, comme une aide publique au développement encore importante, d'environ 1444 millions de dollars en 2019[2], avec la persistance de la misère ; une multiplication des

---

[1] McKinsey Global Institute June 2010, "Lions on the move: The progress and potential of African economies", 82p.

[2]https://donnees.banquemondiale.org/indicateur/DT.ODA.ODAT.CD?end=2019&locations=SN&start=1960&view=chart

organismes privés de développement et un enlisement des conditions de vie des populations locales ; une décentralisation territoriale, un renforcement de la coopération décentralisée et un manque d'autonomie des territoires locaux ; entre autres, sont à relever. Tous ces paradoxes ont en commun de mettre en avant le problème du mal développement de la majorité des pays du continent africain et soulèvent un questionnement sur les mécanismes de la précarisation permanente en Afrique en général et au Sénégal en particulier.

Le thème du développement local nous est apparu comme l'un des enjeux de notre temps et une des préoccupations majeures concernant le continent africain. Traité dans plusieurs disciplines des sciences humaines et sociales, notamment en sociologie, ce thème renferme des réalités qui ne cessent de se renouveler et de se transformer dans le temps et l'espace. Il s'agit d'un thème qui est aussi d'une actualité prégnante au regard du déploiement international des institutions et organismes pour favoriser sa mise en œuvre partout dans le monde et surtout dans des pays en développement d'Afrique subsaharienne. Des décennies d'interventionnisme ont fini par construire et installer des modèles théoriques permanents et par façonner des pratiques s'y rattachant, de manière à presque uniformiser la pensée et la pratique des objets de développement. Désireux de rompre avec ce diktat du modèle fini, nous nous inscrivons d'abord dans une démarche de déconstruction du développement en tant que « package » pour ensuite le saisir à partir de ce qui structure sa réalité dans un contexte géographique et historique spécifique. Cette orientation nous pousse à accepter d'emblée et à mettre en avant le postulat du caractère multiforme des réalités sociales incomparables d'un territoire à un autre et celui de l'irréductibilité des pratiques sociales à un modèle unique et universel.

En effet, le Sénégal, ancienne colonie française, lutte contre la pauvreté, tente de promouvoir le développement depuis l'accession à l'indépendance en 1960. De plan en plan, de programme en programme, des solutions sont promues pour essayer d'absorber la pauvreté des populations locales. La dernière en date est le PSE (Plan Sénégal Émergent). Beaucoup de ces solutions provenaient de l'extérieur notamment avec les plans d'ajustement structurel initiés par la Banque mondiale et le FMI. Cependant, les discours actuels semblent aller dans le sens de promouvoir une forme de développement à partir des réalités des pays concernés surtout avec le renforcement de l'aide dans le domaine de la décentralisation et de la bonne gouvernance. Mais, force est de constater qu'après plusieurs décennies de coopération, d'aide et de soutien extérieurs, la situation de la majorité de la population sénégalaise, tout comme dans bien d'autres pays d'Afrique de l'Ouest, ne cesse de s'aggraver malgré souvent des indices macroéconomiques plus ou moins flatteurs. Cela a poussé d'ailleurs certains économistes à proposer une sortie progressive de la spirale de l'aide publique au développement, comme c'est le cas de l'économiste zambienne Dambisa Moyo. Elle constatait dans son ouvrage *L'Aide fatale*[3] que, après cinquante années d'une aide publique au développement qui représente près de 15 % du PIB africain, les 1000 milliards de dollars investis par les pays donateurs n'ont pas permis d'améliorer la situation des populations africaines.

Cet ensemble de problèmes constatés interpelle sur la crise du développement en tant que modèle des sociétés modernes et pose la problématique qui est aussi nôtre, de la (re) construction sociale des territoires locaux vers un mieux-vivre social et économique, car c'est au niveau des populations locales que les vrais problèmes de développement se ressentent et où s'inventent également de nouvelles alternatives face à ce qui semble être un abandon des pouvoirs publics. Si Catherine Coquery-Vidrovitch évoquait ce qu'elle appelait « *une crise cumulative* »[4] du développement dans le sens où elle mettait en exergue la crise des modèles de développement et des idéologies qui sous-tendaient les politiques qui s'en réclamaient, Samir Amin dresse le bilan avec plus de rigueur critique. Pour lui, « *si les années 60 avaient été marquées par un grand espoir de voir amorcer un processus irréversible de développement à travers l'ensemble de ce que l'on appelait le tiers-monde et singulièrement l'Afrique, notre époque est celle de la désillusion. Le développement est en panne, sa théorie en crise, son idéologie l'objet de doute. L'accord pour constater la faillite du développement en Afrique est hélas général* »[5].

---

[3] Moyo D., 2009, *L'aide fatale : Les ravages d'une aide inutile et de nouvelles solutions pour l'Afrique*, Jean-Claude Lattès, 250p.

[4] Coquery-Vidrovitch C., 1988, *Pour une histoire du développement. État, sociétés, développement*, Paris, L'Harmattan, p. 3.

[5] Amin S., 1989, *La faillite du développement en Afrique et dans le tiers-monde*, Paris, L'Harmattan, p. 5.

Les multiples échecs des programmes et projets de développement, la faillite du développement en tant que modèle ne cachent-ils pas des situations et logiques qui mériteraient d'être prises en compte ? Le développement lui-même n'éblouit-il pas l'analyste pressé d'établir des comparaisons et d'aboutir à des généralités englobantes ? Nous répondrons par l'affirmative !

Il existe au niveau des territoires locaux destinataires des programmes d'aide au développement, des logiques sous-jacentes, témoins de mécanismes de résistance consciente ou inconsciente des populations locales face à des stratégies extérieures dictées par les institutions internationales et ayant montré leurs limites face à la situation de pauvreté. Ces logiques sont souvent sous-analysées ou sont peu mises en lumière et associées à une explication des freins du développement. Les dynamiques du dehors ont longtemps occulté l'importance des dynamiques internes dans l'analyse de la situation de développement des sociétés africaines, laissant la place à une modélisation anarchique et stérile vers une forme de méthodologie du développement universel. À l'heure du constat d'échec de ce modèle de développement unique et de la promotion de formes diverses de développement local, il est impératif de s'interroger sur l'ensemble des dynamiques à l'œuvre dans la construction de la modernité actuelle des territoires locaux sénégalais en rapport avec la place centrale que semble occuper l'acteur local dans les conceptions actuelles des politiques de développement.

C'est la contribution que nous souhaitons apporter à travers ce travail théorique et empirique qui porte sur les dynamiques locales et la construction territoriale du développement au Sénégal pour aboutir à une proposition théorique et pratique, axée sur l'intelligence territoriale stratégique. À partir de l'expérimentation faite sur la situation de développement dans la Commune rurale de Fandène, nous avons posé la problématique de l'importance des relations sociales entre les différents acteurs de développement et les populations locales dans la structuration du territoire en un système d'action local comme élément fondamental de la réussite ou de l'échec des actions collectives englobées dans des vocables et réalités comme projet ou programme de développement. Sans se perdre dans le langage technique des praticiens et professionnels du développement, ce dernier est une question essentielle d'hommes et de femmes souhaitant améliorer leurs conditions de vie. Que cette aspiration soit modélisée dans des considérations capitalistes et matérialistes, il n'en demeure pas moins que la dimension anthropologique structure les actions qui se réclament du développement. C'est pourquoi il nous a paru opportun, pour l'analyse, de considérer le développement dans sa globalité comme un processus de changement social à la suite de Jean-Pierre Olivier de Sardan[6] et de l'utiliser comme une entrée heuristique afin de toucher les relations sociales, les dynamiques humaines, les actions sociales, les interactions sociales, les logiques et stratégies d'acteurs, qui structurent sa mise en œuvre dans un territoire déterminé.

Cette conception originale nous conduit à considérer le territoire non pas comme le réceptacle de configurations extérieures qui s'appliquent à ses acteurs de manière automatique, mais comme le lieu où des configurations sociales prennent source et se construisent. Il devient à ce titre un système d'action local avec ses composantes et ses caractéristiques propres qu'il est essentiel de décrypter et de déconstruire pour observer et saisir les instances concrètes où se crée l'action collective, motrice de tout développement humain. L'objectif principal de cet ouvrage est de montrer, d'une part, à partir de l'expérience d'une étude socioanthropologique menée dans la Commune rurale de Fandène, que les freins au développement local sont liés au mode de gouvernance et de construction du territoire. Et, d'autre part, montrer qu'une approche systémique permet de faire comprendre la complexité des interactions entre les acteurs qui s'impliquent dans le processus de développement local. À côté de cet objectif principal se greffent trois objectifs secondaires non moins importants. D'abord, essayer de comprendre comment les dynamiques sociales construisent le territoire et de mettre en avant l'importance des sciences sociales comme la sociologie ou l'anthropologie dans l'éclairage des pratiques et des logiques d'action. Ensuite, tenter d'appréhender les modalités selon lesquelles l'élaboration des projets de développement local pourrait s'inscrire dans une logique d'intelligence territoriale, de recherche, d'innovation et de partenariat plus élargi entre acteurs. Enfin, à partir des résultats des recherches de terrain, proposer un regard renouvelé du territoire

[6] Olivier de Sardan J-P., 1995, *Anthropologie et développement. Essai en socio-anthropologie du changement social*, Paris, Karthala, APAD.

et du processus de construction du développement local avec les acteurs extérieurs et locaux.

À cet effet, l'enquête de terrain a été la méthode choisie pour rendre compte de notre objet d'étude. Compte tenu de ce dernier, la démarche qualitative nous a semblé la mieux adaptée pour faire ressortir le discours des acteurs souvent noyé par la frénésie des chiffres et des modèles statistiques englobants. Cette enquête intensive s'est déroulée en plusieurs phases avec l'utilisation principalement de l'entretien, de l'observation, et le recueil de ressources écrites mises à disposition par les acteurs locaux avec qui cette recherche s'est co-construite.

L'enquête de terrain s'est ainsi adossée sur une logique épistémologique qui a visé à faire des populations locales et d'autres acteurs du terrain, dans la mesure du possible, des sujets essentiels de la recherche. La relation enquêteur/enquêté est pour nous essentielle dans la production de données fiables et peut garantir une forme de « *pacte d'entretiens basé sur un travail en commun* »[7] dans le processus de connaissance. Par ailleurs, l'enquête étant une relation sociale construite avec des acteurs qui acceptent d'y prendre part[8], on ne peut pas écarter les effets des représentations sociales au cours de son déroulement. Le contrôle de l'inférence de ces dernières dans la production des connaissances et leur intégration dans l'analyse même du matériau recueilli permettent une garantie de la validité des résultats acquis après analyse ; d'où l'utilisation en partie de l'itération ou de la triangulation.

Ainsi, tout ce travail de recherche théorique et empirique a conduit à la production d'une thèse de doctorat soutenue en 2018 et qui constitue le socle de cet ouvrage.

Cet ouvrage est subdivisé en trois parties imbriquées les unes les autres pour offrir une connaissance globale et encyclopédique, comme le propose Edgar Morin, sur la question. La première partie, « Les cadres sociohistoriques du développement local au Sénégal », pose le cadre empirique de la réflexion en s'intéressant à la description, aux

---

[7] Beaud S., 1996, L'usage de l'entretien en sciences sociales. Plaidoyer pour l'« entretien ethnographique », *Politix*, Vol. 35, n°3, pp. 226-257.
[8] Même si certains se sont ravisés par la suite ou se sont montrés hostiles lors que le sujet évoqué dérangeait.

caractéristiques et aux évolutions observées dans le pays. Nous avons à cet effet, présenté le contexte global au Sénégal avant d'en aboutir à un éclairage du processus de développement local dans la Commune rurale de Fandène, avec l'importance des politiques de décentralisation.

La deuxième partie s'intitule « Approche socioanthropologique du développement local : la pertinence du territoire » et elle retrace les évolutions du concept et de la réalité du développement jusqu'aux premiers qualificatifs ajoutés au développement notamment le développement local. Elle s'appuie sur cette contextualisation sociohistorique pour faire un retour sur les théories qui ont structuré les champs d'études du développement jusqu'à l'approche socioanthropologique du développement avec Jean-Pierre Olivier de Sardan entre autres.

La troisième et dernière partie, « Le territoire de Fandène : réceptacle ou fabrique de développement ? », propose une analyse dense et dynamique à partir des éléments empiriques recueillis. Les conclusions des considérations analytiques nous ont permis d'ouvrir une perspective d'études et de pratiques en proposant une réflexion sur une approche centrée sur l'intelligence territoriale stratégique. Cette dernière essaie de repenser l'organisation politique du territoire local et la place de ses organisations dans la définition des politiques et stratégies de développement, avec et par les populations locales. Les premières pistes de réflexion portent sur une revalorisation du pouvoir politique local, l'autonomisation des populations locales et de leurs organisations et l'ouverture du territoire à des opportunités provenant de l'environnement local et global. Un renforcement de la politique de décentralisation pourrait être une clé essentielle d'accès à cette configuration territoriale considérant le territoire comme un système d'action local.

L'ITS peut également être un outil de recherche pertinent pour les territoires africains, mais un outil à adapter à chaque contexte social. Nous ne prétendons pas en faire un modèle d'approche particulier, sans quoi nous trahirions ce contre quoi nous nous opposons, mais une approche parmi tant d'autres, capable d'éclairer les logiques et pratiques sociales que l'on peut rencontrer dans le champ du développement.

Partie 1 :
Les cadres sociohistoriques du développement local au Sénégal

« Après l'abolition de l'esclavage
Ils ont créé la colonisation
Lorsqu'on a trouvé la solution
Ils ont créé la coopération
Comme on dénonce cette situation
Ils ont créé la mondialisation
Et sans expliquer la mondialisation
C'est Babylone qui nous exploite »[9].

Ces quelques notes du chanteur reggae-man ivoirien Tiken Jah Fakoly résument à elles seules une situation que beaucoup d'analystes (Samir Amin) dénoncent depuis longtemps. Elles nous montrent comment une même réalité change de visage au fil des situations sociales et s'adapte constamment aux conditions politiques, économiques et sociales des relations sociales. Elles montrent aussi les mécanismes « macrologiques » à l'œuvre dans la domination de l'Afrique par l'Occident comme le postulent les théories néomarxistes, domination qui serait à l'origine de la pauvreté chronique ou du développement à deux vitesses de l'Afrique[10].

Ainsi, penser le développement de l'Afrique c'est aussi repenser les fondements de la précarité et de la vulnérabilité de ce continent. Cette situation de précarité ne date pas comme on pourrait le croire du choc pétrolier des années 70. Ses racines sont à rechercher depuis les indépendances et même bien avant à travers les rapports entre pays africains et à travers aussi les relations de l'Afrique avec le reste du

[9] Tiken Jah Fakoly, 2002, « Y'en a marre », Françafrique, Universal Music.
[10] Fall A S, et Guèye C., 2003, Derem ak Ngerem : Le franc, la grâce et la reconnaissance. Les ressorts de l'économie sociale et solidaire en Afrique de l'Ouest, *Revue du MAUSS*, vol. N° 21, no. 1, pp. 97-112.

monde. Ce bref détour dans l'histoire générale de l'Afrique est un prétexte pour montrer le contexte global dans lequel le Sénégal, pays africain, a établi les bases d'un mieux-être économique et social encore à construire. Ces dynamiques structurelles vont porter un impact sur le développement du Sénégal par son mode de gouvernance, ses rapports avec l'Occident et surtout son rapport avec le développement en tant que théorie et pratique. L'histoire du progrès de l'Afrique émerge progressivement d'un corpus d'idées et de pensées sur la recherche des causes de la pauvreté de la population dans l'objectif de trouver des solutions adéquates à la crise sociale et économique. Cette quête prend ses racines dans un paradoxe tout aussi édifiant qu'alarmant. L'Afrique regorge de richesses naturelles, culturelles, sociales et humaines immenses en nombre et en qualité. Malgré ces atouts qui en font un continent attractif pour plusieurs investisseurs et opérateurs économiques, les pays d'Afrique sont, selon l'indice de développement humain, classés parmi les pays les plus pauvres de la planète. Qu'est-ce qui explique le paradoxe de pays pauvres dans un continent aussi riche ? Nous nous proposons de revisiter quelques moments historiques clés pouvant être à l'origine de ce déséquilibre structurel.

Le continent africain a connu deux moments historiques dans son évolution, qui peuvent être considérés comme des éléments d'explication des crises qui frappent les populations. Le premier moment est la traite des noirs, qui est une forme d'exploitation humaine, de commerce d'hommes, qui a vu l'Afrique être vidée d'une part importante de ses richesses matérielles et humaines. Elle est définie comme « *le trafic consistant à échanger des marchandises contre des noirs africains ou à les acheter pour les employer ou les revendre en qualité d'esclaves* »[11].

Au XXe siècle, pour prolonger l'entreprise entamée avec la « découverte » de l'Amérique par Christophe Colomb en 1492, l'Europe, convaincue par les idées de l'évolutionnisme, va coloniser l'Afrique pour « apporter la civilisation » à une population considérée

[11] Académie française, *Dictionnaire de l'Académie française*, 8e édition, 1932-1935
Voir Inikori J., 1998, *L'Afrique dans l'histoire du monde : la traite des esclaves et l'émergence d'un ordre économique dans l'Atlantique*, HGA, Tome V, Chap. 4, éd. Présence africaine/UNESCO.
Voir également Pétré-Grenouilleau O., 1997, *La traite des Noirs*, Que sais-je ? Paris, PUF

comme sauvage. On constatera que par exemple les connaissances traditionnelles ont été systématiquement décriées comme relevant de la magie et de la sorcellerie et remplacées par les connaissances occidentales à travers l'implantation des écoles et des églises. C'est le second moment dans la compréhension des crises du continent. Le processus de décolonisation aura laissé un territoire fortement segmenté et morcelé. Loin d'avoir été un moyen de progrès comme cela a été avancé par ses défenseurs, le système colonial, à l'instar de la traite négrière et du commerce triangulaire, a été un moyen pour les pays colonisateurs d'étendre leur marché par la conquête d'autres marchés et de satisfaire leurs besoins de développement capitaliste. Ainsi, les structures économiques, le système éducatif et la plupart des institutions des pays africains ont été modelés par les anciens colons non pas pour générer un développement local autonome du continent africain, mais pour perpétuer un système colonial de domination. C'est pourquoi le concept de néocolonialisme est de plus en plus utilisé pour caractériser la nature actuelle des relations entre anciens pays colonisateurs et anciens pays colonisés.

Toutefois, des auteurs comme Jacques Marseille[12] et Bernard Lugan[13] tentent de défendre ce système en avançant des arguments considérant que la colonisation de l'Afrique a coûté aux pays colonisateurs beaucoup plus qu'elle ne leur a rapporté. Par contre, d'autres, comme Walter Rodney[14] et Samir Amin[15], estiment au contraire que l'aventure coloniale fut l'une des sources du développement capitaliste de l'Occident et de la déchéance économique de l'Afrique, une thèse confortée par les études de Patrick Manning qui a montré que dans le cas de la France, les recettes fiscales provenant d'Afrique ont continué à excéder les dépenses publiques effectuées en Afrique[16]. Sans vouloir faire le procès des pays colonisateurs et des esclavagistes, force est de constater que puiser des

[12] Marseille J., 1984, *Empire colonial et capitalisme français, histoire d'un divorce*, Paris, Albin Michel, 462p.

[13] Lugan B., 2007, *Pour en finir avec la colonisation*, Éditions du Rocher, 386p.

[14] Walter R., 1972, *Et l'Europe sous-développa l'Afrique*, Éditions caribéennes, 294p.

[15] Amin S., 1971, *L'Afrique de l'Ouest bloquée. L'économie politique de la colonisation 1880-1970*, Éditions de minuit, 322p.

[16] Manning P., 1990, *Slavery and African life: Occidental, Oriental, and African slave trades*, Cambridge, Cambridge University Press.

ressources stratégiques d'un continent pendant des décennies[17], en plus de déporter ses hommes pour entretenir l'agriculture à échelle industrielle des colons, constitue une situation qui appauvrit plus le continent africain qu'elle ne l'enrichit. Toujours est-il que les ressources du continent continuent d'être l'objet d'une exploitation vorace des multinationales étrangères sans impact réel sur les économies des pays africains.

Mais en 1960, l'accession aux indépendances était vue par beaucoup d'analystes comme le début d'une nouvelle ère chargée d'espoir pour le redressement de l'Afrique. Elles étaient assimilées à l'accès à la souveraineté des États africains, la libération du peuple de l'oppression coloniale, le développement de l'économie jusque-là bloquée par l'exploitation occidentale. Cependant, l'évolution du continent sera rythmée par des périodes de flux et de reflux, de progrès et de régression, de stabilité et d'instabilité dont l'analyse nous aide à penser les problèmes de l'Afrique dans une autre logique. En effet, il est nécessaire de voir aussi dans la pauvreté et la crise du continent la responsabilité interne des États africains. Néanmoins, cette terrible pauvreté doit être perçue de façon tout à fait relative, d'abord, en raison des richesses et des ressources immenses dont regorge le continent, mais surtout, parce qu'elle résulte d'un appauvrissement systématique et historique dans le cadre de la domination impérialiste à travers successivement le colonialisme, le néocolonialisme, les politiques d'ajustement structurel et les conditions usuraires du remboursement de la dette. Ainsi donc : « *la pauvreté des pays africains ne relève nullement d'une fatalité qui serait inscrite dans le code génétique de nos populations, ni d'une prétendue inadaptation naturelle de leurs cultures et de leurs mentalités au développement, encore qu'il n'est pas superflu de souligner que les différents traumatismes et les multiples démoralisations qu'elles ont subis sont, pour l'essentiel, dus aux exactions coloniales et néocoloniales ou de la gestion gabegique et déprédatrice des élites dirigeantes africaines* »[18].

Partant du gaspillage des ressources par de nombreux chefs d'État, de la gabegie, du péculat (détournement de deniers publics), du

---

[17] On peut citer le pillage et la confiscation des objets d'art par la France, considérés comme des butins de guerre

[18] Voir Pauvreté et mal gouvernance en Afrique : la faillite de l'État, consulté le 08 mars 2013 à 16 h 20 sur http://www.newafrika.org/spip.php ? article13.

clientélisme politique, des guerres internes, de la lenteur ou refus de l'innovation, à la sous-scolarisation des masses populaires et à la culture de la politique malsaine et de la corruption, la situation de précarité du continent reste aussi imputable à ses fils et filles. Cependant, il est à comprendre que le caractère des États africains a été déterminé par leurs origines coloniales et le poids du legs de la domination coloniale. Comme le note Crawford Young : « *on ne peut simplement rendre les anciens colonisateurs responsables de tous les maux dont souffre l'Afrique contemporaine, pas plus qu'on ne peut simplement attribuer les causes de l'actuelle récession aux faiblesses de la classe dirigeante africaine postcoloniale. Il faut plutôt chercher à comprendre les dimensions du mal à travers certains modes de comportement et certaines structures héritées de l'État colonial, et en observant comment l'État postcolonial a adapté un tel héritage* »[19].

Face à cette situation, l'aide internationale est considérée comme une panacée des multiples crises de l'Afrique à travers les institutions de Bretton Woods comme la Banque Mondiale, le FMI. Selon Jean-Pierre Olivier de Sardan, « *la crise cumulée des économies africaines et des États africains n'a fait que renforcer le poids de l'aide au développement et des projets de développement* »[20]. Cette aide, salutaire certes pour aider à sortir d'une situation ponctuelle de crise, est aussi porteuse de conséquences, car aggravant encore la dépendance et pouvant instaurer une culture de la « main tendue ». Elle est d'abord un instrument de domination des pays industrialisés sur les pays pauvres[21]. Ensuite, certains auteurs comme Peter Thomas Bauer[22] affirmaient ainsi que l'aide au développement réduisait les incitations qui devraient amener les dirigeants de pays dits pauvres à adopter de « bonnes politiques ». Du fait de la facilité, de l'argent reçu en aide, les énergies créatrices du pays restent dans un attentisme et une léthargie face à la nécessité de trouver des solutions locales à la crise nationale. Enfin, l'aide s'inscrit dans une « *relation intéressée par laquelle les donateurs consentent un effort financier pour conquérir des marchés,*

[19] Young C., L'héritage colonial de l'Afrique, in Berg R J et Whitaker J., (Textes réunis), 1990, *Stratégies pour un nouveau développement en Afrique*, Economica, p. 25-26

[20] Olivier De Sardan J P., 1995, *Anthropologie et développement. Essai en socio-anthropologie du changement social*, Paris, Karthala, APAD, p. 27.

[21] Hayter, T., 1971, *Aid as imperialism*, Harmondsworth: Penguin Books, 222p.

[22] Bauer, P., 1971, *Dissent on development : Studies and debates in development economics*, London: Weidenfeld & Nicolson, 560p.

maintenir et accroître leurs aires d'influence et promouvoir les intérêts de leur classe dirigeante »[23].

Cette aide qui peut être de multiples facettes (aide militaire, technique, technologique, financière) participe à renforcer la primauté des investisseurs des pays donateurs sur le marché du pays bénéficiaire. Souvent, les représentants des pays donateurs sont accompagnés de représentants de grands groupes qui concluent dans la foulée des contrats d'investissements et d'affaires avec le pays récepteur de l'aide. C'est un jeu de marchandage dans lequel le donateur est avantagé, car la main qui reçoit est souvent en bas.

À travers l'histoire de l'Afrique, de ses relations avec les autres continents, on peut noter que la forme de domination utilisée par l'Occident n'est pas que militaire, elle est aussi et avant tout idéologique et symbolique. Pierre Bourdieu[24] a élaboré une matrice à partir de sa théorie de l'*habitus*. Elle représente l'exercice de tout pouvoir comme tributaire de l'incorporation de schèmes de perception, de compréhension et d'action par les dominés aussi bien que par les dominants. Sa conception de la domination passe par le concept de *violence symbolique* considéré comme un mécanisme premier d'imposition des rapports de domination. La violence symbolique renvoie à la capacité des acteurs à perpétuer des rapports de domination, sans que cette dernière ne paraisse de manière explicite et sans que ceux qui la subissent ne la perçoivent comme telle. Elle assimile l'ordre établi dans les relations sociales comme légitime en dissimulant l'orientation arbitraire des rapports de force qui façonnent la hiérarchisation sociale. Par le biais d'actions humanitaires, de charité, de bienfaisance, *a priori* gratuites, le dominant favorise une situation de hiérarchisation des rapports avec le dominé qui comprend dans ces actions, une preuve de bonne volonté de la part du dominant et surtout de sa bienveillance, et dans le cas de l'Afrique, de sa redevance. Les dominants imposent une vision du monde et des rapports d'échange que les dominés finissent par intégrer sans en

---

[23] Jacquet P., 2006, « Revisiter l'aide publique au développement », *Economie internationale*, n°108, p.142.

[24] Voir Bourdieu P., Passeron J-C., 1970, *La reproduction : Eléments d'une théorie du système d'enseignement*, Les Éditions de Minuit, 284 p.
Bourdieu P., Passeron J-C., 1964, *Les héritiers : les étudiants et la culture*, Paris, Les Éditions de Minuit, 183 p.

percevoir le sens profond. C'est ce qui a conduit l'Afrique à se fier au modèle de développement capitaliste imposé implicitement par l'Occident et à ne jamais chercher à voir d'autres formes d'alternatives propices à la situation de sa population ou même à chercher à valoriser l'ensemble des pratiques et des représentations qui la faisaient vivre jusque-là. Cette forme de domination peut ainsi aller jusqu'à développer chez le dominé le syndrome de Stockholm tellement qu'elle est « douce », furtive et dévastatrice. Une fois installée, elle est durable et difficile à retirer de la conscience collective des sociétés qui la subissent. Elle fait partie intégrante de leur mémoire collective, de leur histoire et de leurs manières de comprendre et de percevoir l'altérité.

En reprenant par exemple l'épisode de la colonisation, on peut aisément observer la prégnance de cette forme de domination en Afrique. En effet, l'une des raisons avouées de la colonisation était d'apporter la civilisation (européenne, occidentale) à l'Afrique « sauvage ». Par le biais de la culture et des modes de vie, véhicules privilégiés de la domination symbolique, l'Occident a su imposer ses manières de voir et de penser en Afrique, dominant lentement la conscience collective africaine en la dépossédant de sa substance historique. La vision capitaliste du monde, les relations marchandes se sont imposées en Afrique participant à penser la question du développement en termes occidentaux de profits, de capital, d'argent. Même l'accès aux indépendances n'aura pas suffi aux Africains à se départir de cette domination. L'aide extérieure aggrave cette situation et place les États africains sous tutelle administrative, économique et politique de l'Occident. À notre avis, les rapports de force datant de l'époque coloniale subsistent toujours, seulement sous d'autres formes encore plus modernes et plus « civilisées », et continuent de déterminer les politiques de développement initiées depuis les indépendances par les États africains, dont le Sénégal.

Les pages qui suivent vont mettre l'accent sur le cadre de référence du développement local au Sénégal pour mieux illustrer l'approche théorique qui sous-tend les analyses proposées.

Chapitre 1 :

La question du développement au Sénégal

Le monde du développement s'interroge de plus en plus sur les impacts réels et les significations des innombrables politiques et initiatives prises depuis une cinquantaine d'années pour réduire la pauvreté, la vulnérabilité et l'injustice sociale en Afrique. La persistance voire l'aggravation de la pauvreté[25] ainsi que l'inadaptabilité des modes de gouvernance souvent importée soulignent l'échec d'une approche du développement basée sur une démarche non prospective, urgentiste, superficielle, parachutée et surtout dictée de l'extérieur. Même si des efforts ont été consentis et des avancées notées dans plusieurs domaines, il reste que la situation du continent est toujours précaire et difficile à redresser même pour l'horizon 2015[26]. L'Afrique, dans sa globalité, est un continent rural, malgré une volonté affichée d'urbanisation mal organisée, quelquefois accélérée suivant un élan de rattrapage ou de copie aveugle des réalités des « pays miroirs » et souvent en laissant de côté les priorités locales.

Ainsi, les formes d'intervention parachutée rendaient la politique des États africains inefficaces et leurs projets, de véritables gouffres financiers face aux problèmes de plus en plus exigeants des populations. Il était à cet effet nécessaire d'opérer une rupture allant dans le sens de donner la parole et l'action au peuple afin que les politiques soient établies de concert. Et c'est ce qu'avait compris Jean Marc Ela quand il parlait de « *décoloniser l'État* », car « *dès lors qu'on retire tous pouvoirs au peuple et qu'on limite sa mission à exécuter les*

[25] Objectifs du Millénaire pour le développement, Rapport 2009, Nations unies, 2009, 56p

[26] Guèye C. et Mbaye A., 2004, Gouvernance locale, efficacité au Sénégal : Quelles articulations, Atelier des chercheurs, Collectivités locales : assurer un service public, Conseil international pour l'étude des droits humains (CIEDH), 8p.

décisions prises en son absence, on vide le discours sur le développement "autocentré" de toute consistance. À travers les structures de développement rural, les interventions de l'État n'ont cessé de refuser une réelle part aux paysans d'Afrique »[27].

Le Sénégal n'en fera pas exception. Le pays a multiplié les plans, les programmes, les projets pour favoriser le développement des populations. Ainsi, dans ce chapitre, nous essaierons de faire une contextualisation sociohistorique des politiques sociales au Sénégal. Ceci dans le but de faire ressortir la manière dont le développement s'est construit dans ce pays.

1. Héritage colonial et construction nationale

Il est important d'évoquer le contexte d'accession aux indépendances pour le Sénégal pour comprendre le legs de la colonisation dans le processus de construction sociale par le prisme du développement. Nous n'allons pas ici retracer l'histoire de la colonisation du Sénégal par la France, mais ressortir quelques éléments clés qui peuvent rendre compte du legs colonial et de ses effets ultérieurs sur la situation du pays.

D'abord des motivations de la puissance coloniale. Devant l'Assemblée nationale en juillet 1885, Jules Ferry adresse un discours aux députés pour défendre la politique coloniale de la France et on peut y retenir plusieurs arguments importants[28]. Le premier argument d'ordre économique considère la colonisation comme une opportunité pour la France de trouver des débouchés pour ses produits alors que l'industrialisation s'accentue dans la plupart des pays européens. Le second argument d'ordre culturel et humanitaire présente la colonisation comme la conséquence d'une mission civilisatrice et même comme un devoir, selon l'expression de Jules Ferry, d'apporter l'éducation à des peuples « sauvages ». Un troisième argument d'ordre politique et patriotique, mais mimétique aussi relève l'effet de mode en stipulant qu'à l'instar des autres pays qui colonisent, la France

---

[27] Ela J M., 1990, *Quand l'État pénètre en brousse. Les ripostes paysannes à la crise*, Paris, Karthala, p. 85

[28] Discours prononcé par Jules Ferry à la Chambre des députés, le 28 juillet 1885

devrait faire de même et coloniser à son tour. En analysant rapidement les relations actuelles entre la France et ses anciennes colonies, dont le Sénégal, on peut vite constater que seul le troisième argument a disparu dans sa réalité au lendemain de la décolonisation. Les deux premiers continuent d'entretenir l'essentiel des rapports économiques et politiques surtout avec la multiplication du mobile humanitaire dans la construction du développement au Sénégal.

En effet, le système colonial français au Sénégal rentre dans le cadre des colonies d'exploitation. Cela se traduit par une logique d'exploitation par la puissance coloniale sans réel besoin qu'une partie importance de la population métropolitaine s'installe dans le pays, hormis les administrateurs et leurs familles. Ce mode de colonisation qui diffère du modèle des colonies de peuplement. Dans cette perspective, l'empire colonial est le premier réservoir de matières premières à bon marché pour la France qui reste le fournisseur exclusif de produits manufacturés très chers pour les colonies. Ce partenariat déséquilibré est un système d'exploitation des colonies par la métropole, système qui perdure même après 60 ans d'indépendance.

Le mouvement de la colonisation va s'essouffler peu à peu par la poussée des nationalismes dans les colonies à la fin de la Seconde Guerre mondiale. Cette situation conduit à une prise de conscience générale qui ouvre la voie à une autonomie progressive des colonies, puis au *Soleil des indépendances*[29]. Des mutations sont constatées au niveau du statut des colonies par le passage à témoin en 1946 entre l'empire colonial français et l'union française, nouvelle dénomination qui confère le statut de territoire d'outre-mer à plusieurs colonies, dont le Sénégal. Ces évolutions vont pourtant être insuffisantes et encourager davantage les envies d'autonomie complète des territoires colonisés. C'est dans ce contexte de montée des revendications anticolonialistes que des pays comme le Sénégal, le Mali, ont accédé à plus d'autonomie territoriale après le vote de la loi-cadre le 23 février 1956.

Ensuite de l'état des pays indépendants. Cette volonté insistante d'autonomie des territoires coloniaux pousse le général de Gaulle à lancer l'idée de créer une constitution, projet soumis à un référendum

[29] Kourouma A., 1968, *Le soleil des indépendances*, Presses universitaires de Montréal, 216p.

et qui conduira le 28 septembre 1958 à un début de processus vers les indépendances des anciennes colonies françaises, d'abord avec la création de la fédération du Mali entre le Sénégal et la République soudanaise, l'actuel Mali. Une scission intervenue en 1960 après des désaccords politiques et des divergences sur le plan économique va consacrer l'indépendance de chacun de ces pays, particulièrement le Sénégal qui se dote ainsi d'une constitution pratiquement calquée sur le modèle français.

Au lendemain de cette séparation et l'accès à l'indépendance, le Sénégal adopte un régime parlementaire qui voit le poète Léopold Sédar Senghor élu premier président du pays. Son compagnon politique Mamadou Dia, avec qui il avait créé le parti de l'Union progressiste sénégalaise (UPS), devient naturellement son Premier ministre même s'ils entretiennent des visions différentes de l'indépendance et surtout des rapports avec la France. Un système politique bicéphale s'installe autour des deux hommes. Le Premier ministre Mamadou Dia s'octroie la politique économique et intérieure du pays tandis que Senghor s'occupe de la politique extérieure du Sénégal et de ses relations avec les partenaires. Leur collaboration devient de plus en plus tendue et délicate surtout lorsque Mamadou Dia opte pour une politique de rupture nette avec l'ancien colon par un abandon de la filière arachidière caractéristique de l'économie de rente sénégalaise. Il milite également pour une mutation totale de système en substituant à la forme sociale héritée de la colonisation, une société plus égalitaire ; et à l'économie de traite une économie de développement essentiellement centrée sur les ressources locales et une promotion de la production locale. Son discours tourne autour des politiques sociales et des diverses voies africaines du socialisme. Cette volonté déjà exprimée dans un ouvrage[30] est reçue comme une menace politique pour Senghor et comme une atteinte aux intérêts économiques de la France qui ne souhaite pas céder cette part de marché.

Cet élan politique de Dia à caractère souverainiste, va inaugurer la crise politique de 1962 et conduire à son arrestation. Il est accusé en compagnie de quatre de ses ministres, Valdiodio Ndiaye, Ibrahima Sarr, Joseph Mbaye et Alioune Tall de tentative de coup d'état, ce qui

[30] Dia M., 1961, *Réflexions sur l'économie de l'Afrique noire*, Éditions africaines, 1954 (rééd. 1960, 1961).

va leur valoir un procès devant la Haute Cour de justice du Sénégal du 9 au 13 mai 1963. Contre toute attente, alors que le dossier semble vide à l'absence de preuves matérielles, ils sont condamnés à 20 ans de prison ferme et conduits au centre spécial de détention de Kédougou dans le Sénégal oriental. Après leur arrestation, la constitution est modifiée et le régime présidentiel remplace le régime parlementaire en donnant à Senghor les pleins pouvoirs. Il fait instituer le parti unique comme modèle et sous le prétexte de la sauvegarde de l'unité nationale, tout pluralisme syndical et politique fut proscrit[31].

Si cette crise politique a marqué profondément l'histoire politique du Sénégal, elle n'aura cependant pas permis au pays d'acquérir une souveraineté économique et de rompre les relations économiques déséquilibrées avec l'ancienne puissance coloniale.

La situation actuelle. Comme retracé dans ce bref détour relatif à l'histoire politique du Sénégal, on constate que l'État sénégalais a choisi de négocier l'indépendance avec la France plutôt que de rompre toute relation avec elle comme l'a fait, par exemple, la Guinée de Sékou Touré. Ce choix politique a permis d'obtenir certes l'indépendance politique, mais sur le plan économique et administratif, Dakar reste sous la tutelle de Paris. La France et ses entreprises restent les partenaires privilégiés des accords économiques et commerciaux du pays notamment avec les accords de partenariat économiques, au détriment d'entreprises locales. Elle avait instauré un système clientéliste autour des marabouts de l'arachide que décrit Jean Copans[32] et ce système perdure encore aujourd'hui, non seulement dans les relations entre le pouvoir et les confréries religieuses dotées d'un pouvoir électoral fort convoité, mais dans les relations entre la France et la classe politique sénégalaise. Pourtant, les aspirations de Mamadou Dia continuent d'inspirer bon nombre d'intellectuels qui souhaitent un développement local véritable, impulsé par le peuple sénégalais.

D'un point de vue européen, la décolonisation est généralement perçue comme la fin des empires coloniaux. Cependant, on constate en réalité l'effet d'un néocolonialisme diffus avec des relations étroites

---

[31] Diop M. C., Diouf M., 1990, *Le Sénégal sous Abdou Diouf*, Paris, Karthala, 440p.
[32] Copans J., 1989, (1980), *Les Marabouts de l'arachide : la confrérie mouride et les paysans du Sénégal*, Paris, le Sycomore, « Les Hommes et leurs signes », Paris, l'Harmattan.

entre les anciens colons et les nouveaux gouvernants africains qu'ils « aidaient » souvent à s'installer en échange d'accords économiques et commerciaux. Par ailleurs, pour beaucoup d'analystes, les indépendances correspondaient au début du développement autonome du Sénégal et de la construction nationale après tant d'années au service du colonisateur. Seulement le constat est clair : la France avait repris d'une main ce qu'elle avait offert de l'autre. Elle a gardé un contrôle quasi permanent sur l'économie sénégalaise et a orienté la politique économique par l'intervention systématique de structures créées pour cette fin. L'aide au développement est considérée comme le premier levier de ce néocolonialisme en plus du service de la dette et du contrôle de la monnaie. Il est déploré aussi le caractère extraverti de l'économie sénégalaise tournée vers l'exportation de produits et moins vers la transformation locale industrielle capable de créer des richesses nationales. Ceci apparaît comme un des signes du triomphe de l'idéologie colonialiste et capitaliste sur le primat des intérêts des pays de l'Afrique, entre autres.

Il faut aussi ajouter à cette situation la question de la monnaie. Créé officiellement le 26 décembre 1945, le franc CFA est aujourd'hui la dernière monnaie d'origine coloniale encore en activité. Quinze pays africains, dont le Sénégal, l'utilisent aujourd'hui et ont l'obligation de verser 50 % de leurs recettes d'exportations à la Banque de France. Ce système monétaire, couplé au service de la dette, est un frein pour le développement de l'Afrique et est régulièrement critiqué par des économistes et hommes politiques du continent[33]. Mais pour le moment, le changement tarde à se faire ressentir et l'économie sénégalaise en particulier continue de s'enliser dans la dette. La précarité reste permanente et le chômage des jeunes endémique. Les 5 ou 6 % de croissance annuelle ne parviennent pas à créer de véritables emplois. Il apparaît urgent pour ces pays de s'extraire de cette tutelle pour envisager de reconstruire efficacement leurs systèmes économiques à partir de leurs propres richesses.

C'est dans ce contexte général que le Sénégal tente de construire son développement. Ces rapports de force entre le pays et la France, d'une part, et, d'autre part, le reste du monde occidental, sont à prendre en compte dans l'analyse des situations sociales relevant de politiques de

---

[33] Lire pour cela Sarr F., 2016, *Afrotopia*, Philippe Rey, 192p ; ou Mbembé A., 2015, *Critique de la raison nègre*, La Découverte, 272p.

développement local. C'est pourquoi nous avons privilégié une lecture par les relations sociales qui place la source des problèmes et blocages ou des réussites et facilités au cœur des effets des interactions. En élargissant la réflexion, on note que malgré la multiplication des « missions humanitaires », de l'aide, de l'appui des ONG internationales, le processus de construction du développement au Sénégal est comme enchaîné par des logiques macroéconomiques et « macropolitiques » qui étouffent et annihilent les initiatives locales. On verra que ces pesanteurs structurelles font partie du contexte dans lequel les dynamiques territoriales prennent forme autour d'un projet de développement et influent sur les pratiques des acteurs mis ainsi en relation. Cependant, un tel tableau pourrait amener à se demander si les déterminismes sociaux et économiques issus de l'héritage colonial qui se prolonge d'ailleurs avec la mondialisation n'interdisent pas ou ne compliquent pas toute perspective de développement local. L'échange inégal, combiné à un pillage des ressources du pays et à une quasi-mise sous tutelle financière, n'hypothèqueraient-ils pas toute tentative de développement endogène ? De tels questionnements pourraient faire penser que le développement local est impossible à mettre en œuvre, versant ainsi le propos dans un afropessimisme inavoué. Des initiatives locales se mettent en œuvre au niveau des territoires, portées par des acteurs qui tentent de réaliser des actions de développement endogène en s'appuyant sur d'autres dimensions de celui-ci, que celle économique.

En s'appuyant sur les caractéristiques socioculturelles du pays, des actions se développent autour de solidarités, de partages, mais elles souffrent du manque de valorisation et de visibilité politique. Aujourd'hui, c'est la rencontre de ces initiatives locales avec une conception capitaliste du changement qu'il est intéressant d'observer dans des territoires ruraux comme Fandène. Il est à noter également que la seule participation des populations au processus de développement local ne saurait suffire pour impulser le changement ; il faut, en plus, une réelle volonté politique de faire autrement le développement. Aussi, une approche processuelle et systémique permet de montrer qu'au-delà de cette volonté politique et de ces initiatives locales initiées, il est important d'inclure la dimension des pesanteurs capitalistes et internationales dans l'environnement d'émergence de ce que nous appelons les territoires de développement, formes de système d'action local s'organisant autour de l'autorité politique locale et faisant du changement une question locale et sans cesse posée.

Les réponses proposées à la question du développement local par le Sénégal, passe par de grands projets de lutte contre la pauvreté, aux accents très politiques et aux contenus parfois décevants. C'est ce que nous appelons plus loin de manière caricaturale, « la politique des casiers vides ».

2. Les politiques de développement au Sénégal

Le Sénégal est aujourd'hui, souvent cité en exemple dans l'espace de l'Union économique et monétaire ouest-africaine (UEMOA) comme l'un des pays les plus stables politiquement, comme celui qui crée le plus de richesses depuis la dévaluation du franc CFA en 1994, comme celui qui présente un produit intérieur brut (PIB) qui a atteint un niveau de croissance de 6,65 % en 2016[34], et celui qui a réussi à assurer le redressement de ses finances publiques. Malgré ce constat élogieux de prime abord, mais qui cache à notre avis bien des zones d'ombres sur l'objectivité de telles réalités évoquées, le pays n'en demeure pas moins extrêmement pauvre, eu égard aux statistiques globales livrées et il figure parmi les 25 pays pauvres très endettés (PPTE). Pour Amadou DIOP, les représentations mathématisées sont des projections simplistes qui recouvrent en fait des réalités beaucoup plus contrastées, car au contact des réalités locales, il s'avère que la pauvreté vécue se décline en des termes très différents de celle analysée et conceptualisée par les « experts »[35].

La distribution de la pauvreté étant pour l'essentiel concentrée en zones semi-urbaines, dans les bidonvilles et en milieu rural. Ce qui conforte l'idée du primat du centre sur la périphérie en matière de renvoi d'image de développement et en matière de priorité des investissements stratégiques souvent politiques.

---

[34] Estimation de 2012, Voir www.cia.gov/library/publications/the-world-factbook/

[35] Diop A., Minvielle J-P., Niang A., 2005, *La pauvreté au Sénégal : Des statistiques à la réalité*, Karthala, 287p.

Le Sénégal, pays situé à l'ouest de l'Afrique, est bordé par l'océan Atlantique à l'Ouest, la République islamique de la Mauritanie au nord, la Guinée-Conakry et la Guinée-Bissau au sud et le Mali à l'est. La devise du pays est « *Un peuple, un but, une foi* ». C'est un pays tropical avec une saison sèche longue de 7 à 9 mois et une saison des pluies courte variant entre 3 et 5 mois selon les zones. On note une pratique de l'agriculture saisonnière pendant la saison des pluies et le développement d'activités maraichères pendant la saison sèche, même si ces dernières ne sont pas partout pratiquées dans le monde rural et semi-urbain. Il est composé de plusieurs ethnies dont les plus représentatives sont le wolof, le sérère, le peul, le diola. La langue officielle de l'administration est le français et le wolof constitue la langue nationale la plus parlée et la plus utilisée pour les échanges et le commerce.

Sur le plan politique, le pays est stable malgré l'activité d'un groupe indépendantiste au sud en Casamance connu sous le nom de MFDC (Mouvement des forces démocratiques de la Casamance). Pays sous régime démocratique, Macky Sall est depuis le 2 avril 2012 le quatrième président du Sénégal après Léopold Sédar Senghor, Abdou Diouf et Abdoulaye Wade.

Le Sénégal est un pays rural malgré une urbanisation galopante avec des références macroéconomiques trompe-l'œil et un pays qui connait des retards énormes dans la mise en œuvre de ses plans et programmes de développement, une situation globale qui justifie souvent les interventions quasi permanentes du FMI et de la Banque Mondiale.

Le choix du Sénégal s'est imposé à nous, car il n'y a de réel intérêt scientifique que si ces faits sont pris dans la dynamique d'un pays dit pauvre ; c'est-à-dire dans un terrain où les réalités sont en train de se faire, de se construire, encore en état embryonnaire, contrairement à des pays connaissant déjà des avancées très significatives. Mais avant d'évoquer l'essentiel des politiques de développement ou de lutte contre la pauvreté au Sénégal, il est important de revenir sur l'héritage des politiques antérieures depuis l'indépendance obtenue en 1960. En effet, la structure économique du Sénégal indépendant qui découle largement de la période coloniale et de l'économie de traite, se base essentiellement sur l'exportation de produits primaires comme le phosphate, l'arachide et les produits de la pêche et l'importation de produits de première nécessité comme le riz, le lait, l'huile et les produits manufacturés. Comme le fait remarquer Mohamed Mbodj, « *le Sénégal est un pays sahélien dont l'économie à dominante rurale est largement tributaire de facteurs climatiques, structurels et conjoncturels sur lesquels il a très peu de prise* »[36]. Cette remarque fait référence en outre des conditions climatiques aux relations déséquilibrées entre le Sénégal et ses partenaires économiques ; mais aussi à son intégration dans un système capitaliste mondialisé.

Cette ouverture de l'économie sénégalaise vers l'extérieur inscrit le pays dans la voie de la compétitivité internationale, et doit faire face à la forte concurrence du marché international, ce qui le fragilise du fait de son manque de maturité économique et financière et de sa dépendance au cours des matières premières, dont les fluctuations et variations peuvent largement lui échapper, car se décidant ailleurs. Avec la grande sécheresse, très difficile pour le monde rural et paysan, les années 70 vont marquer l'histoire du Sénégal par une crise économique et sociale sans précédent dont une grande partie du PNB est constituée d'emprunts auprès d'institutions financières extérieures, avec une explosion exponentielle de la dette extérieure.

Cette explosion de la dette publique du pays provient, d'une part, de la forte influence du FMI et de la Banque mondiale sur l'économie sénégalaise comme d'ailleurs dans la plupart des pays du Tiers-Monde qui ont accédé à l'indépendance ; et, d'autre part, du recours à l'aide extérieure comme moyen de développement. L'emprunt est devenu le mode de financement des projets nationaux et la principale part du budget national annuel, alors que l'argent demandé n'aboutit pas souvent à des investissements utiles pour les populations (PSE, TER, etc.). Les institutions multilatérales financent les réformes qu'elles imposent du fait de leur position de créancier et exigent sans ménagement un remboursement intégral des prêts accordés aux pays souscripteurs. Or, le système des réformes est un moyen d'investissements directs et rend plus service à ces institutions financières soucieuses d'accroître leurs profits qu'aux pays concernés. Cette situation fait exploser la dette publique, ce qui aboutit inexorablement à une augmentation constante et continue de

[36] Mbodj M., « La crise trentenaire de l'économie arachidière », pp. 95-135, p. 95 in Diop M-C, (éd.), 1992, *Le Sénégal. Trajectoires d'un État*, Dakar / Codesria, 501p.

l'endettement multilatéral du pays. L'impact de cette spirale d'endettement-remboursement influe considérablement sur la situation sociale des ménages, touchant le niveau et la qualité de vie des Sénégalais, jusqu'en milieu rural.

Par ailleurs, dès 1979, les deux institutions internationales, FMI et de la Banque mondiale, concluaient avec le gouvernement Senghor un « plan de réhabilitation économique », qui amorce l'interminable processus d'ajustement structurel que connait le Sénégal jusqu'à aujourd'hui. Les années 1980 sont un tournant. À la suite des chocs pétroliers, le monde entre en récession et pratiquement tous les prix des matières premières s'effondrent. Les pays du Sud déjà très endettés n'ont plus les moyens de payer les emprunts. Sous l'autorité du Fonds monétaire international (FMI) et de la Banque Mondiale (BM), ils procèdent généralement à des ajustements structurels. Il s'agit là d'assainir les finances des États endettés pour les rendre solvables. Mais ces politiques d'ajustement ont été conduites au détriment de la population et de la lutte contre la pauvreté qui continuait de gagner du terrain dans le continent. Ces programmes d'ajustement structurel[37] sont un processus sciemment structuré dont les différentes tâches principales sont réparties entre ces deux organisations internationales pour la conception et le pilotage et l'évaluation des programmes ; au FMI les programmes de stabilisation à court terme visant à aider les pays en crise à rétablir les grands équilibres financiers et à la Banque Mondiale les programmes à moyen ou long terme cherchant à les assister pour la refondation des grandes orientations de leurs économies. Pour prétendre à un prêt d'ajustement structurel provenant de la Banque Mondiale, les pays doivent d'abord conclure un accord avec le FMI, lequel d'ailleurs sert souvent de référence presque obligatoire pour tous les crédits publics et même privés que les diverses agences de financement des pays développés accordent aux pays lourdement endettés[38].

C'est le cercle de construction et de pérennisation de la pauvreté et de la dépendance des pays pauvres en développement. On crée les conditions de remboursement des prêts pour garantir les

---

[37] Voir Banque mondiale, 1994, *L'ajustement en Afrique : réformes, résultats et chemin à parcourir*, Washington, D.C., XXII, 328p

[38] Unesco, 1995, Effets des programmes d'ajustement structurel sur l'éducation et la formation, Conférence générale, Vingt-huitième session, Paris, 28p.

financements, ce qui fait croire que le pays s'est stabilisé. Seulement après remboursement des prêts octroyés avec les intérêts, la situation budgétaire du pays se dégrade. Pour se redresser, il sollicite encore un autre prêt qui s'accompagne d'un autre plan d'ajustement. C'est un cercle vicieux qui ne profite pas aux pays pauvres. D'après les conclusions de la conférence de l'UNESCO, « *les programmes d'ajustement structurel (PAS) mis en œuvre dans différents pays comportent des mesures spécifiques de politique économique qui varient d'un contexte à un autre. Les mesures de stabilisation comportent surtout la dévaluation de la monnaie, la réduction des dépenses publiques, l'augmentation des frais à la charge des utilisateurs des services publics, et le blocage des salaires, la réduction des dépenses sociales. Quant aux mesures de restructuration de l'économie, elles visent à créer les bases d'un retour de la croissance* », elles concernent la « *réduction ou l'élimination des contrôles de prix, la réforme du secteur public, la privatisation des entreprises publiques, la libéralisation du commerce, l'encouragement des exportations au moyen de réformes tarifaires et fiscales et l'ouverture des frontières, et la réduction de la protection de la production interne contre les importations* »[39].

Paradoxalement, malgré les problèmes de l'État face à la paupérisation massive et grandissante de sa population surtout rurale, et le constat de l'inadéquation de telles mesures, le Sénégal reste dépendant des cycles de rééchelonnement de sa dette extérieure et des plans qui l'accompagnent. En juin 2000, l'élection présidentielle, qui a porté le président Abdoulaye Wade à la tête de l'État, va avoir un effet positif, puisque le Sénégal obtient enfin sous l'initiative PPTE renforcée, un allégement de sa dette d'environ 20 % soit près de 850 millions. Comme toute action dans ce sens n'étant pas gratuite, l'État sénégalais s'engage à proposer et à appliquer une série de réformes structurelles qu'il doit traduire dans un plan appelé « Cadre stratégique de lutte contre la pauvreté » avant la fin de l'année 2001. Ceci coïncide avec la prise de conscience des principaux bailleurs de ces ajustements, la BM et le FMI, que les réformes drastiques opérées sur le système économique sénégalais avaient fini d'installer, et cela pour longtemps, son cortège de malheurs pour la population locale[40].

---

[39] Ibidem

[40] Diop M-C (dir.), 2004, *Gouverner le Sénégal, Entre ajustement structurel et développement durable*, Karthala, 299p.

2003, *La société sénégalaise entre le local et le global*, Karthala, 725p.

En effet, le constat est sans appel surtout sur le plan social. Le pays est littéralement dévasté et la logique de solidarité sociale est sacrifiée au profit de la rationalisation économique. La majorité de la population est laissée pour compte et la faible minorité gravite autour de l'appareil d'État à la recherche de pécule et de rentes pécuniaires. Par exemple, le Rapport sur le Développement humain de 2000[41] montre que les conclusions sur le bien-être social des Sénégalais sont alarmantes. Ainsi, près de 65 % des plus de 15 ans sont analphabètes, près de 8 personnes sur dix n'ont pas accès à l'enseignement secondaire, les dépenses publiques pour l'enseignement sont réduites passant de 4,1 % du PNB à 3,7 % entre 1990 et 1998, la moitié de la population n'a pas accès à l'eau potable, entre autres constats. Les impacts négatifs de l'ajustement structurel sont omniprésents sur tous les plans de la vie des Sénégalais.

Entre autres conséquences des politiques d'ajustement structurel, en milieu rural, on a assisté à l'ébranlement des bases symboliques de la famille et du lien social axé sur les principes de la tradition et d'une forme de *solidarité mécanique*[42]. La famille élargie qui, pendant longtemps, y a constitué la réalité de base avec tout ce qu'elle comportait en matière de solidarité, d'entraide et de sécurité sociale, aussi bien pour ses membres que pour son environnement social immédiat, est entrée dans un processus accéléré et irréversible d'éclatement au profit de la famille conjugale et nucléaire. Cette dernière porte les marques d'une forme de *solidarité organique*[43] avec des principes d'individualisation fortement ancrés de la société moderne et du système capitaliste naissant. La principale cause a été les nouvelles formes de conflits familiaux apparus en raison de la crise de l'agriculture par le gel des subventions et la chute des cours de l'arachide. Les unités ménagères qui la constituaient ont trouvé dans le repli sur soi un nouveau moyen de se protéger ou d'éviter les effets de la crise, car les exigences de vivre ensemble avec une dégradation du pouvoir d'achat, devenaient de plus en plus difficiles à supporter[44]. Mais, loin d'être catégorique sur la question, il faut noter que des

---

41 Rapport sur le développement humain, 2000, http://hdr.undp.org/fr/rapports/mondial/rdh2000/

42 Durkheim E., 1893, *De la division du travail social*, huitième édition, 1967, Paris, PUF, 416 p

43 Ibidem

44 Diouf A (éd.), 2008, *Développement local, gouvernance territoriale. Enjeux et perspectives*, Paris, Karthala.

structures familiales basées sur le modèle traditionnel ont bien survécu à la crise en restant soudées et en développant la solidarité à toute épreuve.

Par ailleurs, en milieu urbain, s'est plutôt produit un phénomène inverse, tout aussi nocif, identifié par un *processus d'agrégation* se caractérisant par l'augmentation des ménages, constitués pour beaucoup, de familles conjugales, de consanguins, de parents sociaux et de personnes à charge. La fuite du monde rural traduit par un exode rural, « *parce qu'il n'y a rien dans les campagnes* »[45], a considérablement augmenté le « taux de dépendance » à l'égard des ménages urbains, qui désormais doivent résorber cette nouvelle population issue de la famille élargie en perte de repères économique, sociale et professionnelle.

Les conséquences liées à ce phénomène ont été entre autres, le développement de l'exclusion pour des familles n'ayant pas la possibilité d'accueillir plus, de la mendicité, de la corruption active comme passive ; la dégradation du tissu social avec l'accroissement du « repli sur soi » comme moyen de protection, l'augmentation de la prostitution et des formes d'infection qui en découlent, la recrudescence des inégalités sociales, etc. C'est un véritable processus irréversible de changement social qui s'opère à l'échelle du pays. Le Sénégal traditionnel était en train de muer dans la modernité naissante dans les villes et bidonvilles et cette modernité pénètre de plus en plus les zones rurales qui découvrent les commodités de la ville.

Ces années d'ajustement structurel auront certes eu le mérite de redonner un cadre au système économique sénégalais par l'ébranlement de l'État-providence et le triomphe des modèles économiques internationaux, notamment le libéralisme, mais auront été un véritable fiasco sur le plan social et humain au vu de la situation de pauvreté dans laquelle est plongée la population du pays. De la centralisation de la prise en charge des questions sociales jusqu'aux premiers vents de la décentralisation, le Sénégal aura traversé une partie marquante de son histoire dans la marche vers le bien-être social

---

[45] Diouf M., « La crise de l'ajustement », Dakar, IFAN, pp. 62-85, consulté sur http://www.politique-africaine.com/numeros/pdf/045062.pdf

et économique et entre dans une nouvelle ère du développement : le développement local.

Par ailleurs, bien que le Sénégal bénéficie d'une aide publique au développement conséquente, presque quatre fois plus que le reste de la région, cela ne vient en rien soulager la population et l'état de pauvreté dans lequel elle vit ; car, par exemple, pour chaque dollar reçu au titre de l'aide publique, le Sénégal en rembourse 1,28[46]. Alors on se pose la question de savoir : s'agit-il d'une aide ou d'une stratégie bancaire « économiciste » de contrôle politique et d'appauvrissement ? Car encore une fois, on donne l'illusion, de déployer des efforts au nom du développement, mais les taux d'intérêt fixés creusent négativement encore l'économie du pays, l'appauvrissent et le rendent plus encore dépendant de l'extérieur[47]. Encore, un des moyens déployés pour combattre les effets néfastes des Politiques d'Ajustement structurel et continuer à lutter contre la pauvreté a été la présence et l'implication des ONG, quoique largement critiquables, dans le processus de construction du développement local au Sénégal. Il paraît à cet effet important de faire un bref feedback sur leur intervention au Sénégal et de se poser la question de leur utilité pour les populations.

2.1. Les ONG : Appui aux populations pauvres ?

Pendant la crise des Politiques d'ajustement structurel et l'entêtement du gouvernement à continuer dans la voie de l'austérité, la société civile a eu comme fer de lance les organisations non gouvernementales. En effet, durant les années 70, elles avaient commencé à apparaître au Sénégal, en apportant leur soutien et leur appui dans différents domaines aux côtés des populations. Leur intervention est parue beaucoup plus significative précisément depuis la période où la sécheresse s'est abattue sur le pays.

D'abord, elles avaient pénétré le milieu rural, qui fut le premier terrain où elles sont intervenues généralement, ce qui leur avait permis d'acquérir rapidement une grande expérience des communautés

---

46 Zacharie A., Extrait du CADTM (Comité pour l'annulation de la dette du Tiers-Monde), mise en ligne en 2003, Le Sénégal, 4p.

47 Fall A. S. Guèye C., 2003, Derem ak Ngerem : Le franc, la grâce et la reconnaissance. Les ressorts de l'économie sociale et solidaire en Afrique de l'Ouest, *Revue du MAUSS*, vol. N° 21, no. 1, pp. 97-112.

rurales pauvres. En participant à mettre en place des projets et avec une démarche par projet et par objectifs, elles ont introduit ainsi cette notion dans le vocabulaire et le jargon des populations qui les avaient côtoyées comme c'est le cas de Fandène[48]. Elles firent preuve d'une véritable expertise en matière de gestion de projet et en appelèrent à la *participation locale* qui fut un principe fondamental de leurs interventions, même si sa seule évocation ne traduit pas sa réelle réussite sur le terrain. Pour Jean Paul Deler et ses corédacteurs, « *au départ, les ONG opéraient seules, elles exportaient un projet pour les bienfaits d'une population ciblée. Ainsi pendant plusieurs décennies elles ont cherché à répondre aux besoins des pays du Sud par des actions appelées "projets". Aujourd'hui, le projet constitue toujours le mode d'intervention privilégiée par les ONG. Il est entendu comme "une suite d'objectifs fixés a priori, d'actions définies pour les atteindre, un budget, des échéances…"* »[49].

Le mérite étant de vouloir faire émerger le développement des populations elles-mêmes malgré un contexte politique, social et économique assez difficile ; même si implicitement et peut-être sans s'en rendre compte, elles reproduisaient le même schéma vertical de développement, importé du dehors et appliqué à une population.

Ensuite, à partir des années 80 le nombre d'ONG sur le sol sénégalais ne cesse d'augmenter. En effet, ces années coïncident avec le recul et le désengagement de l'État face aux effets des Politiques d'ajustement structurel, un désengagement qui se traduit par la diminution du montant des investissements alloués à l'agriculture par exemple et dans le domaine du social comme la santé, l'éducation. Les ONG voyaient corrélativement leur nombre grimper en même temps qu'elles avaient de plus en plus de responsabilités vis-à-vis de l'augmentation de la pauvreté allant même jusqu'à se substituer à l'État ou prolonger ses actions, dans certains secteurs comme la formation, l'alphabétisation. Encadrant et organisant les populations dans différents domaines, elles effectuaient avec la participation de ces dernières de nombreuses réalisations dans les secteurs de la santé, de l'éducation, de la production et de la commercialisation agricoles, sans compter les nombreuses actions d'Information, d'Éducation et de

---

[48] Enda Graf Sahel, 1993, *La ressource humaine, avenir des terroirs : Recherches paysannes au Sénégal*, Paris, Karthala, 320p.

[49] Deler J. P (dir.) et al. 1998, *ONG et développement. Société, Economie, Politique*, Paris, Karthala, p.90.

Communication (IEC). Une ONG comme Enda, présente depuis les années 70, a beaucoup œuvré dans la connaissance des populations rurales, en témoigne le nombre de publications faites, a accompagné ces dernières dans beaucoup de programmes et a capitalisé beaucoup d'expériences dans le développement local au Sénégal[50].

En 1980 aussi, une nouvelle réglementation sous le décret 80-79 a été élaborée et réduisait encore plus la marge de manœuvre des ONG en les mettant sous la tutelle du Secrétariat d'État à la Promotion humaine qui deviendra en 1984 le ministère du Développement social. Ce ministère était celui qui se chargeait d'interagir avec les ONG pour la signature des protocoles d'accord et des agréments. Mais à partir de 1989[51] un autre décret fut promulgué, désignant une des directions du ministère du Développement social et de la Solidarité nationale, à savoir la Direction du Développement communautaire pour se charger désormais de la réception et du traitement des demandes d'agrément et pour se prononcer sur les possibilités ou non de leur accorder des facilités dans le cadre de leur mission. Cependant, les facilités accordées furent rendues plus contraignantes, sans doute pour éviter une perte de crédibilité de l'État. Ce décret de 1989 fut encore révisé en 1996 transférant la tutelle des ONG au ministère de la femme, de l'enfant et de la famille[52]. Au sens de ce décret, « *une ONG est une association régulièrement déclarée, à but non lucratif ayant pour objectif d'apporter sa contribution au développement national et agréée en cette qualité par le Gouvernement* »[53].

Pourtant, les différentes interventions des ONG vont ainsi créer une nouvelle dynamique associative au sein de la société civile du Sénégal, fondée sur le principe de la *participation*. Autrement dit, la seule présence et les actions menées en termes d'information, d'encadrement et de formation des ONG, loin d'être à l'abri de toute

[50] Voir site Web : http://www.grafsahel.org

[51] Hermier, A., 2004, *Les acteurs non étatiques au Sénégal : Vers une stratégie d'action politique des acteurs non étatiques*, (ECDPM, En Bref 3C) Maastricht : ECDPM.

[52] Voir Ministère de la femme, de l'enfant et de la famille, Décret N° 96-103 modifiant le Décret 89-775 du 30 juin 1989 Fixant les modalités d'intervention des Organisations Non Gouvernementales (ONG), Dakar le 08 février 1996, 7p.

Voir Code des obligations civiles et commerciales du Sénégal car les ONG sont considérées comme des associations de droit commun

[53] Ministère de la Famille, de la Solidarité Nationale de L'Entreprenariat Féminin et de la Micro-Finance, Direction du Développement Communautaire, 2008

critique, vont susciter chez les populations l'idée qu'elles doivent et peuvent participer au développement local qui a cours dans leur propre société. Ce changement de conception du développement jusque-là initié selon un modèle interventionniste de l'État par la verticalité des politiques, programmes et projets va désormais être le leitmotiv de toutes les interventions postérieures. En outre, durant cette période la Fédération des ONG du Sénégal (FONGS) est créée en 1976 ainsi que le Conseil des Organisations non gouvernementales d'Appui au Développement (CONGAD), organisation de coordination fut créée en 1982. La vocation de ce dernier est de développer la concertation et les échanges entre les ONG, de promouvoir la solidarité entre elles dans l'appui aux communautés de base, de défendre leurs intérêts et de les mobiliser autour de leurs préoccupations et besoins. Cette structure est le principal interlocuteur du gouvernement et des partenaires au développement au sein de la société civile et est au cœur des dynamiques majeures impulsées par les acteurs non étatiques. Mais malgré cet élan de coordination, il est toujours constaté dans plusieurs zones au Sénégal un problème de juxtaposition des interventions des ONG, de compétition voire de conflits pour le monopole d'un territoire, au détriment des réelles préoccupations de ces territoires locaux, comme si le CONGAD ne jouait pas son rôle de coordination. Nous reviendrons sur ces points dans la dernière partie du travail.

Enfin, représentant une grande part des investissements dans le pays, elles étaient souvent le canal par lequel passaient les organismes internationaux aidant les communautés locales par le biais de la coopération au développement ou de la coopération décentralisée ; ce qui en faisait des intermédiaires entre les communautés villageoises et les bailleurs de fonds[54]. Par ailleurs, durant cette période, les ONG intervenaient spécifiquement pour un secteur déterminé selon leurs compétences et se trouvaient en liaison avec le ministère de tutelle concerné. Ce dernier signait avec elles les protocoles d'accord et portait un regard sur leurs activités. Au moment où leur nombre ne cessait d'accroître, elles avaient encore un rôle accessoire, d'appoint conçu par l'État, car ce dernier était toujours dans une logique de contrôle et de

[54] Ce qui s'assimile aujourd'hui au rôle des agents de développement

centralisation de toutes les interventions vers les populations de base, malgré le paradoxe affiché plus tard par la décentralisation.

Malgré tout, compte tenu de leurs limites intrinsèques liées à l'instabilité des conditions administratives de leur intervention, la dispersion et le caractère limité de leurs actions, l'inégale répartition selon les zones, l'opacité du financement, etc., les ONG avaient constitué un apport non négligeable à la lutte contre la pauvreté à la base. Cette dernière qui, comme nous l'avons vu, commençait alors à se dessiner d'une manière générale sous l'impulsion des organisations financières internationales elles-mêmes, devenues conscientes des effets sociaux néfastes des Politiques d'Ajustement structurel[55] et de manière particulière sous l'égide de l'État du Sénégal conscient aussi de ses limites quant à sa capacité à répondre directement et durablement aux besoins sociaux de la population.

Dans la littérature internationale, beaucoup d'auteurs ont proposé des conceptions et des théories sur les ONG en essayant d'analyser leurs missions et rôles en rapport avec la problématique de la question sociale soulevée pour leur intervention. Même si dans ce travail, notre intention n'est nullement de faire une étude détaillée des ONG, il semble néanmoins important pour la compréhension de notre objet d'évoquer quelques dimensions qui le construisent. Yao Assogba nous offre un résumé de l'intervention des ONG en Afrique en général. Pour lui « *au-delà de leur extrême variété, force est de reconnaître que les ONG d'aide au développement partagent un discours commun. Elles se définissent comme une alternative aux opérations de coopération classique et elles sont reconnues comme telles. En effet, face à la lourdeur des grands projets et des opérations de développement, les ONG présentent un autre type d'intervention, mettant en œuvre des opérations ponctuelles, à petite échelle, au ras du sol, recherchant la participation des populations rurales et visant à répondre aux besoins essentiels de celles-ci* »[56].

On note à travers cette assertion que la dimension de la participation et de la localisation des efforts des actions en faveur de la

---

[55] Sy J. H., 2002, *Pauvreté et hégémonismes. Les sociétés civiles africaines face aux ajustements structurels de type nouveau*, Oxfam/Aide Transparence Afrique, Dakar, 333p

[56] Assogba Y, 1991, Les ONG et le développement en Afrique ou la face cachée de la lune, *Nouvelles pratiques sociales*, vol. 4, n° 1, p. 39-49.

construction du développement prend une place considérable dans la pédagogie actuelle des ONG.

Par contre, ce qui a beaucoup évolué dans la sociologie de l'action des ONG ce sont les formes de mise en œuvre des projets en articulation avec les organisations locales. Si jusqu'à une époque récente certaines ONG avaient opté pour une méthode d'intervention verticale privilégiant moins les concertations, d'autres ont commencé à considérer la diversité du paysage local avec ses caractéristiques propres, qu'il faut désormais intégrer dans la logique d'intervention. Aussi, le rôle et les attentes placées dans les ONG ont évolué avec le changement d'approche allant de plus en plus vers des structures de promotion du développement auprès des populations locales souvent délaissées par l'administration publique. Elles deviennent à ce titre le véhicule d'un développement idéalisé reposant généralement sur une valorisation des territoires locaux, de l'initiative locale autour d'activités génératrices de revenus, la culture de la proximité solidaire, l'articulation des dynamiques locales avec les politiques nationales. Elles abordent un côté militant avec la défense des intérêts de populations fragilisées comme les femmes et les enfants, avec des thèmes portés sur la scolarisation des filles et le retrait des enfants des rues de la mendicité chronique. Pourtant, malgré ce succès reconnu dans l'aide sociale, les ONG sont souvent l'objet de critiques.

Une critique sur le caractère instrumental et extraverti de l'action locale des ONG est constatée. Pour Arundhati Roy, « *les ONG donnent l'impression de remplir le vide laissé par un État en retraite. Et c'est ce qu'elles font, mais d'une manière inconséquente. Leur contribution réelle est de désamorcer la colère et de distribuer au compte-gouttes, sous forme d'aide ou de bénévolat, ce à quoi les gens devraient normalement avoir droit… Les ONG altèrent la conscience publique… Elles forment une sorte d'amortisseur entre le gouvernement et le public… Elles sont devenues les arbitres, les interprètes, les entremetteuses* »[57].

Cette conception du rôle des ONG semble bien cadrée avec leur réalité en Afrique qui va souvent au-delà de leur seule mission dans le cadre de la lutte contre la pauvreté.

---

[57] Roy A., 2004, « Les périls du tout-humanitaire », *Le Monde Diplomatique*, pp. 24-25.

En outre, elles sont devenues les fidèles véhicules de la mondialisation que Sylvie Brunel traduit en ces termes : « *depuis la guerre froide, les ONG explosent et jouent un rôle croissant sur la scène internationale... Pourfendeurs de la mondialisation, les ONG en sont pourtant les principales bénéficiaires. La prolifération du mouvement associatif est en effet un pur produit de la mondialisation* »[58]. Elles deviennent à ce titre le « Cheval de Troie » de la mondialisation libérale, probablement sans en être réellement conscientes. Ainsi, inscrit dans une logique de développement durable, l'État du Sénégal a amorcé un certain nombre de mesures et de programmes pour promouvoir un modèle partant des réalités socioculturelles des bénéficiaires, toujours, avec le concours des ONG et des organismes d'aide extérieurs et locaux, de l'aide au développement, de la coopération décentralisée. Cependant, entre le discours et la pratique, il y a toujours un fossé conduisant à porter un regard critique sur la réalité du développement local au Sénégal.

3. Les politiques de décentralisation au Sénégal[59]

Vouloir appréhender le développement local, sans intégrer dans l'analyse la dimension de la décentralisation territoriale, qui est une donnée juridique, administrative et sociale tangible, conduirait à une analyse partielle, voire incomplète, de la situation au Sénégal. Les collectivités locales, actrices incontestables du développement local, sont le résultat de la mise en œuvre de la politique de décentralisation et ont vocation à concevoir, à programmer et à mettre en œuvre, de manière plus ou moins autonome, les projets de développement économique, éducatif, social et culturel dans l'espace décentralisé. En effet, l'éclosion fulgurante de qualificatifs dans les cinquante dernières années pour caractériser les différentes étapes essentielles de l'expérience sénégalaise d'organisation territoriale et administrative (apprentissage à la décentralisation, semi-décentralisation,

[58] Brunel S., 2003, « Les ONG et la mondialisation », conférence UTLS, *Le Monde* du Mardi 22 juillet 2003, www.lemonde.fr.

[59] Ecole national d'économie appliquée et l'Université du Connecticut, *La décentralisation au Sénégal : l'étape de la régionalisation*, actes du séminaire du 2 au 4 mai 1994, « Mise en place de la régionalisation au Sénégal », Ecole national d'économie appliquée et l'Université du Connecticut, 1994, 258p.

décentralisation surveillée) rend compte de la longue maturation institutionnelle d'un processus de déconcentration qui plonge ses racines depuis la période coloniale et les années qui ont suivi l'accès aux indépendances.

En règle générale, la décentralisation est définie comme un processus consistant pour l'État à transférer au profit de collectivités territoriales certaines compétences et les ressources correspondantes. C'est un processus d'aménagement qui consiste à transférer des compétences administratives et techniques de l'État vers des structures ou des collectivités locales à la suite des programmes de déconcentration. C'est également une reconnaissance par l'État, d'autres personnes publiques habilitées à intervenir dans certains domaines et disposant dans cette intervention d'une certaine autonomie. Il s'agit aussi, entre autres, d'une installation au niveau régional ou local d'une partie des services centraux de l'État, c'est l'exemple des services régionaux et/ou locaux déconcentrés. Pour Mayacine Diagne, « *la décentralisation peut d'ailleurs revêtir plusieurs sens : les géographes parlent de délocalisation, les gestionnaires la situent dans la problématique du management moderne, les juristes y voient un système d'organisation administrative qui reconnaît une existence juridique à des collectivités secondaires qui sont dotées de la personnalité morale, et aussi sont appelées à gérer leurs propres affaires par l'intermédiaire d'organes issus d'elles-mêmes. Enfin du point de vue politique, la décentralisation territoriale conduit à la démocratie locale à travers la participation des membres de la collectivité aux décisions touchant à leurs intérêts collectifs* »[60].

Il est souvent retenu que la décentralisation équivaut à la recherche de l'autonomie des territoires par l'articulation de trois conditions nécessaires :

- D'abord, la recherche d'une autonomie matérielle par la reconnaissance d'une personnalité morale et la possession d'un patrimoine et d'affaires locales comme une fiscalité locale par opposition aux affaires nationales gérées par l'État ;

[60] Diagne M., « La décentralisation fiscale, politique et administrative au Sénégal et son impact dans la performance des collectivités locales », IED – FAGLAF, communication consultée le 03/01/2013 sur www.faglaf.info

- Ensuite, la recherche d'une autonomie organique par la mise sur pied d'organes propres de gestion des affaires locales et du patrimoine local ;
- Enfin, une autonomie fonctionnelle se traduisant par une relative liberté de la collectivité dans la gestion de ses affaires courantes malgré une tutelle de l'État que l'on peut observer dans certains domaines de la vie publique.

Toutefois, cette triple autonomie ne signifie point l'indépendance de la structure décentralisée. Cette dernière reste sous la surveillance de l'État. Cette surveillance est appelée tantôt contrôle de légalité pour s'assurer de la conformité à la loi des actes pris par les collectivités territoriales et certains établissements publics ; tantôt tutelle pour tenter de sauvegarder l'intérêt général contre les excès éventuels des autorités locales.

3.1. Les étapes de la décentralisation sénégalaise[61]

Le Sénégal a été l'un des tout premiers laboratoires d'expérimentation du processus de décentralisation en Afrique de l'Ouest. Selon Philippe Herzog, « *le processus de décentralisation consiste en un double mouvement : d'une part, redistribuer les compétences du haut vers le bas afin de régler les problèmes au niveau où ils se posent concrètement ; d'autre part, rapprocher les citoyens de l'exercice des décisions touchant à leur avenir* »[62].

Ces propos montrent toute la quintessence de la décentralisation qui vise à doter les collectivités territoriales de ressources pour mener des actions dites de développement local en fonction des besoins de leur territoire. En outre, elle incite les populations à participer à l'effort de développement de leur territoire par une implication dans l'identification des besoins, l'orientation des politiques, mesures ou actions à retenir, etc. La décentralisation permet ainsi de rapprocher la population de base à l'État par le biais des collectivités locales créées à cet effet.

---

[61] Ministère de l'intérieur et des Collectivités locales du Sénégal, 2003, *Le recueil des textes de la décentralisation*, Dakar, 2003, 310 p.

[62] Herzog P., 1982, *L'économie à bras-le-corps : Initiation aux politiques économiques actuelles*, Éditions Sociales, p. 310.

Par ailleurs, au Sénégal, on peut stipuler l'existence de deux formes de décentralisation en fonction de l'évolution administrative et géographique du processus : une décentralisation urbaine et une décentralisation rurale. En effet, l'expérience de décentralisation administrative et territoriale y fut introduite pour la première fois au Sénégal en 1872. Les communes de Saint-Louis et de Gorée ont été créées le 10 août 1872. La commune de Gorée comprenait l'île de Gorée qui porte le même nom que la commune et la ville de Dakar ainsi que sa banlieue. Rufisque est érigée en commune en 1880. La commune de Dakar est créée en 1887 par sectionnement de la commune de Dakar-Gorée. Puis la commune de Gorée a été réunie à celle de Dakar en 1929. Ces quatre communes étaient de plein exercice, elles devraient avoir le même régime que les communes françaises. Toutefois, quelques années après la création des quatre premières communes, des réformes ont été initiées afin de mieux adapter l'institution aux réalités sénégalaises. Parallèlement aux communes de plein exercice, des collectivités locales étaient créées en 1904 sous l'appellation de communes mixtes. Il apparaît clairement que pendant cette période, l'administration coloniale a essayé, tenté des découpages administratifs, réajusté ces découpages pour constituer une harmonie dans la politique de décentralisation urbaine. On note aussi que les communes créées ont toutes une part d'histoire puisque Saint-Louis fut la capitale de l'AOF, Gorée pour son rôle dans la traite négrière, Dakar plus tard comme capitale économique du pays, Rufisque, sans doute pour son rôle dans l'industrie halieutique.

Ainsi, la puissance coloniale qu'est la France avait opté pour une décentralisation qu'on peut qualifier de progressive, car le rythme était tributaire du degré d'émancipation des populations qui, à cette époque, étaient largement sous alphabétisées. Cette méthode paraît très logique, puisque, la décentralisation, école de la démocratie locale, de la participation citoyenne, de la citoyenneté tous azimuts, exige de ses acteurs, une certaine maturité politique, administrative et intellectuelle, gages de la capacité à se prendre en charge durablement et de manière autonome.

❖ **Première phase des réformes : 1960 à 1972**

Cependant, avec l'accession du Sénégal en 1960 à la souveraineté internationale, cette décentralisation à plusieurs vitesses va prendre fin avec la dotation du statut de plein exercice pour les trente-trois communes que comptait désormais le Sénégal. Plusieurs réformes ont été initiées par l'État en vue de consolider et de poursuivre progressivement le processus de la décentralisation en cours.

Dès l'indépendance, la loi du 13 janvier 1960 favorise la mise en place d'une administration de développement parallèlement à l'administration classique et l'organisation coloniale de l'administration territoriale fut modifiée. Le territoire était divisé en cercles, chaque cercle en subdivisions et chaque subdivision en cantons, dirigés respectivement par des commandants de cercle, des commandants de subdivision et des chefs de canton. La loi n° 60-15 les a remplacés pour proposer une division en sept régions, elles-mêmes subdivisées en cercles, à leur tour, divisés en arrondissements. Ces autorités administratives déconcentrées furent dotées de représentants de l'État : le gouverneur de région, le commandant de cercle, le chef d'arrondissement. Le gouverneur, inspecteur régional de l'Administration avait une fonction d'animation, de contrôle et de coordination. Mais le représentant réel de l'autorité centrale était le commandant de cercle. Le chef d'arrondissement était le représentant du commandant de cercle. Comme le souligne Catherine Poupon[63], il convient de noter qu'au lendemain des indépendances, les classes dirigeantes africaines ont, en transposant de façon mimétique les institutions de l'ancienne colonie, mis l'accent sur la nécessité de construire un centre fort en vue d'intégrer les populations dans un même ensemble national qui soit consolidé et préservé.

Il faut aussi noter que, dans un contexte d'indépendance et de souveraineté, la tendance est à la rupture avec certaines pratiques de l'administration coloniale, d'où la nécessité pour le Sénégal d'entamer des réformes afin de décoloniser les structures, les pratiques et les mentalités, mais aussi de tenter de s'approprier en « élève mature » les outils de la décentralisation. En même temps, les pouvoirs publics ont cherché à renforcer l'unité nationale par un découpage des circonscriptions administratives transcendant les problèmes relatifs aux ethnies et aux anciennes provinces, ce qui par ailleurs paraît être un moment important de construction de l'unité du pays eu égard aux différentes ethnies, cultures et sensibilités religieuses existantes. Aussi, après l'indépendance, le Sénégal s'est engagé vers l'édification d'un

---

63 Poupon C., 1996, *La régionalisation au Sénégal*, Mémoire de Maîtrise IEP, Toulouse, p. 9.

État unitaire centralisé où le pouvoir conserve un pouvoir de contrôle des collectivités territoriales dans le cadre d'un régime présidentiel où le « *Président de la République concentre la plus grande partie des pouvoirs. Le pouvoir central est soutenu par un parti unique largement représenté dans toutes les institutions et les structures de la société* »[64].

Selon Mamadou Diouf[65], le Sénégal a opté après les indépendances pour un régime municipal à deux statuts : la commune à statut spécial et la commune de droit commun. En 1964, la loi n° 64-02 du 19 janvier institue pour la première fois un régime municipal spécial dérogeant au droit commun dans le pays. Il s'agissait du statut de la Commune de Dakar qui devait suivre le statut des Communes chefs-lieux de région. Par cette réforme administrative de 1964, la Région devient la plus importante circonscription avec à sa tête un gouverneur représentant le pouvoir central et exerçant tous les pouvoirs sur le plan régional. Le cercle est aussi remplacé par le Département qui est alors placé sous la direction d'un préfet.

Cependant, les réformes de 1960 et de 1964 n'ont pas mis fin aux blocages administratifs, car les administrateurs locaux sont dans l'incapacité de prendre des décisions, les pouvoirs locaux manquent de compétences tandis que le chef d'arrondissement sans pouvoir réel ne fait qu'office de figurant, d'où la nécessité d'une autre réforme. Ce constat fait aussi état de la manière hâtive avec laquelle les réformes ont été menées. La gestion du pouvoir et des affaires locales reste encore centralisée et concentrée au sommet de l'État et ce qu'on appelle alors décentralisation partielle ou semi-décentralisation pour certains, n'est rien d'autre qu'un miroir pour cacher les réelles pressions liées à l'adoption des PAS par les organisations internationales, l'obtention de crédits et de financements par l'État sénégalais soucieux de s'inscrire de manière principielle dans les cadres de la démocratie, d'entretenir un semblant de rupture avec l'administration coloniale. Ceci s'est traduit par des collectivités locales laissées à elles-mêmes, des élus locaux miroirs, une verticalité dans l'orientation et l'application des

---

[64] Voir Collectif., 1994, *La décentralisation au Sénégal : l'étape de la régionalisation*, Actes du Séminaire ENEA, Dakar, p. 42 (258 p - Kader Ndoye, Ibrahima Gaye, Philippe Tersiguel)

[65] Diouf M., Politique de décentralisation au Sénégal : finances locales, budget participatif et contrôle des collectivités locales, in Sy J H (Dir.), 2002, *Transparence budgétaire et décentralisation participative au Sénégal*, Dakar, Aide Transparence, 283p

politiques sociales, une rigidité et une contrainte administrative avec Dakar comme centre des affaires, des populations loin de leur État.

C'est pourquoi cette période qualifiée de « semi - décentralisation » est marquée par une forte présence de l'État, car ce dernier n'a pas encore réellement transféré de vrais pouvoirs aux collectivités locales. Mais un nouveau pas est franchi en 1966 par l'adoption du Code de l'Administration communale (Loi N° 66-64 du 30 juin 1966) qui uniformise et précise les règles applicables aux communes malgré la survivance de communes à statut spécial. Cette loi consacre définitivement le statut communal Sénégalais en précisant : l'organisation, le fonctionnement et les missions des collectivités décentralisées. Ainsi le code définit la commune en son article premier en ces termes : « *la commune est le groupement des habitants d'une même localité unis par une solidarité résultant du voisinage, désireux de traiter de leurs propres intérêts, et capables de trouver les ressources nécessaires à une action qui leur soit particulière au sein de la communauté nationale et dans le sens des intérêts de la nation. La commune est une personne morale de droit public. Ses organes représentatifs exercent dans la circonscription territoriale correspondante les attributions définies par le présent code* »[66].

Cette première phase de communalisation dans le processus de décentralisation est aussi qualifiée de décentralisation urbaine en ce sens que toutes les mesures prises ne visaient qu'à renforcer le statut des communes. Ce fut aussi une première phase de test de l'appropriation de la politique de décentralisation par l'État sénégalais. Par ailleurs, une deuxième phase dite « rurale » continue d'élargir le processus de décentralisation par la création d'autres types de collectivités locales et en transférant un certain nombre de compétences et de pouvoirs aux nouvelles autorités administratives et territoriales. Si la décentralisation urbaine d'après les indépendances n'était que la poursuite d'un processus initié par les autorités coloniales il n'en demeure pas moins que la décentralisation rurale fut une véritable innovation de l'État sénégalais.

---

[66] Voir Chambre de commerce, d'industrie et d'agriculture de la région de Dakar, 1990, *Code de l'administration communale du Sénégal : Loi n° 66-64 du 30-6-1966* modifiée, 164p.

❖ **Deuxième phase des réformes : 1972 à 1996**

Cette phase appelée aussi « période rurale » avec l'implication des collectivités locales dans le processus de décentralisation, a vu la mise en place de trois lois fondamentales :

- D'abord, la loi 72-25 du 25 avril 1972 qui inaugure la Réforme de l'Administration territoriale et locale (RATL)[67] érige les communautés rurales en collectivités locales et introduit la décentralisation en milieu rural en adoptant le code des communautés rurales. Mais l'élargissement de la décentralisation aux zones rurales restait limité, car le représentant de l'État, le sous-préfet, continuait à préparer et à exécuter leur budget.
- Ensuite, la loi 90-35 du 8 octobre 1990 qui modifie le code de l'administration communale en versant les communes à statut spécial dans le régime de droit commun. Elles sont désormais administrées par un maire élu et non plus par un fonctionnaire nommé par les pouvoirs publics rectifiant ainsi le bicéphalisme introduit par la loi de 1972.
- Enfin, la loi 90-37 du 8 octobre 1990 qui transfère la gestion financière des communautés rurales des sous-préfets aux présidents des conseils ruraux qui deviennent, à l'instar du maire, ordonnateurs du budget communautaire.

L'extension de la politique de décentralisation au monde rural ne débute que cent ans après la création de la première commune du Sénégal en 1972. La création des communautés rurales s'est fait par étape région après région, sans précipitation sans doute dans un souci d'expérimentation, de rectification et de réorientation. Entre 1972 et 1984 ont été créées 320 communautés rurales dans tout le territoire sénégalais. En effet, la loi de 1972 définit la communauté rurale en son article premier comme suit : « *la communauté rurale est constituée par un certain nombre de villages appartenant au même terroir, unis par une solidarité résultant notamment du voisinage, possédant des intérêts communs et capables de trouver les ressources nécessaires à leur développement* ». Cette définition reconnaît en la communauté rurale l'autonomie nécessaire pour asseoir son propre développement et cible ses principales caractéristiques : le rapport au terroir ou au territoire de la

[67] Sources : Site officiel du gouvernement du Sénégal, consulté le 02/01/2013.

communauté humaine, la notion de solidarité inhérente aux sociétés rurales traditionnelles, le communautarisme entre autres. À ce titre, il appartient aux acteurs du territoire décentralisé de construire leur modèle de développement économique et social en rapport avec la cohérence nationale en termes de planification et de politiques.

Par ailleurs, pour certains auteurs, la réforme de 1972 s'attelle à une révision fondamentale des structures locales sur le plan politique, social et administratif. Elle constitue un pas de plus vers la décentralisation effective[68]. Mais l'étape allant de 1990 à 1996 marque l'approfondissement de la décentralisation par la suppression du statut spécial des communes situées dans les chefs-lieux de régions (suppression de la direction bicéphale), la responsabilisation et le renforcement des pouvoirs des présidents de conseils ruraux. Le Sénégal fut organisé en 48 communes et 320 communautés rurales. Il convient en outre de noter que la décentralisation s'est approfondie au Sénégal dans un contexte de crise de l'État-providence, d'échec des PAS, de paupérisation croissante des populations, de précarisation de l'emploi et de détérioration du cadre de vie. Il résulte de ces éléments un exode rural massif et un développement disproportionné des villes, en particulier la capitale. À cet effet, la décentralisation tente de fixer les populations dans leur territoire par l'octroi de responsabilités par l'entremise de la collectivité locale. La recherche de solutions par l'État s'est traduite par la mise en place de politiques sectorielles au niveau des collectivités locales avec l'appui et la mainmise notamment des bailleurs de fonds internationaux. Toutefois, le processus de décentralisation va connaitre une nouvelle phase de réformes visant aussi à renforcer les collectivités locales.

❖ **Troisième phase des réformes : à partir de 1996…**

La décentralisation est devenue incontournable pour le développement du pays dans son ensemble. En effet, l'éloignement de Dakar, centre de décisions relatives au fonctionnement des régions et ces dernières, est un handicap de taille qui impacte sur la dynamique des territoires dont la dépendance vis-à-vis du centre ne fait qu'aggraver la situation des populations. La remontée vers le haut des principaux besoins du territoire et le délai de prise en compte et de

[68] Collectif, 1994, *La décentralisation au Sénégal*, op.cit. pp. 43-46

réactions des autorités compétentes sont trop longs et trop lents pour une gestion efficace et efficiente des priorités des populations locales.

La phase de 1996 à nos jours constituera alors un tournant décisif dans le processus de décentralisation, avec la promulgation de deux lois qui érigent la région en collectivité locale et substituent le contrôle centralisé a priori par le contrôle de légalité à postériori :

- La loi n° 96 - 06 du 22 mars 1996 portant code des collectivités locales, érige la Région en collectivité locale,
- La loi n° 96 - 07 du 22 mars 1996 portant transfert de compétences aux Régions, aux communes et aux communautés rurales[69].

La reconnaissance de la région en tant que collectivité locale, a donné à la planification régionale une assise réelle ; ce qui constitue une avancée significative.

Avec cette réforme, la région, la commune et la communauté rurale sont devenues les trois principaux types de collectivités territoriales locales reconnues par la loi en plus de la commune d'arrondissement qui constitue un démembrement de la commune. L'option décentralisatrice du Sénégal vise le développement local ainsi que la satisfaction de la demande sociale et l'amélioration des conditions de vie des populations. À travers la réforme de 1996, les pouvoirs publics ont voulu donner aux collectivités locales la possibilité de planifier et de catalyser le développement économique et social à la base et de renforcer leur autonomie. Contrairement aux précédentes lois qui constituaient des avancées de la décentralisation certes, mais des avancées bridées, celle de 1996 responsabilise davantage les élus locaux dans la gestion de leur collectivité. Les collectivités locales sont ainsi placées au cœur des enjeux politiques nationaux. Par l'organisation d'élection, forme de test de la dimension participative et citoyenne de la politique de décentralisation, le jeu politique local interfère systématiquement avec la vie politique nationale, et des collectivités locales auparavant enclavées, se retrouvent visibles au

[69] Cf. Code des collectivités locales du Sénégal

cœur de dynamiques nationales. Dès lors, les objectifs de cette réforme apparaissent clairement. Il s'agit entre autres :

- D'assurer le développement économique, social et culturel de chaque région ;
- D'installer une administration proche des usagers ;
- D'instituer des régions dynamiques dans le cadre d'un État unitaire.

Aspirant à lutter contre le dirigisme et la verticalité des mesures et programmes vers le monde local, la régionalisation prône une meilleure prise en compte des potentialités humaines des territoires décentralisés dans l'élaboration et l'exécution des politiques sociales par la création de la région comme cadre de la programmation du développement régional et de la coordination des actions des collectivités locales de base et de celles de l'État. Si d'un côté les collectivités locales ont comme mission la conception, la programmation et la mise en œuvre des actions du développement économique et social de façon générale, de l'autre leurs activités spécifiques procèdent des compétences que l'État leur a transférées. Car, avant la régionalisation, les politiques étaient décidées et appliquées sans les avis et sans la participation des populations locales vers lesquelles étaient orientées ces politiques, ce qui entrainait le plus souvent une non-adhésion ou un détournement de ces dernières. En définitive, la régionalisation a eu comme finalité une démocratisation et une consolidation de l'unité nationale menacée par les velléités séparatistes du sud, et les frustrations des autres régions périphériques. Comme le fait remarquer si bien Jacques Mariel Nzouankeu, « *la véritable intention du gouvernement, la face cachée de la politique de décentralisation, c'est la consolidation de l'unité nationale* »[70].

Mais en attendant que les collectivités territoriales décentralisées mettent en place des structures performantes, il a été créé des Agences Régionales de Développement, comme noté auparavant, ayant pour rôle d'assurer la coordination et les études en matière d'urbanisme, d'habitat, de planification, d'aménagement du territoire et d'environnement. Il s'agit donc d'un organisme fédérateur qui regroupe plusieurs compétences et qui intervient, à leur demande, au

[70] Collectif, 1994, La *décentralisation au Sénégal*, op cit. p. 87

niveau de toutes les collectivités locales situées dans la Région. Il a été malheureusement constaté sur le terrain que peu d'ARD (Kaolack, Saint-Louis, Thiès, Louga) fonctionnent correctement. Le manque de moyens financiers et d'appui technique constitue le principal frein pour les ARD dans l'exercice de leur mission d'appui et d'encadrement des collectivités locales dudit territoire.

En prolongement de cet élan de décentralisation et de régionalisation, les premiers Plans régionaux de Développement intégré (PRDI) ont pu être élaborés en 1985. Ils ont été suivis par les premiers Plans d'investissements communaux (PIC) et les Plans locaux de Développement (PLD) des communautés rurales. Ces outils inspirés des cadres du DSRP et du PNDL ont le mérite d'exister même si leur niveau d'élaboration en est resté au stade descriptif et statique. Aujourd'hui, chaque communauté rurale du Sénégal dispose de son Plan local de Développement. Cependant, leur vulgarisation reste précaire et leur mise en application n'est pas optimale. En outre, les collectivités locales ne disposent pas toujours de leurs propres ressources humaines pour élaborer leur document de planification ; elles dépendent à cet effet de l'appui des ARD, des organismes techniques étatiques, des organisations internationales présentes sur le territoire, ce qui est souvent un biais dans l'orientation des priorités d'action retenues dans les plans locaux. Nous reviendrons dans l'analyse sur ce qui constitue le plan de développement local de la Commune rurale de Fandène, notre principal terrain d'investigation.

- **L'acte III de la décentralisation**

L'objectif principal de cette réforme de la politique de décentralisation est de corriger les faiblesses constatées dans les politiques antérieures et d'assurer une refondation de l'action territoriale de l'État. La volonté affichée est « *d'organiser le Sénégal en territoires viables, complétifs et porteurs de développement durable à l'horizon 2022* ». En effet, cette réforme s'oriente clairement, en tout cas théoriquement, vers une politique d'aménagement du territoire efficace et efficiente. Elle cherche à matérialiser les attentes des acteurs territoriaux et des collectivités locales en termes de mises à disposition de moyens supplémentaires pour favoriser la concrétisation de projets territoriaux performants. Elle représente une opportunité pour une construction viable d'un développement des territoires par la poursuite de quatre objectifs :

- « *Un ancrage de la cohérence territoriale pour une architecture administrative rénovée ;*
- *Une clarification des compétences entre l'État et les collectivités locales ;*
- *Un développement de la contractualisation entre ces deux niveaux décisionnels ;*
- *Une modernisation de la gestion publique territoriale, avec une réforme des finances locales et une promotion soutenue de la qualité des ressources humaines* »[71].

En tenant compte de sa nature complexe, cette nouvelle réforme de la politique de décentralisation est mise en œuvre progressivement et n'est pas encore complète. C'est au lendemain des élections municipales et départementales du 29 juin 2014 que la loi s'est appliquée avec l'installation de 557 conseils municipaux et 46 conseils départementaux. Avant cette réforme, les collectivités locales sénégalaises étaient au nombre de 497, réparties en 14 régions, 113 communes et 370 communautés rurales. Cependant, leurs missions ne varient pas et se trouvent consolidées pour la conception, la planification et la mise en œuvre des actions de développement économique, éducatif, social et culturel d'intérêt local[72]. Ainsi, pour assurer ces missions, les collectivités locales nouvellement créées peuvent compter sur le soutien des ARD. Par ailleurs, beaucoup de ces collectivités nouvellement installées comme la Commune de Fandène continuent de fonctionner dans le système précédent.

3.2. Décentralisation et lutte contre la pauvreté

Sans vouloir trop nous étendre sur ce point, il s'agit ici de faire ressortir les liens qui existent entre la politique de décentralisation et la lutte contre la pauvreté, une autre tournure utilisée couramment. « *Les paysans les plus pauvres du monde vivent majoritairement en Afrique. L'homme le plus pauvre du monde est sans doute l'un d'eux. C'est une femme, une femme africaine* »[73] lançait ainsi Daniel Cohen en 1997 dans une conception assez réductrice de la pauvreté.

---

[71] Ibidem

[72] Sources : article 3 du Code général des collectivités locales, consultée le 05/04/2016

[73] Cohen D., 1997, *Richesse du Monde, pauvreté des Nations*, Paris, Flammarion, 165p

Cependant, une tentative de définition de la pauvreté semble inéluctable pour mieux cerner la question de sa lutte d'une part et les moyens mis en œuvre pour promouvoir le développement entendu comme « sa solution », d'autre part. Selon l'usage le plus courant, la pauvreté est assimilée à la situation d'un individu dont les ressources sont jugées insuffisantes selon un certain seuil pour vivre dignement dans son groupe social et selon son époque. Cette situation de manque et d'insuffisance matérielle qui peut affecter durablement la satisfaction des besoins essentiels, rendant difficiles l'organisation quotidienne de la vie et l'accès aux services sociaux de base. Elle se traduit aussi par le manque de ressources symboliques, immatérielles telles que l'accès à l'éducation, l'exercice d'une activité valorisée dans la collectivité comme le travail, la reconnaissance sociale ou encore le développement personnel. Cet ensemble d'insuffisances peut limiter l'épanouissement personnel et constituer un frein à l'intégration dans le groupe social. Cette situation indésirable et génératrice de souffrances et de bien d'autres maux encore, différente d'un contexte social à un autre, touche des personnes isolées ou des groupes sociaux, des segments de la population dans les pays riches en développement comme en Europe et les États-Unis, une proportion importante de la population dans certains pays pauvres en développement comme l'Amérique latine, et la majorité de la population des pays les moins avancés, en Afrique notamment.

Afin de déterminer les causes de la pauvreté, ses manifestations pour en définir une mesure et élaborer des moyens pour l'éradiquer, des analyses économiques et des débats ont tenté de cerner quelques paradigmes qui ont été testés dans les pays en situation de précarité comme entre autres, l'économie du développement, l'aide sociale, la régulation des naissances que le président français Emmanuel Macron remet au goût du jour dans ces différentes interventions, etc.

Par le versant socialiste, la pauvreté est perçue comme la conséquence de mécanismes sociaux producteurs d'exclusion, d'isolement, de rapports inégalitaires dans la société conduisant à des formes de discriminations dans les relations entre groupes matériellement favorisés et groupes défavorisés. Par contre, avec le versant libéral, la pauvreté est générée par des mécanismes économiques, comme ceux de la loi de l'offre et de la demande. Au-delà de cette dominante économique, elle renvoie à une situation liée à des défaillances au niveau même de l'individu, incapable de satisfaire à ses besoins essentiels, de s'épanouir et de se créer un cadre nécessaire à sa survie en tant que membre d'une collectivité.

Cette catégorisation dans l'appréciation ou la mesure du problème de la pauvreté tend à ne plus souffrir de cette dichotomie entre les responsabilités de l'individu exclusivement ou de la société exclusivement. Nous concevons que c'est la conjugaison de logiques sociales et individuelles qui rend compte de la pauvreté se situant à l'interface des interactions sociales dans lesquelles elle se construit et se cristallise selon une époque et un espace social déterminé. La pauvreté reste une construction sociale et est une réalité sujette à des représentations et perceptions dans les sociétés où elle est identifiée. Aussi, nous nous accordons sur le fait que la pauvreté se présente comme un phénomène de plus en plus complexe, multifactoriel, ne pouvant être réduit à sa simple expression économique. Cette conception justifie l'utilisation de procédures et méthodologies spécifiques pour tenter de l'éradiquer. Le PNUD déclare ainsi que « *la pauvreté n'est pas un phénomène unidimensionnel – un manque de revenus pouvant être résolu de façon sectorielle. Il s'agit d'un problème multidimensionnel qui nécessite des solutions multisectorielles intégrées* »[74].

Dans le même ordre, la Banque mondiale affirme que la pauvreté comporte des « *dimensions multiples* », de « *nombreuses facettes* » et qu'elle est « *la résultante de processus économiques, politiques et sociaux interagissant entre eux dans des sens qui exacerbent l'état d'indigence dans lequel vivent les personnes pauvres* »[75].

En outre, le Programme des Nations unies pour le développement (PNUD) a créé en 1990 l'indice du développement humain (IDH) qui est calculé depuis, chaque année, afin de déterminer les avancées générales des aspects fondamentaux du développement humain à l'aide d'un indicateur composite. L'IDH mis au point par le PNUD est une combinaison chiffrée de critères socioéconomiques permettant de mesurer le progrès d'un pays et à l'intérieur du pays

[74] PNUD, 2000a, *Vaincre la pauvreté humaine*, p.34

[75] BM, 2000, World development report : *attacking poverty* (traduction française : Rapport sur le développement dans le monde : *combattre la pauvreté*), p.1

sans se fonder uniquement sur le PNB et ensuite de classer les pays. Trois composantes sont associées pour calculer l'IDH :

- La longévité qui détermine l'espérance de vie à la naissance,
- Le niveau d'éducation apprécié par le taux d'alphabétisation et de scolarisation, et
- le niveau de vie vu à travers les revenus par habitant.

Les procédés de calcul de l'IDH peuvent être source de critiques et de manque d'objectivité claire selon les pays. Vouloir par exemple apprécier le niveau d'éducation d'une population au travers d'un taux de scolarisation ou d'alphabétisation semble réducteur, car d'autres formes de savoirs et de connaissances sont annihilées et ignorées.

Aussi, dans le rapport « *Vaincre la pauvreté humaine* » le PNUD définit spécifiquement et catégorise encore une fois la pauvreté en : « *extrême pauvreté* » pour les personnes ne disposant pas des revenus nécessaires pour assurer leurs besoins alimentaires essentiels mesurés par les besoins caloriques minimaux évoqués plus haut ; « *pauvreté générale* » pour les personnes ne disposant pas des revenus suffisants pour satisfaire les besoins essentiels non alimentaires (habillement, énergie et logement) et alimentaires ; « *pauvreté humaine* » comprise comme l'« *absence des capacités humaines de base : analphabétisme, malnutrition, longévité réduite, mauvaise santé maternelle, maladie pouvant être évitée* »[76].

Dans le même ordre de pensée et inspiré par les travaux de Georg Simmel, Serge Paugam[77] distingue trois formes caractérisant des situations de pauvreté :

- D'abord, il évoque ce qu'il appelle la *pauvreté intégrée* ou ordinaire qui traduit une situation de retard économique. Généralisée, elle ne constitue pas un facteur déterminant d'exclusion sociale ou de discrimination. Des formes de solidarité se développent, se caractérisant par un lien social fort et intégrateur, une forte référence à la famille, la culture du groupe ou la religion. Pour lui, « *l'intégration de la pauvreté dans*

---

[76] PNUD, Rapport, 2000a, *op.cit.* p.19

[77] Paugam Serge, 2005, *Les formes élémentaires de la pauvreté*, Paris, PUF, 277p

le système social dans les pays du sud de l'Europe dépend en grande partie des valeurs familiales et religieuses que partagent les pauvres »[78] ;

- Ensuite, il souligne la notion de *pauvreté marginale* qui renvoie à la pauvreté d'une minorité dans une collectivité globalement riche. Cette forme de pauvreté accidentelle est source d'exclusion et de stigmatisation, car les pauvres sont perçus comme des « *cas sociaux* » ;
- Enfin, il nous parle de la *pauvreté disqualifiant*, ressemblant à la précédente catégorie, elle est caractéristique des sociétés postindustrielles rencontrant des difficultés économiques avérées. Les pauvres y sont souvent perçus comme les « *exclus* » ou les « *travailleurs pauvres* » de sociétés opulentes marquées par une aggravation du chômage. En se référant ainsi aux sociétés européennes, surtout à la société française, il avance : « *la difficulté à reconnaître l'existence de la pauvreté s'explique en partie par l'importance que l'on accorde dans ce pays à la culture du travail* »[79]. Les membres d'une telle société vivent constamment la peur du lendemain, l'incertitude, car même le travail n'est plus une garantie à cause de la crise sociale et économique. C'est l'exemple actuel des pays européens touchés par la crise économique.

Cependant si la pauvreté est perçue comme une chute qui peut toucher les personnes vivant dans des conditions convenables, sinon confortables, elle est également associée au risque d'être personnellement menacé par une telle perspective[80]. La pauvreté devient alors un mal systémique qui peut vite se propager comme en Grèce ou en Italie. Cette dernière forme de pauvreté touche beaucoup plus les pays européens que les pays africains qui sont plus concernés par la forme de pauvreté intégrée.

À partir des recherches de terrain approfondies sur la question de la pauvreté en milieu africain, Philippe de Leener[81] nous présente une autre manière de traiter la question de la pauvreté en s'attaquant aux

---

[78] Paugam Serge, 2005, *op. cit.* p.110

[79] Paugam S., 2005, *op. cit.* p.152

[80] Voir Paugam S., 2005, *op. cit.* p.180

[81] Voir Leener P. de, 1999, *Pauvreté, décentralisation et changement social : éléments pour la reconstruction d'une société politique*, Enda Graf Sahel, 1999, 174p

mécanismes de production de la pauvreté ou les « *usines à pauvreté* ». Pour lui, il existerait des formes de pauvreté latente qui échapperaient à la mesure et aux statistiques tant prisées par les organismes internationaux. En effet, en mettant l'accent sur l'appauvrissement ou la paupérisation plutôt que sur la pauvreté en tant que phénomène, on est porté à élargir la conception de la pauvreté. Cette posture nous ouvre d'autres champs de vision, en ne se focalisant plus uniquement sur la pauvreté matérielle, celle financière ou économique, mais en ouvrant la réflexion à d'autres formes moins manifestes. Certes, ces premières formes de pauvreté sont plus courantes et plus visibles et faciles à mesurer, mais d'autres formes plus latentes, discrètes, toutes aussi insidieuses frappent les populations vulnérables, surtout celles vivant en milieu rural où les organismes internationaux comme la BM et le FMI ou même le PNUD ont moins d'impacts dans l'action et d'influence.

On peut par exemple parler de la pauvreté sociale, celle qui désigne la situation d'une personne ou d'un groupe social frappés par la solitude ou la désagrégation du lien social et de l'entraide. Le repli sur soi du fait de la persistance du manque conduit à une segmentation de la société en unités familiales solitaires, puis en individus non connectés avec le reste du groupe social. Le manque de relationnel (relations hors groupe des pauvres), souvent vu comme une conséquence de la pauvreté matérielle, est en réalité une des dimensions de la pauvreté tout court.

Ensuite, on peut évoquer ce que l'auteur appelle la pauvreté politique. Cette forme de pauvreté signale l'incapacité d'une personne ou d'un groupe social à influencer les décisions qui concernent directement sa vie, à maitriser les règles du jeu. Elle est caractéristique de personnes ou groupes sociaux limités en capacité de négocier et de planifier ce qui se fait dans leur vie en subissant constamment l'influence de l'extérieur ; ce qui dans bien des cas se transforme en assistanat. C'est l'exemple de beaucoup de zones rurales en Afrique qui, depuis les années 60, ont vu des interventions extérieures avoir cours dans leur localité sans jamais participer aux règles du jeu, sans jamais se plaindre de ne pas y avoir participé. C'est typique d'une société souvent « passive » et qui subit le cours de son histoire et confie à d'autres le soin de la sortir de sa situation de précarité permanente.

Enfin, Philippe de Leener nous évoque la pauvreté symbolique qu'il définit comme l'impossibilité pour une personne ou un groupe social de donner du sens à ce qui se vit autour de soi. L'individu ou le groupe est déconnecté de son environnement social et peut éprouver une difficulté à expliquer ce qui arrive. La pauvreté symbolique peut aussi être comprise comme une perte d'individuation qui résulte de la perte de participation à la production de symboles, fruits de la vie intellectuelle et de la vie sensible. C'est souvent traduit par une rupture de liens intrinsèques avec le développement de la culture du groupe par l'incapacité de comprendre les mécanismes de production et de perpétuation de cette culture.

Certes, ces trois dernières formes de pauvreté sont souvent considérées comme des conséquences de la pauvreté, mais elles constituent des dimensions de cette dernière, même si elles sont difficiles à apprécier dans une population déterminée. Le mérite de l'auteur de les évoquer est d'interpeler sur la manière de traiter la question de la pauvreté en se focalisant plus sur les mécanismes de sa production et de sa permanence, plutôt que sur la pauvreté elle-même. L'apport de cette bifurcation sur la question de la pauvreté est de comprendre, par-delà son évocation, les mécanismes de construction du développement local en contexte africain. On peut extrapoler et penser que l'un des échecs des politiques sociales au Sénégal est lié au fait que ces deux ordres de pensées, développement et pauvreté, sont souvent conçus séparément, alors qu'une mise en relation entre eux est nécessaire pour que le développement en lui-même soit une solution contre la pauvreté. Par ailleurs, si on peut parler de cinq dimensions de la pauvreté, on peut aussi imaginer cinq dimensions ou processus tendant à résoudre les problèmes posés par la précarité : dimension matérielle, économique, sociale, politique et symbolique. Cependant, plutôt que de parler de développement et de s'adonner ainsi à une analyse binaire des rapports entre les deux concepts, de Leener nous a proposé cinq maitrises au travers desquelles on peut aborder la réalité du développement dans un territoire donné et sur lesquelles nous nous sommes penchés dans les sections précédentes.

Cependant, si la pauvreté résulte généralement de conditions de départ défavorables (pauvreté héritée), et parfois d'accidents au cours de la vie (pauvreté acquise : destruction de biens, accident de santé, perte d'emploi, etc.), il n'en demeure pas moins que sa réalité engendre souvent un cercle vicieux. La pauvreté oblige souvent à vivre dans des zones conçues pour accueillir une même catégorie sociale avec peu de mixité sociale (bidonvilles), des quartiers sources de stigmatisation ou de discrimination (ZUP par exemple) ; elle oblige à accepter des conditions de vie qui risquent de la reproduire d'une génération à une autre ; même si des générations exceptionnelles parviennent à briser la chaîne et à se libérer d'elle. La pauvreté est aussi associée à la question environnementale ; elle est analysée comme un facteur de dégradation de l'environnement. Ainsi, en 1992, au sommet de la Terre de Rio de Janeiro, l'Agenda 21 élaboré s'est intéressé à la question de la lutte contre la pauvreté ; une préoccupation qu'on peut appréhender à travers cette assertion évocatrice : « *une stratégie visant à lutter spécifiquement contre la pauvreté est donc l'une des conditions essentielles pour assurer un développement durable* »[82].

Au regard de cet éclairage conceptuel sur la pauvreté, il ressort que cette dernière est largement définie dans la littérature et quelques fois, les définitions proposées rendent floues les différentes conceptions qu'on peut avoir de la réalité. Nous privilégions une définition de la pauvreté qui la placerait dans une perspective interactionniste comme le résultat d'une construction sociale. Cette approche met l'accent sur les aspects processuels de la pauvreté pour s'intéresser aux mécanismes de sa production dans les groupes sociaux et dont les conséquences sont multidimensionnelles, touchant l'individu en même temps que le collectif. Par ailleurs, le plan d'action de l'Agenda 21 place les collectivités territoriales au cœur de la lutte contre la pauvreté et la recherche de stratégies d'actions efficaces et durables. C'est dans ce contexte que l'ONU a introduit une dimension de réduction de la pauvreté dans les fameux Objectifs du millénaire pour le développement. La lutte contre la pauvreté devient une nouvelle stratégie de développement qui est depuis, une priorité et une référence dans le monde en général et dans les pays pauvres en particulier. L'horizon 2015 a alors été fixé comme date butoir pour tous les pays pour atteindre un niveau satisfaisant de développement économique et de réduction de la pauvreté ; le bilan ne traduit pas les attentes et espoirs ; comme s'il suffisait de décréter la réduction de la

---

[82] Charlot A., 2008, *Agir ensemble pour des territoires durables - ou comment réussir son Agenda 21*, Comité 21, 168p

pauvreté pour que celle-ci recule aux périphéries de la vie sociale des populations souffrant d'elle.

Tenaillé par la situation de sa dette extérieure qui ne cesse d'accroître et de sa dépendance vis-à-vis de l'extérieur, l'État du Sénégal n'échappe pas à la donne mondiale par l'intégration quasi systématique de l'esprit des Objectifs de développement durable (ancien OMD) dans les politiques publiques en matière de développement, en en faisant un leitmotiv de politique et de propagande pour impulser un semblant de dynamique locale de lutte contre la pauvreté. Et l'un des outils de cette politique locale passe par la décentralisation qui selon Étienne Badiane « *constitue à cet égard une réponse en ce qu'elle amène les décideurs au plus près des populations cibles. Ce faisant, elle permet une meilleure identification et un meilleur classement des priorités et des besoins locaux* »[83].

La décentralisation, en tant que processus, est un outil de lutte contre la pauvreté et un moyen de promouvoir une forme de développement local.

Seulement, une pensée simpliste et disjonctive voudrait séparer développement et pauvreté ; or il s'agit de deux ordres de pensées et de réalités appartenant à une seule et même complexité qu'est la condition sociale de l'homme. C'est pourquoi, même si notre étude ne porte pas exclusivement sur la notion de pauvreté ou sur la lutte contre la pauvreté, il nous a semblé important d'aborder le rapport de la décentralisation à la lutte contre la pauvreté. Car comprendre comment lutter contre la pauvreté peut s'avérer être un outil pertinent pour expliquer comment le développement se structure, se construit surtout dans un pays comme le Sénégal, où ces deux réalités coexistent depuis fort longtemps. C'est pourquoi, selon le réseau Enda Graf Sahel, « *la pauvreté n'est nullement un épiphénomène, une sorte de verrue dans le corps sociétal, qu'il conviendrait d'extraire, elle est au contraire la signature du fonctionnement d'une société. On ne peut donc pas éliminer la pauvreté en laissant indemne la "machinerie" économique, sociale et politique qui la produit* »[84].

---

[83] Badiane E, 2004, *Développement urbain et dynamique des acteurs locaux : Le cas de Kaolack au Sénégal*. Thèse de doctorat soutenue à l'université Toulouse le Mirail, p. 12 (396 p)
[84] Leener P. de, et al., 2005, *op.cit.* p. 25 (287 p)

Par ailleurs, même si pratique du développement et décentralisation restent encore à parfaire dans les faits, il n'en demeure pas moins que le Sénégal a eu le mérite de poser les bases et les cadres pour asseoir un processus de changement autonome. Mais, le mode de gouvernance, les orientations des politiques locales, l'implication des acteurs locaux restent à notre avis les impairs de la construction du développement local au Sénégal. Si le contenu du concept de la décentralisation au Sénégal peut être appréhendé à la lecture des lois et règlements, ou de la notion de développement local au travers des différentes politiques nationales et des programmes établis, il n'en demeure pas moins que l'observation sur un territoire déterminé peut révéler des logiques sous-jacentes qui sont souvent à l'origine des échecs des politiques et programmes initiés. C'est pourquoi dans la partie qui suit nous allons porter un regard critique sur la Commune rurale de Fandène afin de territorialiser le développement local et comprendre les mécanismes locaux qui le sous-tendent.

Partie 2 :

Approche socioanthropologique du développement local : La pertinence du territoire

> *« C'est par leurs épreuves que les sociétés manifestent leur condition commune, c'est par leurs réponses qu'elles créent et renouvellent leurs différences »*[85].

« Parce que le changement se forge dans l'interaction avec l'autre, justement parce qu'il est autre par la différence qu'il propose, sans doute faut-il admettre qu'in fine nous sommes nous-mêmes notre principal instrument de changement. Il en résulte que le changement en processus chez soi est la clé du changement de l'autre. Pour changer la vie matérielle des gens, et pour que ces changements améliorent réellement la vie sociale et affective des populations, il faut aussi, en même temps, transformer significativement la vie subjective et collective »[86].

Ces propos de Philippe de Leener nous plongent directement dans l'univers du développement tel qu'il est appréhendé par beaucoup d'auteurs en sciences sociales. Selon Jean-Pierre Olivier de Sardan[87], *« le développement n'est qu'une des formes du changement social »* qui permet à une population désignée comme pauvre selon des critères bien définis[88] de passer d'une situation initiale de précarité à une situation secondaire jugée meilleure. C'est alors un processus évolutif continu avec des niveaux mesurables permettant de classer les pays

---

85 Georges Balandier, 1981, *Sens et puissance*, Gallimard.

86 Leener P. de, et al. 2005, *Changement politique et social : Eléments pour la pensée et l'action*. ENDA Sahel et Afrique de l'Ouest. ENDA GRAF Sahel, p. 1

87 Olivier De Sardan J P., 1995, *op. cit.*

88 Exemple de l'IDH

selon une forme de hiérarchie bien établie. Ainsi, travailler sur un concept protéiforme comme le développement nécessite de resserrer l'objet d'étude selon un terrain et un contexte défini, mais aussi de le circonscrire par une définition claire et précise. Devant l'abondance de recherches de tout ordre sur ce qui fonde l'essentiel des préoccupations humaines en ce XXIe siècle, il urge, pour le sociologue que nous sommes, de porter un regard critique sur la théorie du développement et sur la pratique de ce dernier. Le but étant ainsi d'essayer de dissiper le flou et l'opacité qui empêchent d'appréhender la réalité du développement comme un ensemble de pratiques et de logiques observables pour les sciences humaines et sociales. En effet, le développement découle de combinaisons complexes de facteurs et contraintes d'ordre tant environnemental que socioculturel, technique et économique, qui sous-tendent les formes diversifiées d'interventions des sociétés sur elles-mêmes et sur leurs milieux.

Il apparaît que l'évolution des multiples formes de relations entre sociétés et environnements ne saurait être appréhendée de manière univoque et linéaire, car les dynamiques qui s'entrecroisent sont fondamentalement marquées par la variabilité, l'incertitude et une forte marge d'imprédictibilité. C'est pourquoi il est toujours difficile de mesurer le développement, d'en proposer une ligne directrice pour toutes les formes sociales et de prédire ses orientations et ses résultats dans le temps et dans l'espace d'un territoire.

Ainsi, dans un contexte de mondialisation et de réflexion sur les rapports entre le local et le global, les populations et les espaces locaux sont en effet intégrés dans des ensembles socioéconomiques et géopolitiques de plus en plus larges. Ces différents niveaux, du national à l'international, sont de plus en plus interconnectés avec des échanges multiformes, obligeant à des analyses croisées et « multi-scalaires » des activités humaines et des processus de transformation sociale, de leurs déterminants et de leurs conséquences.

Notre but dans cet ouvrage n'est pas de porter un jugement sur le développement, ce n'est pas non plus de le condamner ou de chanter ses louanges ; d'autres secteurs d'activités ou domaines mieux habilités se chargeront de cette tâche. Le développement est un processus social révélateur de situations cachées, car derrière lui, se cache une foule de logiques et de pratiques sociales qui font lien dans une société déterminée. Notre tâche en tant que chercheur sera de se servir du développement comme entrée analytique et empirique pour déchiffrer la diversité des *configurations sociales*[89], l'imbrication des logiques et des pratiques, des stratégies d'acteurs mobilisés, qui conduisent à la réussite ou à l'échec des politiques. Comme le disait Robert Castel à propos de la pauvreté et de l'exclusion[90], le développement est un mot-valise qu'il convient de déconstruire afin d'en valoriser les multiples situations sociales qu'il simplifie et dont il empêche l'intelligibilité.

Dans le texte qui suit, il nous semble utile de nous pencher d'abord sur l'archéologie du concept de développement dont les conceptions ont beaucoup varié selon les époques. Ensuite, nous aborderons l'état des lieux des recherches autour du développement local, du territoire. Les théories sur ces deux réalités évoluent, se complètent et se contredisent, même si la question des solutions de développement dans les pays du Sud reste encore une préoccupation actuelle. Enfin, la présentation et la discussion de ces conceptions théoriques nous permettront de dessiner les contours de notre propre approche du développement local et de sa mise en relation avec la question du territoire qui semble peu exploitée en Afrique.

---

[89] Elias N., Dunning E., 1994, *Sport et civilisation. La Violence maîtrisée*, traduit de l'anglais par Josette Chicheportiche et Fabienne Duvigneau, Paris, Fayard, pp. 60-61.
[90] Castel R., 1995, *Les Métamorphoses de la question sociale*, Fayard.

Chapitre 1 :

Du développement directif au développement local

Dans cette partie il est question de retracer l'évolution de la réalité du développement, tant sur le plan théorique que pratique, historique que spatial. Une telle revue de la littérature permet de passer du développement comme question sociale à un questionnement scientifique sur le développement.

1. L'avènement du développement

Étymologiquement, le verbe « développer » est formé du suffixe « *dé* » qui marque une négation et du radical « *velopper* » qui provient du latin « *volvere* » qui signifie rouler, enrouler, courber et aussi envelopper. Développer voulant alors dire dérouler, enlever l'enveloppe de quelque chose. Le mot trouve aussi son origine dans le français ancien « *desveloper* » qui signifie « *sortir quelque chose ou quelqu'un de ce qui l'enveloppe* »[91]. Mais aussi il peut être défini comme l'action de déplier ce qui est enroulé sur soi-même. Dès son origine, le développement fait allusion à l'action d'identifier ce qui enveloppe, ce qui est enveloppé, à comment est constitué l'enveloppe, à comment enlever cette enveloppe et à l'acteur qui se charge de cette tâche. Ces différentes dimensions constituent un tout entremêlé en termes de pratiques et de logiques visant à promouvoir le « *bien-vivre* »[92] des populations humaines. Penser le développement procédera donc de cette gestion du double paradoxe : d'une part, la nécessité de combiner entre eux les savoirs humains pour produire une connaissance

[91] Dictionnaire de français Larousse.

[92] Nous utilisons le terme de « bien-vivre » d'Edgar Morin qui le préfère à celui de « bien-être » trop centré sur les aspects matériels. Morin E., 2002, *Pour une politique de la civilisation*, Arlea, 79p.

approfondie sur le développement ; d'autre part, sur le terrain, par la formulation de propositions elles-mêmes enchevêtrées dans le local, le lointain, le présent[93].

Le développement dans sa réalité constitue la mise en pratique d'un ensemble d'idées élaborées au préalable d'un contexte social donné, qui vise à transformer ou faire évoluer les manières d'agir, d'être et de penser d'une population déterminée et jugée pauvre au départ. C'est un processus continu de changements, de ruptures et de continuités vers toujours un mieux-être qui semble toujours fuir devant l'exigence de l'homme à vouloir parfaire son existence. Pour Keith Hart, le développement se réfère à la croissance du capitalisme durant les deux siècles de la révolution industrielle. Cette croissance a néanmoins causé et accentué les inégalités entre couches sociales donnant lieu à des stratifications sociales de tout ordre, entre pauvres et riches. En outre, depuis l'effondrement des empires coloniaux, il traduit l'ensemble des relations politiques et économiques entre pays riches et pays pauvres dans le but d'aider les derniers à rattraper le niveau de vie des premiers. Cependant, « *l'objectif d'améliorer les économies des pays pauvres a été abandonné implicitement et tacitement depuis près de vingt ans quand il est apparu évident que les remboursements liés aux intérêts de la dette étaient largement supérieurs au montant des revenus de l'aide apportés par les pays riches* »[94].

Par ailleurs, cette quête permanente du mieux-être n'est plus simplement un objectif matériel à atteindre, mais une manière d'être, de sentir, de penser se diffusant de l'Occident vers d'autres peuples. Mais, le développement, dans son idée comme dans sa pratique, donne lieu à une longue histoire de rencontres entre peuples différents, et il serait opportun de traiter de cette dimension historique et relationnelle.

L'emprise du courant de l'évolutionnisme sur le développement est consubstantielle au contexte d'émergence même de cette notion pendant la deuxième moitié du 20e siècle. Ce qui est désigné comme développement l'a d'abord été pendant très longtemps sous le terme

---

93 Voir Maffesoli M., 1998, *La conquête du présent,* Paris, Desclée de Brouwer, 2ème édition.

94 Hart K., 2002, Quelques confidences sur l'anthropologie du développement, *ethnographiques.org*, N° 2.

de progrès, concept dans lequel la primauté de la raison créatrice, qui permet à l'homme d'évoluer en se libérant des structures de pensée archaïques comme celles religieuses et psychologiques, doit beaucoup à la philosophie des Lumières du 18e siècle et à la révolution industrielle. Le développement, en référence au progrès social, et dans la perspective évolutionniste, s'attachera alors au mouvement linéaire qui doit conduire les hommes d'un état réputé inférieur à un stade toujours plus avancé. Cette conception se retrouvait même dans les productions scientifiques des philosophes de cette époque comme modèle de penser la société globale. Ainsi, aux origines philosophiques de l'évolutionnisme libéral, Herbert Spencer tenant du courant organiciste, assimilait en 1877 l'évolution sociale à celle du biologique, en tentant d'établir scientifiquement une conduite universelle des êtres vivants. Il en déduit un principe de concurrence et de sélection pouvant s'appliquer au corps social. C'est un système idéologique qui voit dans les luttes civiles, les inégalités sociales et les guerres de conquête une application à l'espèce humaine de la sélection naturelle où les « races » supérieures, étant plus aptes à réaliser des actes de survie, peuvent dominer et écraser les « races » inférieures.

Aussi, l'approche du développement proposée par Rostow [95]suit la même logique évolutionniste, linéaire et soumise à des passages obligatoires devant aboutir au stade final de la « *société de consommation de masse* »[96]. Nous reviendrons plus loin sur son approche. L'actualité de ce dernier stade de sa pensée est saisissante, tellement les sociétés actuelles, surtout celles occidentales dites postindustrielles ou post-modernes, sont dans une logique de consommation de masse et de surconsommation. À cet effet, dans le sillage de ces idées, les sociétés considérées comme sous-développées s'inscrivent dans une dynamique de mimétisme aveugle et de rattrapage des sociétés dites développées alors que ces dernières sont toujours en changement et évolution. D'où le caractère subjectif et non universalisé des modèles de changement, car le développement lui-même découle de considérations culturelles et sociologiques propres à une société spécifique. Son idéal idéologique et sa modélisation pratique en vue de sa reproductibilité ne sauront s'imposer comme une donnée universelle.

---

[95] Rostow, W. W., 1963, *Les étapes de la croissance économique*, Paris, Le Seuil, 252p.
[96] Rostow, W. W., 1963, *op.cit.* p.13.

Par ailleurs, le même principe de rattrapage par l'imitation structure le diffusionnisme de Rogers[97]. Il définit le développement dans cette approche comme un type de changement social qui peut être obtenu grâce à l'introduction d'innovations dans un système social donné, en vue de produire un accroissement du revenu et une amélioration du niveau de vie grâce à des méthodes de production de plus en plus modernes et une meilleure organisation sociale. Cette forme de pensée est aux principes de la considération du développement comme clé-en-main, comme une graine qu'on peut semer partout et produire le même effet de changement par l'économique. Les économistes qui ont beaucoup travaillé sur cette notion ont introduit une distinction entre développement et croissance, même si beaucoup d'entre eux n'opèrent pas forcément cette différence. Selon François Perroux, la notion de croissance représente « *l'augmentation soutenue pendant une ou plusieurs périodes longues d'un indicateur de dimension : pour une nation, le produit global net en termes réels* »[98]. Alors que de l'autre côté, il considère que « *le développement est la combinaison des changements mentaux et sociaux qui rendent la nation apte à faire croître, cumulativement et durablement son produit réel global* »[99].

Cette distinction tient du fait que pour lui le développement représente une conception plus large en englobant une dimension sociale. Il introduit une dimension qualitative dans le processus de changement social alors que la croissance économique se limite à son processus purement quantitatif. Même s'il semble difficile de concevoir un développement sans croissance, cette dernière ne conduit pas nécessairement au développement qualitatif surtout en termes de répartition des richesses au niveau de la société[100]. Aujourd'hui, cette distinction entre les deux réalités permet une conception qui appliquerait plus la croissance principalement aux pays industrialisés, déjà développés, tandis que relèveront du champ du développement les pays du tiers-monde qui ne sont pas encore à un stade jugé acceptable. Ce qui constitue alors le modèle à suivre c'est le capitalisme, et l'accumulation du capital, la libre concurrence et

[97] Rogers E., 1962, *Difusion of Innovations*, New York, The Free Press of Glencoe, 367 p.
[98] in 1990, *Dictionnaire économique et social*, Paris, Hatier, p.115.
[99] Perroux F., 1964, *L'économie du XXème siècle*, Paris, PUF, p. 155.
[100] Maréchal J-P., 2003, L'héritage oublié de François Perroux, *L'Economie politique*, Vol. 20, n°4, pp. 47-63.

l'industrialisation deviennent à ce titre des passages obligés pour les pays en voie de développement. D'où la tendance des organismes internationaux à enfermer les pays pauvres dans des programmes incompatibles avec les réalités locales. Nous reviendrons sur cette question.

Ce faisant, selon les principes contenus aussi bien dans l'approche de Rostow que dans le diffusionnisme, une société ne sera considérée comme développée que lorsque le secteur moderne aura progressivement remplacé la majorité des structures de production traditionnelles. Dans cette perspective, l'intégration du progrès technique devra se réaliser par les transferts de technologies, à la base d'une évolution remarquable dans l'efficacité et la productivité du travail ; beaucoup de ces technologies faisant cruellement défaut aux sociétés africaines. On notera en outre de ces modèles de pensées sur le développement que la perspective marxiste n'a pas échappé à l'évolutionnisme ambiant. Sans nous donner le rôle de détailler ce modèle, nous nous limiterons en guise d'information à énumérer les étapes de progression définies. Comme chez Rostow, le courant marxiste propose une théorie avec une progression en cinq étapes qui se déclinent comme suit : le « communisme primitif », la « société antique », la « société féodale », le « mode de production capitaliste », et le « communisme »[101].

À travers ces quelques références, on remarquera que le développement porte en lui les principes de l'évolutionnisme et semble s'inscrire dans une certaine logique linéaire de l'évolution des sociétés humaines en faisant fi de leurs différences et de leurs diversités. Pourtant, même si une telle conception de la réalité semble admise, il semble aussi important de relever que le terme de développement est polysémique et ambigu. Il évoque plusieurs dimensions à la fois théoriques et idéologiques. Pour les uns comme Gilbert Rist[102], le concept de développement relève de la croyance, pour les autres comme Serge Latouche[103], il relève de l'idéologie. C'est

---

101 Marx K., 2014 (1859), *Contribution à la critique de l'économie politique. Introduction à la critique de l'économie politique (dite « de 1857 »)*, collection Geme, Les Éditions sociales, Paris, 240p.

102 Rist G., 2013 (2007), *Le développement. Histoire d'une croyance occidentale*, Paris, Presses de Sciences Po.

103 Latouche S., 1989, *L'Occidentalisation du monde : Essai sur la signification, la portée et les limites de l'uniformisation planétaire*, Paris, La Découverte.

un concept qui, depuis son avènement, jouit d'une large théorisation dans les sciences sociales, avec quelques modèles de pensée sous-jacents.

1.1. Le développement comme modèle universel

L'idée de développement a toujours été associée à la théorie de l'évolution naturelle. Selon Gilbert Rist, elle est assimilée au processus qui induit le changement dans l'évolution naturelle. Dans cette optique, en faisant une comparaison, on voit tous les principes qui structurent l'évolution : « directionalité », continuité, « cumulativité » et irréversibilité. En associant ces principes dans l'idée du développement, ce dernier apparaît comme un processus de changement ininterrompu, ayant des effets cumulatifs qui sont quasi irréversibles et qui sont dirigés vers une finalité précise, c'est-à-dire le développement. En ce sens, il est processus et fin. Il est processus dès lors qu'il est un ensemble de programmes successifs chacun essayant de régler un problème particulier et corrigeant les insuffisances des précédents. Il est fin dans la mesure où cette programmation ne tend en réalité qu'à le réaliser lui-même. On voit ainsi dans cette définition naturaliste que le développement apparaît non seulement irréversible, mais aussi inévitable comme une fatalité culturelle à l'image de l'idée de l'évolution naturelle. Cette conception va se propager au sein de la classe politique occidentale, notamment avec le discours du président américain Harry Truman en janvier 1949, alors qu'il parlait de « *lancer un programme qui soit audacieux et qui mette les avantages de notre avance scientifique et de notre progrès industriel au service de l'amélioration et de la croissance des régions sous-développées* »[104].

En effet, à travers ces propos qui se dégagent du discours du président Truman, la notion de développement est définie selon la perspective culturelle de l'Occident qui le considère principalement selon son aspect matérialiste. Cette assertion de Truman pousse à considérer le développement comme une forme d'engagement des sociétés occidentales colonisatrices à étendre leur prospérité matérielle vers les pays moins développés par la mise à disposition d'une aide sur le plan économique, politique et social. Par engagement, il faut comprendre cette promesse, cette forme d'obligation que l'Occident

---

[104] Rist G., 1996, *Le développement : histoire d'une croyance occidentale*, Paris, Presses de la Fondation nationale des sciences politiques, p. 118.

s'est fixée comme pour effacer l'histoire douloureuse de ses collaborations avec l'Afrique. Une promesse qui n'a pas été tenue comme annoncé. Ce discours du président américain va aussi susciter de larges commentaires dans la scène scientifique occidentale. Ainsi Wolfgang Sachs fait remarquer que l'épithète « *régions sous-développées* » lancée par le président allait devenir un « *concept charnière depuis lors jamais remis en question qui engloutit l'infinie diversité des modes de vie de l'hémisphère Sud dans une seule et unique catégorie : sous-développée* »[105].

Par ailleurs, avec ce discours, ce sont à la fois les concepts de développement et de sous-développement qui apparaissent ; le premier étant la voie à suivre pour toutes les sociétés qui ne sont pas à cet état d'évolution et même pour ceux qui semblent déjà y goûter, car aucun peuple ne semble pouvoir y échapper ; et le second étant la voie que tous les États repoussent. Du même coup surgissait une nouvelle conception du monde selon laquelle tous les peuples devaient suivre la même voie et aspirer à un but unique : le développement. C'est cette vieille idée d'uniformisation qui préside aujourd'hui encore à l'avènement de la mondialisation. Ainsi depuis 1949, beaucoup d'organismes d'aide au développement ont vu le jour et sont souvent rattachés à l'expression vague d'organisation non gouvernementale (ONG). Elles se sont rapidement propagées dans les campagnes et zones rurales africaines, entretenant l'espoir, la solidarité et quelquefois l'illusion d'avancement. Seulement, sur le terrain des actions, les résultats constatés ne sont pas proportionnels aux investissements consentis par le monde du développement. Ces échecs ont poussé la réflexion vers d'autres modèles alternatifs.

Le développement dont nous parlons ici est un produit de la culture occidentale et porte la trame de sa pensée, de sa manière d'agir, de son *modus operandi*. Il va devenir l'outil par lequel l'Occident compte vaincre les autres sociétés sous la forme de ce que l'on appelle le néocolonialisme. Sa trame impérialiste et son véhicule d'un modèle de vie unique occidental plutôt que de choix de modes de vie autres, va bouleverser l'organisation sociopolitique, historique et économique d'une Afrique fragilisée, fragile et portant encore les stigmates de la traite négrière et de la colonisation. Depuis la fin de la Seconde Guerre

---

[105] Sachs W., 1996, le développement : une idéologie en ruine, in Sachs W., Esteva G., *Des ruines du développement*, Montréal, Eco Société, p. 14.

mondiale, les États nationaux et les organisations internationales ont voulu résoudre le problème des inégalités de développement à travers le monde en appliquant dans les pays du Sud les modèles qui avaient réussi comme une recette miracle dans ceux du Nord. C'est l'exemple du modèle de modernisation nationale, celui de la révolution communiste, celui de la compétition néolibérale et celui du socialisme démocratique. Chacun de ces modèles suivait une des voies possibles de l'industrialisation : soit la voie capitaliste, soit la voie socialiste ; et on retrouve leur influence dans presque toutes les tentatives de développement qui ont été menées dans les pays du Sud depuis plus de soixante ans.

Ainsi, l'Afrique postcoloniale, indépendante va s'inscrire dans la voie du changement pour tenter d'apporter des réponses à la crise sociale, économique et politique qui frappe sa population. Face au manque de cadres, de chercheurs et de praticiens du développement tant économique que social, les différents pays de l'Afrique dont le Sénégal s'étaient lancés à l'assaut de ce qui, pour eux, avait fait le développement de l'Occident. Ce faisant, le développement de l'Afrique va être, et continue de l'être d'ailleurs, une série de copie de recettes extérieures, une véritable ressource pour les techniciens et professionnels les plus aguerris, concourant à la proposition de modèles, de programmes, de projets ingénieux, qui comme par magie, feront de l'Afrique, une autre Europe en un temps record. La Banque Mondiale et le FMI se sont mis exclusivement à multiplier les prêts de fonds, les financements de projets et de programmes et à légitimer une conception du développement extraverti, comme panacée des problèmes de pauvreté que connaissent dans leur majorité les populations du continent africain, tout cela face aux limites des nouvelles élites africaines. Dans ce modèle, *les dynamiques du dehors* l'emportent sur les *dynamiques du dedans*[106] quasiment annihilées ou très peu valorisées. Tout se crée et s'élabore de l'extérieur et est plaqué tel quel en Afrique à l'insu des populations devant en bénéficier[107]. C'est à cette période que l'Afrique est considérée comme une société froide selon Lévi-Strauss, sans histoire, avec une nature répétitive d'un

[106] Balandier G., 1971, *Sens et puissance. Les dynamiques sociales*, Paris, PUF, 336p

[107] Bénéficiaires car attentistes. Les populations africaines de cette époque presque dans leur globalité pensaient que l'Europe qui les avait colonisées apportera son aide pour que le continent se développe. La prise d'initiatives est au point mort, le discours politique n'aidant pas.

temps cyclique. Une conception largement critiquée par l'intelligentsia africaine et que Claude Lévi-Strauss reconsidérera plus tard dans *Race et Histoire*[108] et *Tristes Tropiques*[109].

Cependant, après des décennies d'influence et de pratiques, le modèle de développement à l'Occidentale a livré toutes ces limites même si jusqu'à présent il subsiste encore. Pour Edgar Morin, cette crise du développement, c'est à la fois la crise de l'idéologie occidentale sous la forme de deux de ses mythes fondateurs qui sont : la conquête de la nature-objet par l'homme souverain, le triomphe de l'individu atomisé bourgeois et « *le pourrissement du paradigme humanistico-rationnel de l'homo sapiens/faber* »[110].

1.2. Les formes alternatives de développement

Dans les années 50, la pauvreté dans toutes ses facettes est considérée comme une des conséquences du sous-développement économique. Le développement fut alors considéré comme la solution à ce processus de paupérisation des masses populaires. À partir du milieu des années 70, on constate les effets limités, voire inefficaces, de l'application des modèles des théories du rattrapage et du développement par la croissance. On constate aussi l'incapacité du modèle économique à éradiquer la pauvreté dans les secteurs concernés. Comme un mouvement de contestation, le paradigme du développement par le bas, une manière de prôner d'autres modèles, commençait à prendre de l'ampleur.

Ainsi, Serge Latouche nous rappelle que jusqu'à présent, toutes les expériences de politiques de développement ont échoué, toutes les techniques les plus sophistiquées ont fait la preuve de leur inefficacité. D'ailleurs face à ces échecs répétés, certains comme Celso Furtado[111] ont pu parler de « *mythe du développement* ». Le résultat de ces tentatives est catastrophique : exode rural, qui a entrainé non seulement une

---

[108] Lévi-Strauss C., 1952, *Race et histoire*, Paris, Unesco.

[109] Lévi-Strauss C., 1955, *Tristes Tropiques*, Paris, Plon.

[110] Latouche S., 1986, *Faut-il refuser le développement ?* PUF.
Voir également Edgar M., 2011, *La Voie. Pour l'avenir de l'humanité*, Fayard, et Matagne P. (dir.), 2005, *Les enjeux du développement durable*, Paris, L'Harmattan.

[111] Furtado C., 1974, Le mythe du développement et le futur du Tiers Monde, in *Tiers-Monde*, tome 15, n°57. « Pouvoir, mythes et idéologies », pp. 57-68.

désertification des campagnes avec des effets explicites comme la baisse de la capacité de production agricole du pays, donc l'aggravation de la dépendance alimentaire et, en même temps, la dégradation des conditions écologiques sur les terres laissées à l'abandon ; mais aussi une « clochardisation » monstrueuse des paysans dans les périphéries des grandes cités occidentalisées à modernisation galopante. Les échecs du développement entrainent aussi le délitement du lien social et créent une fracture sociale énorme entre pays riches et pays pauvres, et même au sein des sociétés dites riches avec l'accentuation du chômage de masse et la précarisation des salariés entre autres. Avec la crise du Covid19, le président français Emmanuel Macron a parlé pour la première fois de pays en développement pour désigner la France dans son discours de sortie du premier confinement. Cette dernière a aussi permis de constater un nouveau visage de la précarité en France et un tissu social éclaté et morcelé.

Comme le note Gilbert Rist « *les uns se "développent", tandis que les autres sont exclus. Et tandis que la fracture principale passait jusqu'ici entre le Nord et le Sud, elle s'installe de plus en plus à l'intérieur de chaque État-nation, ce qui contribue à rendre toujours moins pertinent l'usage du vocabulaire convenu (pays riches, pays pauvres, Nord, Sud, sociétés industrielles, tiers-monde*) »[112].

L'apparition de cette nouvelle forme de conséquence du développement pousse à repenser ses bases et son contenu surtout en Afrique où les dégâts semblent plus profondément marquer les populations déjà en situation de précarité. L'Occident qui était jusque-là un modèle de développement ne l'est plus, car beaucoup de pays occidentaux souffrent, tout comme ceux d'Afrique, de problèmes de pauvreté, de développement, même si la nature des problèmes diffère d'un milieu à un autre. La misère est présente, le chômage s'accroît, les exclus sont de plus en plus nombreux[113], la famille se disloque, les États sont dans l'austérité malgré des tentatives vaines de redressement des finances publiques pour espérer relancer la croissance. Pourtant, paradoxalement, dans la mentalité de la jeunesse africaine, l'Occident continue d'être une destination prisée, n'hésitant pas à prendre la voie

[112] Rist G., *Le développement : histoire d'une croyance occidentale, Paris, Presses de la Fondation nationale des sciences politiques*

[113] Castel R., 1995, *Les Métamorphoses de la question sociale*, Fayard

maritime pour rallier les côtes occidentales, à coup de mort par centaines...

Le réveil d'une nouvelle élite africaine convaincue de l'inadaptabilité du paradigme du développement importé, conjugué aux échecs constatés des politiques d'ajustement structurel va inaugurer une nouvelle ère en Afrique : le développement endogène. L'un des porte-étendards de ce paradigme était Joseph Ki-Zerbo dont le travail au service de l'éducation en Afrique et du développement reste encore peu exploité. Son célèbre ouvrage *La natte des autres : pour un développement endogène en Afrique*[114], est basé selon un proverbe africain assez évocateur : « *si vous dormez sur la natte d'une autre personne, considérez tout juste que vous dormez par terre, à même le sol* ».

Ce qui signifie en d'autres termes que si vous dépendez de la pensée et des actions d'une personne, vous risquez de ne plus être en mesure de survivre si elle décide un jour d'arrêter de penser ou d'agir pour vous. Dans cet ouvrage, l'auteur défend la thèse selon laquelle, le développement ; loin d'être le résultat d'un transfert de gadgets et de recettes, loin d'être la capacité d'endettement et de consommation béate et béante des productions d'autrui, est le fruit d'une constellation de facteurs et actions construites par les États africains autour de la démocratie, de la recherche et de l'autonomie économique. Ces trois leviers fondamentaux de la reconstruction africaine ne sont valables qu'associés de façon dialectique et synergique[115] et non pas pris isolément. Toutes les variations les plus sophistiquées du concept à savoir développement local, durable, intégré, participatif et tous les qualificatifs, ne servent qu'à exprimer différemment la même idée, celle du développement tout court en lui conférant une dose d'idéologie selon le modèle de pensée concerné.

C'est en cela que note Serge Latouche : « *on est entré dans "l'ère des développements à particule" pour tenter de conjurer magiquement les effets négatifs de l'entreprise développement. On a vu des développements "autocentrés", "endogènes", "participatifs", "communautaires", "intégrés", "authentiques", "autonomes" et "populaires", "équitables"... sans parler du*

[114] Ki-Zerbo J., *La natte des autres pour un développement endogène.* Actes du colloque du Centre de recherche pour le développement endogène (CRDE), Paris, Codesria/Karthala, 494p.
[115] Ki-Zerbo J., 1992, *op. cit.*

développement local, du microdéveloppement, de l'endo-développement et même de l'ethnodéveloppement ! En accolant un adjectif au concept de développement, il ne s'agit pas vraiment de remettre en question l'accumulation capitaliste. Tout au plus songe-t-on à adjoindre à la croissance économique un volet social comme on a pu naguère lui ajouter une dimension culturelle, et aujourd'hui une composante écologique »[116].

Il n'est pas opportun de penser chaque type comme une forme à part entière, car cette différenciation entre développements local, durable, autocentré, économique, endogène, etc. reste une aporie qui parcellarise et simplifie des dynamiques sociales globales propres à chaque population. Il n'y a pas de développement sans prise en compte des aspects économiques, sociaux, culturels, etc. Ce sont autant de dimensions qui se trouvent valorisées et qui ont longtemps été écrasées par la toute-puissance de la dimension économique. Ce qui semble être un nouveau paradigme du développement par l'ajout de nouveaux adjectifs, n'est rien d'autres que la révélation de dimensions qui l'ont toujours caractérisé.

Ainsi, à la fin des années 1960, les dimensions socioculturelles sont prises en compte au même titre que celles économiques et offrent des champs diversifiés de visions et de pratiques du développement. Alors, pour Jean Ronald Legouté, « *le concept de développement, en intégrant le social et l'humain, subit une véritable révolution sémantique. Au développement tout court confiné dans le contenu sémantique exclusivement économique qui le simplifiait outrancièrement, on associera désormais des épithètes qui témoignent du droit à l'expression des valeurs culturelles des civilisations issues de l'histoire et des situations sociales spécifiques des sociétés émergentes* »[117].

Le concept de développement, avec une plus grande médiatisation des dimensions sociale et culturelle, intègre une problématique toujours présente qui est de replacer l'homme au centre du processus de transformation sociale des territoires. Cette évocation prend un sens nouveau et fort dans un contexte néolibéral où le maintien des grands

---

116 Latouche S., 2004, *Survivre au développement : De la décolonisation de l'imaginaire économique à la construction d'une société alternative*, éd Mille et une nuit. P.1 (126 p)

117 Legouté J. R., 2001, *Définir le développement : historique et dimensions d'un concept plurivoque*, Université du Québec à Montréal, Groupe de recherche sur l'intégration continentale, pp. 17-18. (41 p)

équilibres macroéconomiques et financiers mondiaux reste la priorité des pays du sud sous l'injonction des grandes puissances occidentales. Ne sommes-nous pas encore en train de vivre l'essoufflement, voire la fin du développement par l'économique et la croissance à tout prix ? Car ce modèle montre encore une fois sa limite quant à la satisfaction des besoins essentiels des populations et des États. En France par exemple, le taux de croissance stagne d'année en année, tandis que le taux de chômage augmente et que l'accès à l'emploi devient de plus en plus rare.

En Afrique comme dans la majorité des pays pauvres en développement, la marche vers le changement s'est fait selon le modèle économique et évolutionniste en référence aux recommandations des pays du Nord, faisant fi des réalités locales et la dimension culturelle de ce processus. Yao Assogba nous montre que le modèle de développement basé sur l'aide, inventé par les États-Unis et le modèle de Rostow, proposé pour le développement de l'Afrique par l'Occident a tourné le dos au sujet social africain en le réifiant et en le sortant de l'histoire du monde. Ce modèle n'a pas permis son progrès ni valorisé son travail. Aujourd'hui, le sujet africain semble vouloir tourner le dos à ce modèle en prenant des initiatives d'économie populaire ou d'autres pratiques sociales pour affirmer davantage son désir de desserrer l'étau du néocolonialisme politico-économique[118]. Cependant, ces initiatives locales souffrent d'un manque d'encadrement et de soutien de la part des États africains préférant les confiner à la marginalité et à l'informel.

Au Sénégal, le modèle de développement reste d'inspiration extérieure. Socialiste d'abord, depuis les indépendances jusqu'en 2000, le Sénégal est ensuite entré dans l'ère du libéralisme, du capitalisme avec son cortège de méfaits pour les populations[119]. Cité comme exemple de démocratie en Afrique subsaharienne, le Sénégal n'en est pas moins un pays pauvre souffrant de beaucoup de problèmes tant économiques que politiques surtout en milieu rural. La *politique du*

---

[118] Assogba Y., 2004, *Sortir l'Afrique du gouffre de l'histoire. Le défi éthique du développement et de la renaissance de l'Afrique noire*, Québec, PUL, 200p.

[119] Voir DIOP M-C (éd.), 1992, *Le Sénégal, trajectoires d'un État*, Codesria, 501p.

ventre[120], le *clientélisme politique*[121] et la corruption sont souvent évoqués comme caractéristiques d'une classe dirigeante assoiffée de pouvoir et avide de richesses ; privatisant l'appareil étatique et confondant souvent biens publics et biens privés. Les scandales de gestion nébuleuse autour du pétrole, de l'or et d'autres minerais font les unes des journaux locaux. Cependant malgré ce tableau sombre et à défaut de pouvoir compter sur l'État, des actions sont menées par des acteurs dynamiques au niveau local, là où la pauvreté sévit le plus durement. D'où aujourd'hui, la nécessité de déconstruire le développement tel qu'il est appliqué afin de considérer d'autres formes d'alternatives. Dans la Commune rurale de Fandène, on parle d'appropriation, de réappropriation, de « faire faire », de participation, d'initiatives locales, bref, tout pour exprimer l'idée d'un processus de changement se faisant *par* et *pour* les populations. Mais le champ de construction du développement local est loin d'être un terrain de consensus tous azimuts, c'est une *arène locale*[122] qui comporte ses propres logiques et dont les acteurs sont dotés de stratégies diverses et différentes.

2. Le développement à la croisée des sciences sociales

Les sciences sociales dans leur globalité sont considérées comme des sciences de la modernité, des révolutions sociales, de la planification et du développement entre autres processus qui ont marqué le XXe siècle. Depuis la fin de la Deuxième Guerre mondiale, les problèmes de développement humain se sont posés avec acuité aux sciences sociales, chaque discipline tentant d'y apporter un éclairage et une explication scientifique selon ses propres présupposés théoriques. Même si des résultats sont constatés par exemple dans le domaine agricole avec l'optimisation des rendements des cultivateurs[123], les connaissances produites n'ont pas toujours aidé à l'éclairage des réalités sociales et des questions soulevées par le développement.

---

120 Bayart J F., 2006, *L'État en Afrique : la politique du ventre*, Fayard, 439p.

121 Dahou T., 2004, *Entre parenté et politique. Développement et clientélisme dans le Delta du Sénégal*. Préface de Jean Copans. Paris, Karthala ; Dakar, Enda Graf Sahel, 2004, 364 p.

122 Selon Olivier de Sardan, J-P., 1995, *op.cit.*

123 L'éthique de la science amène à limiter les dérives contre l'homme et l'environnement suite à l'utilisation des pesticides, entre autres...

C'est dans ce contexte que l'ancien secrétaire exécutif du Conseil pour le développement de la recherche en sciences sociales en Afrique (CODESRIA), Thandika Mkandawire confiait dans un article que : *« l'action du Forum international découle d'un triple constat : (a) les problèmes du développement justifient que les sciences sociales s'y intéressent de façon attentive et critique ; (b) les sciences sociales peuvent concourir au traitement de bon nombre des problèmes concernant le développement ; (c) de nombreux partenaires sociaux sont désireux d'entendre ce que les chercheurs en sciences sociales ont à dire et prêts à mettre à profit les connaissances et éclairages découlant de leurs investigations »*[124].

En effet, un regain d'intérêt s'est manifesté lorsque la pauvreté a continué de s'aggraver lorsque l'exclusion sociale est devenue une question mondiale touchant aussi bien les pays pauvres que riches. Les sciences sociales ont retrouvé un terrain de recherche et les spécialisations au sein de ses diverses disciplines cherchent toutes à aborder de manière fine un aspect du changement. Ainsi, sans pour autant prétendre épuiser les disciplines qui traitent du concept comme objet d'études, nous exposerons quelques conceptions émanant de l'économie, de la sociologie, de l'anthropologie et de la socioanthropologie. Ces éclairages nous permettront de mieux saisir la densité théorique de notre objet de recherche et la rigueur méthodologique et épistémologique à laquelle il fait appel.

2.1. Approche économique du développement

La littérature d'après-guerre sur le développement économique a été dominée par plusieurs grands courants de pensée, souvent concurrents. Dans ce travail nous en exposerons trois qui nous semblent pertinents par rapport à notre objet de recherche :

- La théorie des étapes de la croissance
- Les théories du changement structurel
- La théorie de la dépendance internationale.

Ces trois grands courants de pensée ont inspiré de manière éclectique les théories contemporaines du développement. Sans pour

---

124 Mkandawire T., 2006/3, Les politiques de développement social : un nouveau défi pour les sciences sociales, *Revue internationale des sciences sociales*, n° 189, pp. 427-438.

autant prétendre faire l'économie exhaustive de ces théories, nous en présenterons les grandes lignes.

- **La théorie des étapes de la croissance**

Quand les économistes ont commencé à s'intéresser aux nations pauvres après la Seconde Guerre mondiale, ils ne disposaient pas encore d'un appareil conceptuel directement applicable pour analyser le processus de croissance dans les sociétés autres, essentiellement agricoles dépourvues des structures économiques « modernes » comme en Occident. Mais l'expérience du plan Marshall, qui avait permis, grâce à une aide financière et technique massive des États-Unis aux pays européens de se reconstruire et de se moderniser en quelques années, allait devenir pour les économistes un modèle clé en main pour assurer le bien-être des pays du Sud. La perspective du développement provient de cette croyance à la croissance économique quantitative et de l'accumulation massive du capital.

Ainsi, l'un des modèles souvent cités en exemple de cette théorie est celui de Rostow. Dans son ouvrage, *Les étapes de la croissance économique*[125], Rostow élabore un processus linéaire de développement à la fois structurel et déterministe qu'il décline en cinq étapes que nous allons exposer. Le sous-développement ne serait qu'un retard, de sorte que les pays en voie de développement aujourd'hui ne sont que le passé des pays développés alors que ces derniers sont leur avenir. Cette conception va nourrir le paradigme du rattrapage et se distingue en étapes devant être suivies par tous les pays selon l'expérience des pays du Nord :

---

[125] Rostow W. W., 1963 (1960), *Les étapes de la croissance économique*, Paris, Le Seuil, 252p.

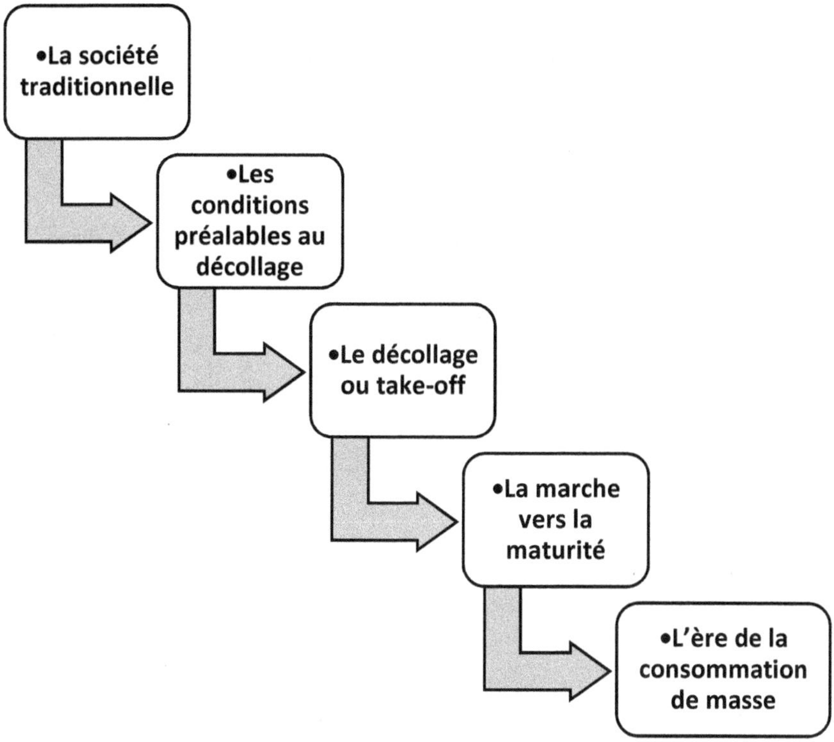

Suivant cette approche qui a longuement fait référence dans l'économie du développement, le changement se concentre et se définit à partir de trois moteurs : l'urbanisation, l'industrialisation et l'économie de marché. Ces leviers clés seraient à l'origine du développement des sociétés occidentales à partir du 19e siècle. Toujours en projection de ces réussites constatées en Occident, le développement du Tiers-Monde devrait aller très vite, car il peut s'appuyer sur les acquis et l'expérience de l'Occident développé. Et c'est là le début des erreurs du modèle de changement mimétique universalisé.

❖ **Les théories du changement structurel**

Selon ces théories, le développement se définit comme un processus de transformation des structures de l'économie, principalement par le passage d'une forme d'économie traditionnelle tournée vers la satisfaction des besoins essentiels, à une forme d'économie moderne, plus diversifiée et tournée vers l'accumulation. En s'appuyant sur les outils de la théorie néoclassique des prix et de l'allocation des ressources et aussi sur l'économétrie, elles proposent une méthodologie pour expliquer la description de ce processus de transformation.

Ainsi, Ragnar Nurkse[126], qui a rendu systématique l'analyse de la pauvreté et du sous-développement en termes de cercles vicieux, a dégagé deux principes de base de son modèle :

- La faiblesse de l'épargne empêchant le développement endogène en l'absence d'aide extérieure,
- La nécessité de financement extérieur au stade préalable du *décollage* de Rostow.

L'approche de Nurkse semble promouvoir l'aide extérieure comme étant inévitable pour le développement d'un territoire. Elle semble aussi montrer l'incapacité des populations locales à se mobiliser pour un besoin de changement immédiat, ce qui, souvent, ne nécessite pas la disponibilité d'épargne. Or, une expérience de terrain plus élargie lui aurait permis de relativiser et de montrer que, par exemple, l'aide internationale est souvent davantage perçue comme un frein à l'autonomie des populations bénéficiaires que comme une véritable solution de développement. Entre autres critiques qui lui sont adressées, malgré l'intérêt de ce travail, on relève la faible prise en compte de l'environnement international qui a un poids considérable sur les programmes économiques et le choix politique des pays en développement.

Le travail de Nurkse a inspiré les travaux reconnus de William Arthur Lewis qui a proposé un des premiers modèles théoriques du développement axés sur la transformation structurelle d'une économie de subsistance. Dans le modèle dualiste de Lewis[127], l'économie sous-développée consiste en deux secteurs qui se juxtaposent :

---

126 Nurkse R., 1953, *Problems of Capital Formation in underdeveloped Countries*, Oxford, 163p

127 Lewis W A., 1954, Economic Development with Unlimited Supplies of Labour, *Manchester School of Economic and Social Studies*, vol. 22.

- Un secteur traditionnel qui inclut l'agriculture traditionnelle et les activités informelles urbaines, orienté vers la subsistance et considéré comme un réservoir presque illimité de travail. Les besoins sont sociaux et l'acquisition matérielle n'est pas une fin en soi.
- Un secteur moderne, orienté vers le profit et l'accumulation des biens et des marchandises. Les besoins sont essentiellement économiques laissant peu de place au social.

Selon ce modèle qui s'appuie sur l'évolution historique de l'Europe, le capitalisme moderne va phagocyter le secteur traditionnel par un mouvement progressif de transfert des travailleurs des secteurs de subsistance vers le secteur moderne. Ce modèle dual est devenu la théorie générale appliquée pour guider le processus de développement de beaucoup de pays du Tiers-Monde de 1960 au début des années 1970. Son influence considérable perdure encore aujourd'hui à la lecture de certaines économies de pays en développement. Cependant, ce modèle semble trop simpliste pour expliquer et faire comprendre le passage d'un secteur à un autre par le prisme du travail. Dans certains pays africains comme le Sénégal, le secteur traditionnel agricole ne peut pas constituer une source de travail inépuisable pour un secteur moderne de plus en plus industrialisé et dont le modèle économique est extraverti. En outre, l'évolution des faits économiques dans le continent africain en général et au Sénégal en particulier, a plutôt montré un transfert du secteur traditionnel vers une strate nouvelle de l'économie sénégalaise : le secteur informel. Tout comme ses prédécesseurs, Lewis a considéré à tort que le modèle occidental était modélisable et pouvait être universalisé comme une loi générale de fonctionnement de toute économie.

Par ailleurs, l'hypothèse majeure de ces modèles est que le changement est un processus identifiable de croissance et de transformation dont les caractéristiques principales sont similaires entre pays, ce qui justifierait pour certains théoriciens l'application d'un modèle économique unique. Pourtant, le modèle reconnaît que des différences peuvent apparaître entre pays dans le rythme et la trajectoire de développement, en fonction des circonstances qui leur sont propres. Seulement l'identification de différence de rythme ne suffit pas à rendre compte de la différence fondamentale des peuples dans la gestion de leurs problèmes notamment par des dynamiques internes mobilisées pour apporter des solutions. Ainsi, ces différents modèles et approches sur les changements structurels nécessaires aux pays en développement pour passer d'une économie traditionnelle à une économie moderne et capitaliste, vont pousser les analystes des schémas de changement à insister sur les contraintes internationales qui pèsent sur le développement considéré comme « occidentalo-centrique » ou européocentrique.

Cependant, contrairement aux premiers modèles d'étapes, ces modèles reconnaissent le fait que les pays pauvres font partie intégrante d'un système international qui peut promouvoir ou freiner leur développement. Et ce constat est d'autant plus plausible que les modèles et politiques économiques de ces pays sont le plus souvent sous l'observation et le contrôle de la BM et du FMI ou même des anciens colons qui continuent de modeler la politique intérieure par le biais d'accords bilatéraux conclus selon les principes de l'Occident. Ce modèle de développement par l'ouverture, modèle néolibéral fait du commerce international et de l'ouverture des frontières et des barrières le principal facteur de croissance économique. La carte de l'organisation internationale du travail a été dessinée à la base de modèles poussant les pays à se spécialiser, ce qui a conféré à l'Afrique une place dans l'exportation de matières premières et pour l'Asie par exemple la production de biens manufacturés de masse. Cette spécialisation pour l'Afrique reproduit le modèle colonial où l'Afrique fournissait la matière première des industries occidentales et en retour elle constituait un marché pour l'écoulement des produits transformés. Ce système, qui a longtemps bloqué la véritable industrialisation du continent, est entretenu et maintenu par le FMI et la Banque Mondiale et aussi par l'OMC.

❖ La théorie de la dépendance

Dans le cadre de ce modèle théorique, les auteurs Samir Amin et Immanuel Wallerstein[128] qui en sont les principaux défenseurs, s'inspirent des modèles précédents et considèrent que l'économie internationale est organisée autour de deux pôles : le pôle central capitaliste composé les pays occidentaux industrialisés et le pôle de la

---

128 Wallerstein I., 1975, *Les Inégalités entre les États dans le système international : origines et perspectives*, Centre québécois des relations internationales.

périphérie constitué par les pays du tiers-monde. Pour eux, la dépendance de ces derniers est la cause principale de leur sous-développement. Ce dernier provient de la dégradation des termes de l'échange, de la spirale de l'aide et de l'alliance objective entre les classes dominantes des pays dépendants et les intérêts des capitalistes. Il est aussi dû au transfert du surplus économique des pays pauvres vers les pays riches d'Occident opéré pendant la période esclavagiste et de la colonisation avec une exploitation systématique des ressources et de la main-d'œuvre locale. Des exploitations qui se sont perpétuées après les indépendances par les actions d'investissement des multinationales du Nord drainant les bénéfices vers le Nord et par l'accroissement du service de la dette.

Des modifications s'imposent dans les relations économiques internationales structurant les rapports des pays du Tiers-monde avec ceux de l'Occident. Autrement dit, il est actuellement impossible d'envisager le développement des pays pauvres du Sud sans que ces derniers ne se libèrent des liens de dépendance qui les relient avec le Nord, dont le développement repose en partie sur l'exploitation des ressources des pays du Sud. Si pour les tenants de cette théorie les racines du sous-développement sont à aller chercher depuis la colonisation et même depuis l'esclavage, il reste plausible que cette thèse reste difficile à contredire tant les exemples sont nombreux. En effet, les multiples accords, plans, traités signés entre des pays occidentaux et du Tiers-monde n'ont pas généralement abouti à une amélioration qualitative de la vie des populations. Mieux, dans bien des cas, la situation a encore empiré par exemple au Congo.

Cependant, encore une fois, c'est souvent avec la complicité des élites du Sud que de telles dérives sont orchestrées. Leur part de responsabilité est souvent occultée ou très peu traitée dans les analyses de la théorie de la dépendance. Ce modèle marxiste et « dépendantiste », friand d'explications des causes du non-développement de l'Afrique, a beaucoup influencé la classe intellectuelle d'après indépendance. Il n'offre que très peu de solutions pour sortir de la situation de dépendance identifiée ; seule la révolution était envisageable, mais avec l'effondrement du bloc socialiste, sa perspective fut de très courte durée.

Au regard de ce bref exposé sur le paradigme économique, il en ressort une constante qui traverse tous les théories et modèles élaborés : le développement n'est rien d'autre qu'une forme de croissance économique. L'économie reste le cœur de la vie sociale et toute autre dimension est mobilisée pour la servir. Et pendant longtemps, le concept de développement s'est enfermé dans cette unidimensionnalité « économiciste » proposant des modèles uniques, transposables d'un continent à un autre, d'un pays à un autre pour construire naïvement le développement du Tiers-monde. Les limites de ces modèles se sont vite fait sentir surtout avec l'échec des politiques d'ajustement structurel, et un éveil de conscience scientifique s'en est suivi, permettant à d'autres sciences d'explorer d'autres dimensions du développement, jusque-là « propriété privée » de la seule puissance économique. Il est impératif de souligner que l'économie du développement selon la conception d'Albert Hirschman, par exemple, s'est démarquée des analyses marxistes et néomarxistes en mettant en avant deux postulats majeurs qui influenceront fortement les approches du développement par le bas :

- Le rejet du monoéconomisme qui introduit l'idée des spécificités locales dans la construction des politiques économiques,
- L'affirmation du principe de réciprocité des avantages, prônant plus d'équité dans les échanges commerciaux entre les pays riches et ceux pauvres.

Dans le premier postulat du rejet du monoéconomisme, l'auteur cherche à déconstruire les bases sur lesquelles les théories classiques étudient la question des pays sous-développés. Ces derniers présentent selon lui « *un certain nombre de caractères économiques communs qui les distinguent de façon bien déterminée des pays industrialisés avancés* ». Il s'agit alors de modifier profondément l'analyse économique traditionnelle axée sur le modèle des pays occidentaux avant d'aborder l'étude des économies du Tiers-monde, car la structure économique des pays pauvres présente certaines spécificités qui rendent l'analyse classique inopérante et trompeuse. Pour le second postulat, il s'oriente vers la possibilité de « *régler les rapports économiques entre les deux catégories de pays de manière qu'ils soient bénéfiques aux uns et aux autres* »[129].

2.2. Approche sociologique du développement

Parler de développement en sociologie, c'est presque parler d'une sociologie de tous les secteurs de la vie sociale. Il s'agit d'un processus complexe global devant mener une société donnée à évoluer vers une autre forme par un changement permanent dans le temps et l'espace. Au travers de quelques définitions données par des sociologues, il sera important de ressortir les cadres généraux du développement comme objet d'étude de la sociologie.

Le développement comme objet d'étude permet à la sociologie de se questionner sur les processus de changements sociaux et économiques. Cette branche de la sociologie place le développement comme un ensemble de processus et se focalise sur les impacts que ces derniers pourraient avoir sur la société, au sens générique du terme. Les unités d'observation varient selon les contextes et peuvent être d'échelles différentes (communauté, village, ville, pays ou région) selon l'aspect du processus de changement mis en avant. La sociologie du développement va d'abord être d'orientation macrosociologique en tentant d'appréhender les rapports entre les pays du Nord dits industrialisés, voire postindustriels, et les pays du Sud dits pauvres ou du Tiers-monde. Elle va ainsi faire ressortir les mécanismes du développement comme processus objectif extensible à toutes les sociétés à travers des mouvements historiques et idéologiques comme la modernisation, la rationalisation économique et l'innovation, la croissance accélérée, le progrès, la mondialisation. Elle fera aussi ressortir les mécanismes qui ont créé et crée encore une dépendance accrue des pays du sud par rapport aux pays du Nord.

---

[129] Hirschman A. O., 1981, Grandeur et décadence de l'économie du développement, *Annales, Economies, Sociétés, Civilisations*, Vol. 36, N°5, pp. 725-744.

Ainsi, selon Alain Touraine, le développement c'est « *l'ensemble des actions qui fait passer une collectivité d'un type de société à un autre défini par un degré plus élevé d'intervention de la société sur elle-même* »[130].

À ce titre, le développement peut être compris comme un processus de déstructuration d'un système social de départ et de restructuration d'un système émergent. Ce glissement d'un système social A donné vers un système social B est riche d'informations pour la sociologie, car le développement se révèle être source de tensions sociales entre sociétés ou entre groupes d'acteurs dans une même société. Il est changement social. Le terme de changement social comporte trois niveaux de manifestation au sein d'un système social : le niveau macrosociologique lorsque le processus affecte la société globale, le microsociologique, lorsqu'on met l'accent sur l'individu qui ressent ses effets et le méso-sociologique, quand le changement social affecte la structure des interactions sociales. Le changement social est, à la fois, processus et aboutissement du processus ; d'où la complexité de le saisir comme objet d'étude. Le changement doit atteindre les structures profondes de la société, il est une série de transformations observables, vérifiables et appréciables sur le moyen et long terme portant sur un groupement humain localisable géographiquement et socialement. Cette forme de changement affecte les représentations, les mœurs, et touche en profondeur à la structure de la culture dans sa globalité. Il est différent de l'évolution connue pour son caractère diffus et s'opère sur une plage temporelle plus large. Un des auteurs les plus connus sur la question, Guy Rocher, pense que le changement social se définit comme « *toutes transformations observables et vérifiables dans le temps qui affectent d'une manière qui n'est pas provisoire la structure ou le fonctionnement d'une collectivité et qui en modifie le cours de son histoire* »[131].

Le parallèle entre le changement social et le développement est manifeste, mais comme le note Olivier de Sardan, « *le développement n'est qu'une des formes du changement social et ne peut être appréhendé isolément* »[132], d'où la nécessité de l'étudier de manière

---

[130] Touraine A., 1976, *Les sociétés dépendantes : essais sur l'Amérique latine,* Paris, Gembloux, Duculot, 266p

[131] Rocher G., 1968, *Introduction à la sociologie générale,* Tome 3, édition HMH, Paris, p.22.

[132] Olivier De Sardan, J P, 1996, *op.cit.*, p.6.

globale, d'autant plus que certaines caractéristiques du changement social se retrouvent dans le processus de développement :

- Tout d'abord, le changement social est un phénomène collectif, global qui engage toute une collectivité, toute une société ou une partie significative et représentative de cette dernière. S'il est pensé en termes de processus, il s'applique à l'ensemble d'un groupe humain modifiant profondément les comportements, les manières d'être et de vivre. Ce qui en fait une réalité d'ordre systémique à appréhender de manière complexe et dynamique.
- En second lieu, le changement social relève et touche la structure d'un ensemble social. Son analyse doit permettre d'observer et de saisir une modification de l'organisation sociale dans sa totalité ou dans certaines de ses composantes. Elle doit aussi permettre de constater des transformations de la forme sociale de la collectivité.
- En troisième lieu, un changement structurel doit être identifiable dans le temps et l'espace. On doit pouvoir, dans une démarche diachronique, décrire l'ensemble des transformations, leur succession, leur chronologie entre deux ou plusieurs points temporels. En effet, c'est à partir d'un point de référence temporelle qu'on appréciera les changements observables.
- Quatrièmement, pour être apprécié comme un réel changement structurel, le changement social s'inscrit dans une forme permanente ; il se manifeste de manière profonde dans les transformations induites et évite la confusion avec d'autres formes similaires, mais éphémères et passagères comme la mode.

Parallèlement au développement, on observe une certaine transversalité des modalités du changement social : globalité, mutations structurelles, temporalité, permanence, spatialité, et que l'on retrouve dans le processus de développement. C'est pourquoi l'analyse de ce dernier ne doit pas se faire sans être inscrite dans une conception globale des transformations des structures sociales d'une collectivité. Ceci renforce par ailleurs la démarche que nous adoptons dans ce travail et qui consiste à appréhender la réalité du développement local à la croisée de plusieurs disciplines et de plusieurs dimensions sociales, à travers la socioanthropologie.

Les sociologues classiques comme Durkheim, Weber et Marx ont, pour leur part, tenté de rendre compte des facteurs et des déterminants de la formation et de l'évolution des formes sociales. Ce qui est convenu d'appeler aujourd'hui développement a souvent été pensé, sous d'autres réalités, suivant l'époque, à travers des ordres de réalités comme le phénomène de la rationalisation, la croissance, le capitalisme, la transition démographique, etc.

D'abord, Émile Durkheim présente dans son ouvrage *De la division du travail social*[133] une vision holiste du développement, avec des accents évolutionnistes. Ainsi, Durkheim considère la division du travail, traduisant des rapports de causalité et de dépendance entre individualité et solidarité sociale, comme la réponse à l'accroissement du volume et de la densité de la société qui se manifestent par une situation de dérèglement social avec une intensification plus grande de la lutte et de la compétition. Au lieu de garder les individus dans un système de concurrence, la division du travail tendrait à les rendre interdépendants. Elle aurait alors un rôle moral plus qu'économique. Il nous livre à cet effet une des fonctions essentielles de la division du travail en ces termes : « nous *sommes ainsi conduits à considérer la division du travail sous un nouvel aspect. Dans ce cas, en effet, les services économiques qu'elle peut rendre sont peu de chose à côté de l'effet moral qu'elle produit, et sa véritable fonction est de créer entre deux ou plusieurs personnes un sentiment de solidarité* »[134].

Dans ce cas, le système de production de la société est tourné vers la socialisation des nouveaux membres et leur intégration dans le système complexe de la production industrielle dans un contexte d'urbanisation croissance des structures sociales. Le passage d'une société traditionnelle à une société moderne, le passage d'une forme de solidarité mécanique à une solidarité organique sont autant de signaux qui témoignent des transformations réelles de la structure sociale. Ce sont là deux aspects essentiels du développement qui s'entrecroisent et s'observent dans le phénomène de transition démographique. Sa pensée est encore d'actualité dans la sociologie du développement.

[133] Durkheim E., 1897, *De la division du travail social*, Paris, PUF.
[134] Durkheim E., 2007, *De la division du travail social*, Paris, PUF, p.19.

Car, dans un contexte de mondialisation et de complexification des rapports entre individus et groupements sociaux, le développement apparaît comme le prétexte qui peut tendre à refaire lien, à créer de la solidarité entre pauvres et riches, à intégrer dans le tissu social les exclus et les marginaux frappés par la précarité qui isole.

Ensuite, la contribution de Max Weber à la compréhension des réalités du développement, peut s'inscrire dans les analyses du processus de rationalisation qu'il considère être visible dans toute société. Ses apports analytiques essaient de montrer que les grandes civilisations mondiales ont connu, à un moment donné de leur évolution, un processus de rationalisation. Ce dernier se traduit par des actions et représentations systématiques, phénomène plus remarqué en Occident, tournées vers des actions pratiques avec une volonté accrue de domination et de contrôle sur la nature et les autres hommes. Ce sont là les fondements du capitalisme moderne qui apparaît aujourd'hui comme l'institution économique la plus rationnelle dans la production de ressources matérielles, accompagnée d'une idéologie puissante en termes de conquête de marché et de territoire. Ce rationalisme économique influe sur les autres aspects de la vie sociale même les actions orientées vers la satisfaction de besoins sociaux élémentaires.

Ainsi, dans l'ouvrage *L'éthique protestante et l'esprit du capitalisme*[135] Max Weber démontre que les actions des acteurs s'orientent de plus en plus vers ce qu'il appelle la rationalité en finalité. Elles prennent de plus en plus de place dans l'évolution sociale par une transformation croissante et évolutive des logiques d'action et de pensée. Il serait aisé de trouver un parallèle avec ce qui caractérise les réalités du développement en tant que processus de transformation sociale d'un territoire. Par contre, une absence de transformation des valeurs et comportements peut bloquer ou ralentir le processus de développement ou même l'annihiler. Ceci est d'autant plus important que les multiples freins du changement en Afrique sont lus comme émanant d'une résistance culturelle par rapport à la nouveauté et à l'innovation[136]. Aujourd'hui, le modèle capitaliste s'est imposé comme

---

135 Weber M., 1905, *L'Ethique protestante et l'esprit du capitalisme*, Gallimard, 2004.

136 Kabou A., 1991, *Et si l'Afrique refusait le développement ?* Paris, L'Harmattan. Voir Ela J M., in *Le Monde Diplomatique* - Octobre 1998, « Refus du développement ou échec de l'occidentalisation ».

seul modèle économique « viable » et réfléchir sur le développement en Afrique, c'est prendre en considération ses effets sur le vécu des populations les plus touchées par la pauvreté. Au Sénégal par exemple où la fracture sociale se fait de plus en plus ressentir, malgré des années d'économie à modèle capitaliste, le temps est à la recherche d'autres formes d'alternatives plus à même de réduire qualitativement l'exclusion sociale.

Ces deux points de vue, d'une part, de Weber sur le processus de rationalisation, d'autre part, de Durkheim sur la transition démographique, sont complémentaires à notre avis. En portant un regard dépassant les cloisonnements épistémologiques, on constate que les transformations observées dans l'activité des membres de la société sont nécessaires à une transformation et un changement de la structure de la société globale.

Enfin, Karl Marx offre une interprétation du développement à travers le mouvement de l'histoire, comme étant indissociable d'un système de rapports sociaux qu'il rapporte au système de production jusqu'à l'émergence du capitalisme. Ce processus se réalise par la confiscation des moyens de production pour une partie minoritaire de la population, la classe de la bourgeoisie capitaliste, au détriment de la majorité constituée des prolétaires. Cette situation confère aux bourgeois une domination sur les prolétaires qui se manifeste sur l'espace économique, social, culturel et politique.

Instaurant un rapport social fondamentalement inégal, le développement capitaliste installe un déséquilibre social du fait même de la répartition sociale de la propriété. Les propriétaires qui représentent un faible pourcentage de la société possèdent quasiment l'essentiel des moyens de production, situation encore d'actualité dans nos sociétés post-modernes. En marge de cet apport de Karl Marx, souvent les marxistes et progressistes occidentaux limitent leur conception du fonctionnement capitaliste à sa structure interne. Ils ne tiennent pas compte de sa dimension extérieure à l'international qui se traduit par l'impérialisme économique qui lui est propre. Cet impérialisme s'est manifesté par la mondialisation du marché, permettant au capitalisme de s'ouvrir des frontières jusque-là épargnées. Les théories néomarxistes, on pense aux travaux de Samir Amin que nous développerons plus loin, à ceux de Celso Furtado de l'école de la dépendance latino-américaine, offrent une interprétation en termes de rapports Centre-Périphéries, comme évoqué dans l'approche économique. L'explication de l'origine du sous-développement réside dans les mécanismes de prédation capitaliste et de domination du Centre sur les Périphéries ; mais aussi dans la dynamique d'accumulation du capital et son extension à l'échelle planétaire.

Les rapports du PNUD sur le développement international révèlent que 10 % de la population mondiale détiendrait 90 % des richesses mondiales. En prolongement de Marx, le capitalisme comme modèle économique favorise l'ascension d'une classe sociale privilégiée en accentuant les stratifications pyramidales de la société. Le sous-développement d'un continent, en tant que le résultat du développement des autres nations se présente comme un système de reproduction de la dépendance du Sud au niveau des structures productives, des structures sociales et politiques héritées du système colonial. Dans cette optique, *le développement ne serait que développement du sous-développement* selon André Gunther Frank[137]. Mais pour que le développement soit une solution pour éradiquer le sous-développement et ses conséquences, il faudrait qu'il puisse s'amorcer non pas à partir d'une dynamique externe, mais à partir d'une dynamique interne à un territoire en s'opposant et en rejetant les mécanismes de domination venant des sociétés occidentales.

Tout comme Weber et Durkheim, Marx envisage la marche de l'humanité à travers une conception matérialiste de l'histoire qui tente d'analyser les causes des développements et des changements dans les sociétés. Il accorde une place centrale à la lutte des classes comme moteur de l'histoire et structurant les relations économiques évoluant selon une dialectique de rapports de force entre pauvres et riches.

Par ailleurs, Georges Balandier introduit une véritable sociologie dynamique[138] en axant ses recherches sur les relations entre développeurs et développés selon une perspective historique en Afrique noire. Il a été le principal initiateur en France de la sociologie

---

[137] Frank, A. G., 1970, *Le développement du sous-développement – L'Amérique latine*, Paris, F. Maspéro.
[138] Balandier G., Sociologie dynamique et histoire à partir de faits africains, in *Cahiers internationaux de sociologie*, vol.34, janvier-juin 1963, pp. 3-11, Paris, PUF.

du développement et a exercé une très grande influence, non seulement dans les pays francophones, mais aussi en Amérique latine. Concentrant la plupart de ces recherches sur la dynamique et l'évolution des populations, il développe une analyse sur les mutations des sociétés du Tiers-monde[139], où il met en relief de manière binaire les relations constantes entre les « *dynamiques du dedans* » et les « *dynamiques du dehors* »[140], entre la « tradition », et la « modernité », entre les différents niveaux de l'économique, du politique et du symbolique, entre la précarité des équilibres et le tâtonnement des innovations. La trame de son analyse est présente dans toutes les études s'intéressant aux relations entre le local et le global dans le processus de mondialisation dont l'équilibre entre les perceptions du bas et celles du haut est souvent précaire au détriment des logiques du bas. Il ne considère pas non plus le changement comme accidentel ou marginal, mais comme faisant partie de la structure même des sociétés.

Dans cette optique, le changement n'est pas appréhendé comme une étape transitoire, mais comme un état permanent de fonctionnement et de structuration de la société. Ce processus de changement social peut être endogène lorsqu'il est induit par les stratégies des acteurs, ou exogène lorsque sa dynamique vient de l'extérieur. Il tient compte des effets de l'environnement sur la structure interne des sociétés observées. Le développement est un état processuel permanent de changement d'une société ou d'un territoire. Les conditions d'élaboration et de mise en œuvre doivent être en cohérence avec les conditions locales. Il est alors nécessaire de rechercher les éléments dynamiques du territoire et de s'y appuyer pour impulser une dynamique structurelle de développement local.

Aussi Samir Amin, économiste franco-égyptien et grand auteur de la théorie de la dépendance, s'appuie sur les analyses de Georges Balandier pour décrire les mécanismes de dépendance qui organisent les relations entre pays pauvres et pays riches. Ses écrits ont beaucoup de résonnance en sociologie du développement. Le but étant de comprendre les rapports sociaux et leurs transformations à l'échelle

[139] Balandier G., Introduction. Le Tiers-Monde. Sous-développement et développement, pp. 13-17, in Institut d'études démographiques, Alfred Sauvy et Georges Balandier (dir.), 1961, *Le « Tiers-Monde ». Sous-développement et développement*, Réédition augmentée d'une mise à jour par Alfred Sauvy, Paris, PUF, 393p.

[140] Balandier G., 1971, *Sens et puissance : les dynamiques sociales*, 336p, Paris, PUF.

globale. Pour lui, la pauvreté, l'instabilité politique et économique, le sous-développement des pays du Sud sont les résultantes de processus historiques élaborés par les pays du Nord, notamment par le biais de l'esclavage et de la colonisation entre autres, et dont les conséquences ont accentué la dépendance économique des pays du Sud[141].

Malgré beaucoup de critiques adressées, car la théorie de la dépendance a été jugée trop générale ou aurait sous-analysé le rôle des élites des économies locales dans la pauvreté chronique des pays notamment par le biais de la corruption massive, il reste que son apport a permis de lire dans une perspective historique l'origine des déséquilibres entre pays pauvres et pays riches, relations encore aujourd'hui pointées comme une des causes principales du sous-développement. En outre, de manière plus récente, les travaux de Serge Latouche et de Gilbert Rist à travers les paradigmes de l'« après-développement » ou de la « critique du développement » méritent un détour éclairant. Sans pour autant rentrer dans les détails, Serge Latouche[142] lance le projet qu'il baptise « après-développement » en référence à une rupture idéologique par rapport à la logique linéaire qui ne conduirait selon lui qu'à l'écrasement des sociétés autres par l'Occident.

Véhicule culturel puissant, l'occidentalisation du monde est le levier qui sous-tend l'imaginaire d'un développement expansif et destructeur de la différence culturelle. Opérant par le primat de la technique et de la science, par la rupture des valeurs religieuses sous forme de désenchantement, cette idéologie se révèle comme destructrice des formes économiques, sociales et culturelles autres, qu'elles se refusent de reconnaître. Elle installe progressivement l'accumulation matérielle, la richesse matérielle comme modèles de vie tournée vers une croissance dont les limites échappent à l'homme moderne. D'après cette vision, le développement ne rime pas avec l'épanouissement fondamental de l'homme dont des dimensions de l'immatériel et du symbolique sont souvent réifiées. L'idéologie occidentalocentrique serait à l'origine de la désocialisation et de la

141 Amin S., 1989, *La faillite du développement en Afrique et dans le tiers monde : une analyse politique*, Paris, L'Harmattan, 383p

142 Latouche, S., 2004, *Survivre au développement : De la décolonisation de l'imaginaire économique à la construction d'une société alternative*, Mille et une nuits, 126p.

déterritorialisation des hommes dont les pertes de repères et de valeurs se matérialisent par la rupture des liens sociaux traditionnels et familiaux, au détriment d'échanges mercantiles, de concurrence, de compétition et d'exclusion. Cette logique participe à « l'omnimarchandisation » du monde, à l'enrichissement des plus riches et l'appauvrissement de la majorité pauvre, à la dégradation de l'environnement planétaire et à la diminution de ses ressources naturelles[143].

Dans le même sens, Gilbert Rist critique la modernité et pointe les dérives occasionnées par celle-ci surtout sur l'environnement. Il mène une critique du développement, de l'aide comme source de problèmes pour les pays bénéficiaires, et déconstruit les mécanismes de mesure de la pauvreté et du développement comme l'IDH, le PIB. Dans son ouvrage phare, *Le développement : histoire d'une croyance occidentale*[144], il rejoint les analyses de Serge Latouche sur l'occidentalisation du monde et celles de Samir Amin à travers la mise en exergue des logiques sous-jacentes dans les relations entre le Nord et le Sud.

Critiqués par les tenants de l'économie classique et du capitalisme, le mérite de leurs travaux aux yeux de la sociologie du développement est de fournir une autre explication et une autre compréhension de ce qui sous-tend le concept de développement. Effet, ce dernier ne reflète pas simplement la volonté d'en finir avec la pauvreté avec le primat d'une croissance exponentielle de l'économie et des échanges marchands, il cache aussi un élan de domination de certains États sur d'autres, une volonté politique de positionnement stratégique sur l'échiquier mondial. Tantôt, véhicule de l'occidentalisation du monde, tantôt une course effrénée vers la modernité ; le développement demeure une réalité dont l'analyse nécessite d'adopter une approche multidimensionnelle des situations sociales et économiques et en ce sens, il peut constituer un objet d'étude pour la sociologie.

Même si d'autres auteurs comme François Partant auront tenté de livrer une intelligibilité des faits de développement, leurs études se concentrent souvent sur des variables sociologiques globales, structurelles à travers les rapports entre les pays riches et les pays

---

143 Latouche S., 1989, L'Occidentalisation *du monde*, Paris, La Découverte, 143p.

144 Rist G., 1996, *Le développement : histoire d'une croyance occidentale*, Presses de Sciences Po, Paris, 426p.

pauvres. Le mérite des travaux conduits par des non-sociologues (Samir Amin), qui souvent rejettent la sociologie dénoncée comme issue d'idéologie bourgeoise ou le développement considéré comme mystification de l'impérialisme et du néocolonialisme, est d'avoir posé un débat contradictoire influençant en grande partie les travaux de sociologues sur la question du développement (Georges Balandier, Guy Belloncle, Gabriel Gosselin, Alain Touraine). Une partie de la sociologie, à savoir la sociologie du développement, accepte donc la notion de « développement », mais lui enlève tout contenu normatif et « économiciste » et la définit comme le passage d'un type de société à un autre, passage associé à une triple révolution économique, politique et culturelle et à une plus grande maitrise sur les orientations de la société[145]. La sociologie du développement a ainsi pour objet propre l'étude des processus, dynamismes, actions et mouvements sociaux à l'œuvre dans une telle mutation, sans que cet objet soit donc nécessairement circonscrit aux pays du Tiers-monde.

Récemment, la sociologie du développement s'est tournée vers des études sur les relations entre les dynamiques locales et les dynamiques mondiales en analysant les problèmes d'articulation des politiques sociales et les projets de développement portés par des acteurs de plus en plus diversifiés selon les échelles territoriales considérées. En ce sens, Jean-Pierre Olivier de Sardan et Philippe Lavigne Delville ont effectué beaucoup de travaux sur les pratiques de développement et sur les paradigmes qui les sous-tendent notamment dans les pays africains. Une véritable sociologie du développement ne saurait trouver sens en dehors des sociétés en voie de développement qui offrent des terrains souvent renouvelés par les pratiques de changement qui y ont cours et les multiples effets induits par ces mêmes pratiques sur le vécu et la dynamique du lien social. Toutefois, deux niveaux d'analyse sont à prendre en considération :

- Le niveau macro : celui des organisations internationales qui ont mis au point les programmes de coopération, d'aide et d'intervention, y compris humanitaires ;
- Le niveau méso et/ou micro : celui des institutions, des opérations et des acteurs sur le terrain qui fabriquent concrètement le développement et qui sont insérés dans des

[145] Voir Touraine A., 1976, *Les sociétés dépendantes : essais sur l'Amérique latine*, Paris, Gembloux, Duculot.

dynamiques de changement social, de modernisation et de résistance culturelle[146].

C'est à ce deuxième niveau que se situent plus précisément notre réflexion et notre approche du développement. Cela ne signifie pas que les logiques structurelles émanant des organisations internationales ne seront pas prises en compte dans l'analyse, mais n'occuperont pas la centralité des débats. Ce qui nous intéressera plus, c'est d'observer le lieu et le moment où le développement « vit », en dehors des discours et des considérations systémiques, de voir au niveau le plus élémentaire des relations sociales, comment le développement se construit au quotidien et comment ces différentes constructions peuvent remonter pour former un schéma de cohérence locale propre à un territoire. En outre, une étude sur le développement ne saurait être exclusivement sociologique. Le caractère global du processus de changement ne peut être épuisé par la seule sociologie, d'où l'articulation d'une méthodologie pluri et transdisciplinaire.

2.3. Approche anthropologique du développement

Depuis la fin de l'entreprise colonialiste et de la décolonisation, le développement s'est présenté comme un des noms donnés aux multiples relations politiques et économiques entre pays riches et pays pauvres. Le développement a été et continue d'être un objet d'étude dont l'analyse intègre de plus en plus de dimensions pour les sciences sociales et humaines en général et pour l'anthropologie en particulier.

En effet, d'un côté on a l'anthropologie qui vise particulièrement les faits spécifiques à l'humain et l'étudie sous tous ses aspects, à la fois physiques et culturels, et de l'autre le développement, ensemble de pratiques et de politiques visant l'amélioration des conditions de vie de personnes jugées pauvres. Lorsque l'anthropologie s'est rapprochée des faits de développement et a voulu en faire un objet d'étude, plusieurs courants et interprétations, à la fois méthodologiques, épistémologiques et idéologiques ont accompagné les balbutiements de ce qui était convenu d'appeler l'« anthropologie du développement ». Ainsi, deux grandes écoles chargées de présupposés

146 Copans J., 2010, *Sociologie du développement : Domaines et approches*, Armand Colin, 128p

méthodologiques et épistémologiques différents se sont révélées : l'anthropologie mise au service des faits de développement et l'anthropologie prenant les faits de développement comme objet d'analyse. Selon Arturo Escobar les anthropologues qui se réclament de la première école « *[...] préconisent un engagement actif avec les organismes de développement en faveur des pauvres afin de transformer la pratique du développement de l'intérieur* » ; ceux s'identifiant à la seconde école, « *[...] prennent parti pour une critique radicale et une distanciation des "pouvoirs établis" en matière de développement* »[147].

Ces positions opposées recoupent une typologie classique de la discipline qui différencie la recherche anthropologique fondamentale *sur* le développement, et l'application des savoirs anthropologiques *au* développement. En effet, le courant post-moderne, adepte d'une anthropologie purement fondamentale et menée entre autres par Arturo Escobar, refuse toute application du savoir anthropologique et donc toute collaboration avec des professionnels de l'aide et des professionnels du développement. Pour les tenants de ce courant, le monde professionnel du développement empêcherait l'anthropologue d'opérer une distance critique et une rigueur intellectuelle suffisante en rapport avec cet objet d'étude.

De plus, une telle collaboration assimilerait les anthropologues à des employés des institutions de développement comme les bailleurs de fonds et ce qui leur ferait accepter de manière tacite les normes et valeurs véhiculées par l'industrie de l'aide et tuerait alors la neutralité du chercheur face à son objet. Les défenseurs de cette anthropologie fondamentale, courant plus connu sous l'expression anglophone d'« *anthropology of development* » refusent une possible instrumentalisation du savoir anthropologique. Ils adoptent ainsi une approche critique qui fait de l'analyse et la déconstruction du « discours du développement » un gage d'objectivité scientifique dans l'étude du concept. Le but étant de montrer les mécanismes de construction idéologique du développement et du Tiers-monde comme vecteurs de reproduction des valeurs occidentales et/ou capitalistes[148]. D'autres critiques poststructuralistes du développement

---

147 Escobar A., 1997, Anthropologie et développement, p. 540, in *Revue internationale des sciences sociales*, nº 154, pp. 539-559

148 Voir Escobar A., 1995, *Encountering development the making and unmaking of the Third World*, Princeton N.J., Princeton University Press.

vont bien plus loin en déclarant que ce dernier était juste un discours, une manière de préserver une situation dans laquelle les riches devenaient toujours plus riches et les pauvres plus pauvres[149].

Jugé trop normatif, insistant trop sur le discours au détriment des pratiques qui méritent aussi d'être déconstruites autant que le discours, très idéologique, non empirique et ignorant les logiques des populations ainsi que les différentes relations qui façonnent le changement, ce courant de l'anthropologie du développement a été opposé à une autre approche résolument appliquée. Connue sous le nom de « *development anthropology* », cette approche a tenté de mettre les bénéficiaires de l'aide, à savoir les populations locales au premier plan des projets[150]. C'est le moment des théories sur la participation des populations, mais ce courant ne constituait en rien une rupture et une remise en cause fondamentale des théories développementalistes et économistes de la modernisation. Ce qui avait changé c'était simplement une amélioration dans la méthodologie de mise en œuvre des projets afin de mieux associer les populations à ceux-ci.

Considéré comme populiste en exaltant systématiquement les savoirs et pratiques populaires, en les mettant en opposition avec les savoirs et pratiques des institutions de développement, ce courant s'est heurté à la précarisation grandissante des populations rurales et à l'absence de vraie participation des populations au processus de changement qui a cours dans leur territoire. On assistera à la naissance d'un troisième courant qui tente de dépasser les dichotomies classiques et qui propose de réconcilier anthropologie fondamentale et anthropologie appliquée aux faits de développement. Cette approche postule que la recherche appliquée ne peut exister isolément de celle fondamentale. L'anthropologie appliquée doit se nourrir des résultats de l'anthropologie fondamentale et vice-versa afin que la connaissance

On trouve ce corolaire en sociologie du développement à travers la théorie de la dépendance et tous les écrits sur l'occidentalisation du monde

149 Hart K., novembre 2002, Quelques confidences sur l'anthropologie du développement, *ethnographiques.org*, n° 2 - [en ligne]. (Http://www.ethnographiques.org/2002/ Hart - consulté le 12.07.2013)

150 Voir les travaux de Cernea M., 1985, *Putting the People First. Sociological Variables in Rural Development*, London, Oxford University Press et Chambers R., 1997, *Whose reality count? Putting the Last First*, London, Intermediate Technology Publications.

produite et appliquée bénéficie de tous les garde-fous méthodologiques et de la réflexivité théorique de cette dernière[151].

À notre avis, le processus de production de savoirs et de connaissances sur le développement peut se nourrir de la dimension politique de la mise en œuvre des programmes de développement. Il s'agit de séparer le registre de la connaissance dans lequel s'inscrit le travail de recherche et celui politique qui est le propre des institutions de développement. En effet, dans un souci de dépasser ce problème autour des implications de la recherche anthropologique dans l'étude des faits de développement, une nouvelle approche s'est constituée autour de l'Association euroafricaine pour l'anthropologie du changement social et du développement et de l'Institut de Recherche pour le Développement. Ces deux organisations de recherche s'intéressent essentiellement à ce qu'Olivier de Sardan appelle « *l'enchevêtrement des logiques sociales* », et à l'hétérogénéité des acteurs qui se croisent et se confrontent autour des opérations de développement[152].

Elle recouvre deux courants indépendants, l'un, anglophone autour de Norman Long[153], l'autre, francophone autour de l'APAD. Non seulement il s'agit de refuser les visions normatives et idéologiques du développement au profit d'enquêtes empiriques, mais il s'agit aussi, désormais, de saisir toute la complexité des relations de développement aussi bien horizontales que verticales. Une telle conception offre entre autres la possibilité de sortir de la seule sphère du développement institutionnel, pour l'intégrer dans une configuration plus grande en rapport avec par exemple les modes locaux de gouvernance, le pluralisme juridique, les réseaux sociaux, les normes professionnelles liées aux métiers du développement, les dysfonctionnements des services publics, l'économie informelle et

---

151 Voir Bierschenk T., 2008, Anthropologie et développement. Historiciser et localiser les approches, version légèrement modifiée du discours d'ouverture de la conférence de l'APAD sur « Développement, libéralisme et modernité : trajectoires pour une anthropologie du changement social », 13-15 décembre 2007, Bruxelles, 22p.

152 Olivier de Sardan J-P., 1995, *Anthropologie et développement. Essai en socio-anthropologie du changement social*, Paris, APAD-Karthala.

153 Avec une orientation centrée sur les interfaces entre mondes sociaux différents, Long utilise les études de micro-actions pour éclairer des structures. Pour lui, les études centrées sur l'acteur peuvent éclairer les « microsoubassements » des « macroprocessus ».

parallèle, la décentralisation, l'économie sociale et solidaire, etc. Ainsi, le développement n'est plus traité isolément et sa compréhension, au rythme des territoires, nécessite d'être appréhendée dans un système d'interrelations et d'interpratiques dont les dimensions échappent largement aux seuls « développeurs ». Ceci fait appel à une méthodologie assez souple et ouverte, mais rigoureuse pour offrir une analyse optimale d'un objet de recherche aussi mouvant et instable que le développement.

En somme, quelle que soit la démarche théorique ou idéologique privilégiée, on semble s'entendre sur le fait suivant : au cœur du concept de développement, il y a « *un ensemble de rapports sociaux qu'il importe de démystifier, de démythifier autant sur le plan du discours, de la rhétorique ou du sens que sur celui des pratiques institutionnelles ou sur les deux simultanément* »[154]. Autrement dit, il convient de déconstruire ce « mot-valise » qu'est le développement afin de pouvoir rendre compte par l'analyse scientifique des multiples jeux d'actions qui forment sa structure.

Qu'il soit sociologue, anthropologue ou socioanthropologue, économiste ou géographe, l'homme de science du XXIe siècle doit composer avec le caractère multiforme du social. C'est ce que Fabrizio Sabelli dit clairement : « *le développement comme relation est de plus en plus l'objet d'étude de l'anthropologue moderne* »[155]. Il propose de tenir compte du fait que cette relation nouée entre pays du Sud et ceux du Nord est opacifiée par les mythes qui nous séparent des Autres. Il s'éloigne des approches dichotomiques, en rejoignant ainsi les analyses de l'APAD et propose d'envisager le développement comme *altérité anthropologique* et non pas comme une suite d'oppositions binaires, par exemple, entre tradition et modernité. Ce qui le pousse à ajouter que : « *pratiques de reconstitution signifie qu'il faut essayer de percevoir les autres sociétés sans préjuger du sens qu'elles donnent à leur existence sociale et historique, pour découvrir leurs lignes de force profondes, même lorsqu'elles sont partiellement cachées par un vernis de modernité. Cela ne veut pas dire retourner en arrière, mais recomposer le passé avec le présent*

---

[154] Labrecque M-F., 2000, L'anthropologie du développement au temps de la mondialisation, *Anthropologie et Sociétés*, Vol. 24, n° 1, *Terrains d'avenir*, pp. 57-78, Québec, Université Laval.

[155] Sabelli F., 1993, *Recherche anthropologique et développement. Éléments pour une méthode.* Ed. de l'Institut d'Ethnologie, Neuchâtel, Ed. de la Maison des Sciences de l'Homme, Paris, p.8 (176 p)

d'une façon originale (qui tienne compte des origines) et spécifique (qui tienne compte des valeurs de la société) »[156].

Ce sont là les prémices d'une approche méthodologique qui permettrait selon Sabelli d'« *atteindre la complexité de la relation de développement* »[157] ; or, comme cette relation est unique et particulière, elle oblige le chercheur comme le praticien à « *concevoir à chaque occasion une démarche adaptée aux contraintes inhérentes à la nature de la relation* »[158]. C'est sans doute cette dimension qui manque à la théorie et à la pratique sur le développement. Cependant, la socioanthropologie que nous privilégierons dans cette analyse a proposé une définition du développement en tentant de réconcilier les structures sociales et les dynamiques anthropologiques locales propres aux acteurs à travers l'examen du « champ » de rencontre de ces deux ordres de réalité.

3. Le développement local : dynamique des acteurs et espace local

Porter une réflexion en termes de développement local implique de partir d'une hypothèse simple : la qualité des relations qui lient les acteurs dans la proximité d'un territoire contribue à produire de nouvelles dynamiques et de nouvelles marges de manœuvre propices à la floraison de nouvelles initiatives de développement. En ce sens, il revient à penser que l'espace local n'est pas uniquement sujet à des dynamiques exogènes, mais qu'il est rendu dynamique par les hommes et les femmes qui l'habitent. Le développement local peut, dans cette perspective, être considéré comme un processus qui impulse et consolide les dynamiques locales avant de favoriser une ouverture du territoire aux dynamiques externes pour mieux garantir une amélioration substantielle du vivre ensemble et du bien-vivre de tous. Cette dimension collective du développement local occulte souvent une approche centrée sur les individus porteurs d'initiatives propres,

---

156 Sabelli F., *ibidem*, p.17
157 *Ibidem*, p.33
158 *Ibidem*, p.35

de projets propres dont la réussite ou l'échec influe également sur la qualité de vie globale du territoire.

À l'heure de la globalisation, un équilibre est plus que jamais nécessaire entre les dynamiques du dehors et celles du dedans, défi auquel sont soumis les territoires ; asseoir et consolider une identité territoriale tout en composant avec des partenaires et acteurs externes. Selon Bernard Pecqueur, « *d'une manière générale, le développement local, sous ses aspects les plus spontanés, décrit les modalités d'adaptation et d'initiative autonome des producteurs de biens et services aux mutations profondes que connait l'économie mondiale. Ce passage par une reterritorialisation des stratégies d'acteurs s'accompagne d'une mondialisation des échanges. Cela tendrait à démontrer que, aujourd'hui, l'internationalisation des marchés exige comme qualité première la capacité à s'adapter et innover, plus que la seule capacité à produire. Le territoire devient le creuset des mutations planétaires. Bref, le local et le mondial sont les deux facettes d'un même mouvement d'ajustement* »[159].

Ainsi, le développement local dépasse le seul facteur de la croissance économique qui a longtemps occupé le contenu du concept. Il se complexifie et tente de trouver un équilibre entre les dimensions économiques, sociales et culturelles, piliers de durabilité et gages d'un lien social dynamique. En outre, pour Bernard Vachon, « *la prise de conscience de l'inefficacité des politiques traditionnelles pour redresser la situation des territoires en difficulté a donné naissance à une démarche complémentaire : le développement local. Cette stratégie de lutte contre l'extinction systématique a vu le jour au sein des collectivités et des régions fragilisées et marginalisées qui refusaient la fatalité du déclin. Cette démarche est une réponse de solidarité contre une agression violente qui, si elle n'est pas enrayée, mènera tout droit à l'exclusion. La stratégie que préconise le développement local s'appuie sur trois principes fondamentaux :*

- *Le développement ne découle pas uniquement de la fonction ni de la valeur économique des activités et de l'organisation sociale des individus ;*

---

[159] Pecqueur B., 2000, *Le développement local*, Syros, Alternatives économiques, 2e édition, Paris, p. 129
Voir Lévesque B., 2003, Le développement local et régional avant et après la mondialisation, in *Quel avenir pour les régions ?* Sous la direction de Louis Favreau, Martin Robitaille et Daniel Tremblay, Chaire de recherche du Canada en développement des collectivités, Université du Québec en Outaouais, p. 153 à 183.

- *Le développement ne relève pas seulement des grands systèmes macroéconomiques ni des institutions centralisées. Il est aussi largement lié aux micro-initiatives ;*
- *La personne constitue la force motrice du développement* »[160].

D'après ces quelques définitions liminaires, le développement local apparaît à notre esprit comme un processus de diversification et de renforcement techniques de la dynamique socioéconomique d'un ensemble territorial local avec une méthodologie d'action basée sur la mobilisation et la coordination des acteurs et des ressources matérielles et immatérielles localisées dans le territoire. Mais il s'agit aussi d'une réponse à la fragilisation et la dévalorisation de certains « petits territoires » par l'effet de la mondialisation. Aujourd'hui, la complexification de la réalité du développement local pose de multiples défis aux praticiens comme aux théoriciens tant cette notion est chargée de sens. Elle désigne à la fois une posture théorico-pratique par rapport à la question du développement aussi bien dans les pays développés que ceux dits pauvres, une méthode d'action pour le changement des territoires locaux. Autrement dit, le développement local se présente à la fois comme un objet d'analyses pour beaucoup de sciences et une pratique pour les organismes de développement à travers les politiques et les actions qui s'en réclament.

Nous retiendrons ces deux dimensions et les différencier ne nous paraît guère pertinent, car la pratique du développement local se nourrit de sa théorie et cette dernière se perpétue par les diverses recherches empiriques et les multiples expériences conduites sur les territoires.

3.1. Le développement local comme posture théorique et démarche pratique

Traiter du développement local comme posture et démarche c'est porter une réflexion sur ses exigences économiques et sociales, mais aussi environnementales et territoriales, et sur les conditions nécessaires à sa mise en œuvre. Avec la floraison de publications sur cette notion, l'objet et le contenu du développement local sont devenus

160 Vachon B., 1993, *Le développement local : théorie et pratique. Réintroduire l'humain dans la logique de développement*, Gaëtan Morin, p. 74 (331 p)

de plus en plus flous à décrire et à conceptualiser. Cependant, pour certains auteurs qui préfèrent utiliser le terme de développement communautaire[161], il est le résultat de l'échec de l'État à conduire un changement viable. Pour d'autres, il est une réponse à l'expansion du courant de la mondialisation, ou aussi, un espace de maturation et d'autonomisation des acteurs privés face à des pouvoirs politiques nationaux défaillants ou prédateurs. Une ligne directrice se dégage de ces constats lacunaires : **le développement local est une réponse à la centralisation du processus de mise en œuvre du changement.**

Plusieurs décennies après les lois de décentralisation en France, la plupart des pays francophones d'Afrique de l'Ouest ont entamé une réflexion sur le rôle des collectivités territoriales dans le développement[162]. Si en France l'avènement du développement local est lié à la problématique de l'aménagement du territoire, en Afrique de l'Ouest en général et au Sénégal en particulier, le développement s'est construit avec des logiques différentes même si la question toujours transversale de l'aménagement du territoire peut y être retrouvée. Ainsi, deux tendances qui s'entrecroisent dialectiquement ont façonné la conception du développement local en Afrique :

- Le développement local comme posture théorique de contestation d'un ordre politique et économique mondial,
- Le développement local comme pratique autre du changement.

En effet, John Friedmann et Walter Stöhr ont proposé de mettre en place la théorie du développement endogène. Il s'agit d'une conception basée sur un territoire plus ou moins restreint qui appréhende le changement comme une démarche s'appuyant sur les acquis du territoire et sur ses ressources. Elle se fonde sur une reconnaissance des traditions industrielles locales en insistant sur la

[161] Gingras P., L'approche communautaire, dans Doucet L., et Favreau L., 1991, *Théorie et pratique en organisation communautaire*, Sainte-Foy, Les presses de l'Université du Québec, p. 187-200. (488 p).
Voir Rapport d'étude des Directions des services Professionnels, CRDI, Montérégie-Est, Février 2003, « L'approche communautaire : Cadre de Référence », Montréal.

[162] Leloup F., et al. 4/2003, Le développement local en Afrique de l'Ouest : quelle(s) réalité(s) possible(s), *Mondes en développement*, nº 124, p. 95-112.

prise en compte des valeurs culturelles locales et sur le recours à des modalités de coopération à l'échelle de la localité.

Dans plusieurs pays, le développement endogène ou local ou encore communautaire selon les sensibilités théoriques et idéologiques possède une commune référence politique, sociale et économique qui prend son essor avec les politiques de décentralisation sur lesquelles il repose. Seulement, la décentralisation dans son acception économique faciliterait l'extension de la logique de marché jusque dans des territoires non structurés et non contrôlés. Dans certains pays comme le Sénégal, le processus de décentralisation a évolué sous la pression des bailleurs de fonds internationaux notamment la Banque Mondiale et le FMI, soumettant les États au principe de conditionnalité[163]. En outre, cette pression financière a poussé certains États à transférer les contraintes liées au déficit des finances publiques et à reporter les problèmes de budget à l'échelon décentralisé. Ces collectivités locales naissent avec déjà beaucoup de freins pour leur autonomie et pour la planification économique du développement local avec une tutelle prononcée de l'État central[164]. Ainsi, au nom de la coopération décentralisée et avec le vent de la mondialisation, les collectivités locales du Sud et leurs populations sont autant de cibles pour le capitalisme moderne, alors qu'elles ne sont pas assez outillées pour faire face à la pénétration du marché financier mondial.

En Afrique, la montée en puissance des approches de développement local au lendemain des indépendances résulte d'une série de constats d'échecs de politiques centralistes en cherchant à valoriser et à mettre en avant des idées et des expériences menées depuis longtemps dans plusieurs pays, mais jusque-là ignorées et non valorisées[165]. Pendant plusieurs décennies, le développement s'est construit à partir de l'extérieur et imposé à des populations locales pressées de sortir du goulot de la pauvreté. Sans doute, cet état de

---

[163] Le principe de conditionnalité se justifie par le fait que les institutions de prêt veulent s'assurer que les prêts seront utilisés efficacement selon des garanties établies. Elles se réservent le droit de refuser ces prêts si ces garanties ne sont pas possibles ou ne sont pas acceptées par les Etats.

[164] Dafflon B., Madiès T., (dir.)., 2011, *L'économie politique de la décentralisation dans quatre pays d'Afrique subsaharienne Burkina Faso, Sénégal, Ghana et Kenya*, The World Bank, AFD, 362p.

[165] Exemple des tontines, des mutuelles de santé, des techniques de culture agricole aujourd'hui encore revisitées

pauvreté les rendait crédules vis-à-vis des gouvernants et des acteurs extérieurs avec le poids social et culturel de l'héritage colonial. Le mode de gouvernance verticale se décrédibilisait de plus en plus laissant place à une tendance nouvelle de gouvernance horizontale ou de développement par le « bas ». Des revues comme *Afrique Relance*[166] se sont fait l'écho des insuffisances notables des programmes économiques imposés depuis l'extérieur, en mettant l'accent sur la nécessité pour chaque pays indépendant d'élaborer sa propre stratégie de développement en phase avec ses caractéristiques propres[167]. Ces deux problèmes sont encore d'actualité en Afrique à l'heure où la question du développement local est posée avec plus d'insistance.

Depuis quelques années maintenant, le contexte a profondément changé, tant au niveau du discours politique qui prône de plus en plus les termes de bonne gouvernance, que sur le plan de l'esprit de la construction des politiques nationales désormais tournées vers le « bas ». On est passé d'une perception de l'espace local comme lieu d'applications de politiques décidées à l'extérieur, à une perception du territoire comme moteur de changement grâce à la valorisation de la dynamique de ses acteurs. Et pourtant Jean-Marc Ela, dans ses analyses sur la situation de pauvreté de l'Afrique, a longtemps préconisé d'accorder plus de valeur aux actions émanant du « *monde d'en bas* »[168]. Accordant une place importante aux caractéristiques matérielles et immatérielles de l'Afrique, il déclarait que « *les ressources tant humaines que matérielles, et les gisements de sens qu'elle porte annoncent que l'Afrique est peut-être le continent de l'avenir* ».

Ainsi, théorisé par beaucoup d'auteurs, le développement local est apparu comme un moyen de contestation d'un ordre mondial centralisé tant sur le plan économique que politique et qui était (et est encore) considéré comme une négation des formes sociales et culturelles autres. La classe intellectuelle africaine de l'après-indépendance en a fait son cheval de bataille pour revendiquer une place plus noble à l'Afrique dans l'échiquier mondial, pour dénoncer

[166] Afrique Relance, *L'Afrique toujours en quête d'un véritable partenariat*, Département de l'Information des Nations Unies, Vol.16, N°2-3, Septembre, 2002.

[167] Le CODESRIA travaille beaucoup sur la problématique du développement local, par une réappropriation des sciences sociales qui produit le savoir sur le développement afin de le construire des réalités de chaque pays.

[168] Ela J-M., 1998, *Innovations sociales et renaissance de l'Afrique noire. Les défis du « monde d'en bas »*, Paris, l'Harmattan, 422p.

la négation de l'historicité et la dynamique de l'homme noir[169]. Même constat pour Joseph Ki-Zerbo pour qui le développement est « *clé-en-tête* », processus qui découle des capacités intellectuelles et innovantes des acteurs locaux et non « *clé-en-main* », qui supposerait que le développement soit un package livré et appliqué directement au territoire tel un « prêt-à-porter »[170]. Il prône un processus endogène, construit et porté par les populations locales. À cet effet, on assiste de plus en plus à une volonté de responsabilisation endogène dans les manières de penser et de construire le bien-vivre des populations locales. Car il faut le rappeler, « *... le progrès ne s'impose pas comme une force qui viendrait de la ville ou de l'étranger, mais que les paysans et les paysannes d'ici en soient eux-mêmes les promoteurs* »[171].

Au Sénégal, le développement local s'est construit et renforcé avec les politiques de décentralisation et notamment la mise en œuvre de beaucoup de programmes à la base comme principalement le Programme national de Bonne Gouvernance (PNBG) adopté en juin 2002 et le Programme national de Développement local (PNDL) démarré en 2007. À l'heure du renforcement des acquis de ces programmes, il s'agit aussi de jeter un regard critique sur le modèle de développement local au Sénégal principalement dans la Commune rurale de Fandène au regard des grandes tendances et théories dans ce domaine. Les constats montrent qu'il reste beaucoup à faire pour satisfaire aux principes du développement local et de la décentralisation qui le soutiennent.

La décentralisation politique et administrative au Sénégal se fait encore toutefois par le haut avec une réelle dépendance des collectivités locales vis-à-vis du centre, Dakar. À cet effet, on confond facilement la notion de « représentation élective » avec celle de « participation des populations » dans l'élaboration et la planification du développement local, ce qui constitue à notre sens un biais dans la

---

169 Ela J-M., 1994, *Restituer l'histoire aux sociétés africaines. Promouvoir les sciences sociales en Afrique noire*, Paris, L'Harmattan, 144p.
Etounga-Manguelle D., 2009, *Vers une société responsable. Le cas de l'Afrique*, Paris, L'Harmattan, 94p.
Les travaux de Cheikh Anta DIOP abordent dans le sens d'une reconnaissance culturelle de l'Afrique.

170 Ki-Zerbo J., 1992, *La natte des autres, op.cit.*

171 ENDA Graf Sahel., 1993, *La ressource humaine, avenir des terroirs. Recherches paysannes au Sénégal*, Enda Graf Sahel-Karthala, p. 13

conception du développement local et de la décentralisation. Le processus de décentralisation existe à travers les multiples lois votées et les textes législatifs qui le structurent et est en cours de perfectionnement. Mais force est de constater qu'il reste, à bien des égards, incomplet. D'abord, les « gouvernements » locaux ne disposent pas des compétences nécessaires et des ressources économiques suffisantes pour programmer leur propre développement, les communes nouvellement installées ont hérité de ces insuffisances et fonctionnent comme les anciennes communautés rurales. Ensuite, les associations locales, les organisations de la société civile éprouvent de grandes difficultés pour préparer des projets et les mettre en œuvre efficacement. Enfin, le secteur privé rural est presque inexistant et ne fait pas preuve d'un dynamisme visible en termes d'initiatives d'investissement et d'entreprise, quelques entreprises privées, mais précaires étant visibles dans le territoire de Fandène. Ceci par manque d'encadrement technique, de disponibilités des ressources économiques et de non-valorisation de l'entrepreneuriat local.

De façon générale, on ne trouve pas encore, au Sénégal comme dans la plupart des pays dits pauvres, les conditions qui permettraient la mise en œuvre d'un « développement local » qui s'appuierait sur les bases d'une politique de décentralisation adéquate. L'articulation de l'esprit de la décentralisation avec les projets et programmes élaborés au niveau local ferait du développement un mode normal de fonctionnement de la société, d'où l'idée du concept de « territoire de développement » que nous proposons dans cet ouvrage.

Par ailleurs, depuis plusieurs décennies, une multiplicité de projets localisés s'est proposée au Sénégal avec l'aide des ONG en introduisant des méthodes de « développement local participatif », mais il ne s'agit que de projets circonscrits et souvent tributaires d'une aide extérieure. À ce jour, ces formes d'expériences se poursuivent et certaines ont atteint une maturité et une expérience pour servir de base et de référence pour des stratégies nationales de changement au niveau rural. Ces logiques sont encore embryonnaires pour construire les bases d'un développement local soutenu. Car si des progrès certains ont été accomplis, notamment dans les méthodes de travail dans les collectivités locales, dans d'autres domaines, cependant, il reste encore beaucoup à faire, en particulier dans le domaine de la promotion des initiatives des communes rurales de base (surtout dans le secteur privé rural) et dans celui des articulations entre ces initiatives et les processus de programmation du développement à l'échelle des petites régions et des gouvernements locaux. C'est tout le problème de la gouvernance territoriale qui se pose actuellement dans la compréhension du processus de développement local au Sénégal.

Ainsi, en prolongement du développement local comme posture théorique ou idéologique face à la centralisation de la marche du monde, il y a une conception connexe qui renvoie aux diverses manières de construire le bien-vivre d'une population donnée. En ce sens, il est démarche, méthodologie, différente d'un contexte à un autre, et rend compte d'une appropriation locale différenciée de ses mécanismes à l'échelle d'un territoire déterminé. Le développement local est donc davantage une méthode, qu'une nouvelle théorie qui compléterait ou se substituerait aux précédentes qui auraient, dit-on, échoué. Avec des dimensions sociales, symboliques en plus de celles économiques ; le développement se présente comme un projet humain total dont le processus doit être enclenché du bas avec une meilleure implication des populations locales, des chercheurs, de la société civile, du public comme du privé, d'où l'idée avancée par les auteurs de l'ouvrage *Développement local et communautés rurales*[172], d'un développement local se rapportant aux diverses initiatives mises de l'avant, dans un cadre d'action partenariale, par les acteurs intéressés par l'amélioration des conditions de vie dans leur environnement immédiat.

À cet effet, le développement local se fonde sur une responsabilisation des territoires locaux en matière de programmation, de gestion des ressources financières affectées au changement, d'exécution et de suivi des programmes d'action surtout avec la mise en place d'une bonne politique de décentralisation territoriale. Comme le note Bernard Pecqueur : « *depuis plus d'une vingtaine d'années, on a vu apparaître une théorie dite du "développement par en bas". Elle oppose au capitalisme dominant le potentiel local d'organisation. Face à la logique du profit qui impose, soumet et détruit, les adeptes du développement par en bas*

---

[172] Arab M. et Lazarev G., 2002, *op.cit.*

proposent une logique d'autonomie, c'est-à-dire un mode alternatif de développement endogène et localisé où l'on compte sur ses propres forces »[173].

À travers ces propos, l'auteur insiste sur la nécessité de dépasser l'emprise de l'économique dans le processus de ce qu'il appelle le développement « par en bas ». Mais en outre, la logique d'autonomie responsabilise les territoires locaux et met en exergue le potentiel social, culturel et technique en opposition au parachutage des modèles et stratégies de développement par le système capitaliste purement « économiciste ».

Non loin de ces analyses, les auteurs Grigori Lazarev et Mouloud Arab définissent à leur tour le concept en ces termes : « *le développement local est entendu comme un cadre d'action politique et programmatique où convergeraient dans une aire régionale cohérente, des stratégies de développement rural s'adressant principalement aux communautés rurales, des stratégies de promotion de l'urbanisation intermédiaire et de diversification des emplois offerts aux ruraux, enfin des stratégies de gestion des ressources naturelles* »[174].

Suivant cette conception on peut noter que le développement local suppose une cohérence territoriale, un territoire organisé, un souci de programmation interne, des objectifs de changement clairement établis à l'intention de l'emploi des ruraux, d'appui aux initiatives rurales tout en veillant à la gestion des ressources naturelles. Elle implique une convergence de ces stratégies, faisant du développement local un processus multiforme avec plusieurs dimensions à prendre en compte et à promouvoir. La dimension économique perd de sa centralité au profit d'autres aspects tout aussi importants comme l'environnement. Par contre, on ressent moins l'articulation entre le local et le global, ou les effets du global dans la programmation et la mise en œuvre de ces stratégies déclinées par les auteurs.

Si le développement local doit être rattaché au territoire, réduit à une stratégie appliquée à l'échelon mésoéconomique se rapportant au niveau microrégional, il doit aussi être globalisé, c'est-à-dire tenir compte du caractère multidimensionnel du processus et des effets de

---

173 Pecqueur B., 2000, *Le développement local. Pour une économie des territoires*, La Découverte & Syros, p. 38

174 Arab M. et Lazarev G., *op.cit.* p. 15

l'influence internationale. Car, dans un contexte où les gouvernements centraux tendent, faute de moyens et d'imagination, à se départir de leurs responsabilités, dans un contexte de mondialisation des pratiques et des logiques sociales, le développement local doit être conçu comme une démarche s'appuyant sur une prise en compte de l'interrelation entre le centre et la base, entre le local et le global. Ce courant s'élève contre la « dictature » des grandes structures qui rendent stérile l'imagination créatrice des acteurs locaux et annihile les ressources humaines. Le pari est donc à la promotion des connaissances locales longtemps méconnues ou sous-estimées par les organismes de développement sans pour autant tomber dans le piège du localisme. Cette idée de valorisation du territoire local a conduit Lazarev et Arab à définir un cadre de partenariat regroupant plusieurs niveaux d'acteurs autour du développement local :

- *Le partenaire institutionnel local* (organismes étatiques de base) ;
- *Les communautés rurales* ; (les collectivités locales)
- *Les organisations de la société civile (ONG, GIE, Association…) ;*
- *Le partenaire féminin* regroupant l'ensemble des organismes de type GIE, GPF, MFR majoritairement constitués de femmes comme c'est le cas à Fandène.

Ce cadre de partenariat tient compte du maillage institutionnel local pour mieux mettre en valeur les organisations locales souvent oubliées dans les projets de développement au sud du Sahara. Mais il souffre de son manque d'ouverture et d'intégration des acteurs extérieurs. L'importance du réseau s'étend au-delà du seul territoire concerné par l'action de développement local, elle concerne aussi d'autres partenaires d'autres horizons dont le but est souvent d'aider des populations locales en situation de pauvreté à améliorer leur quotidien. Dans le même sillage, Rosnert Ludovic Alissoutin nous livre un diagnostic critique sur le processus de développement au Sénégal. Dans son ouvrage *Les défis du développement local au Sénégal*[175] l'auteur montre que l'observation de l'évolution et des contraintes des dynamiques dites de développement local autorise à penser que le phénomène du développement local devra, pour maintenir l'engouement qu'il a suscité au lendemain de l'échec des solutions

[175] Alissoutin R. L., 2008, *Les défis du développement local au Sénégal*, Conseil pour le développement de la recherche en sciences sociales en Afrique, 189p

étatiques dirigistes et centralisatrices et à l'heure des politiques de décentralisation, résoudre l'équation du point d'équilibre entre le local et le global et réconcilier la légitimité de la démarche à l'efficacité de l'action.

Cette problématique est toujours d'actualité, car le Sénégal, pays essentiellement rural, eu égard à ses caractéristiques géographiques, humaines et socioéconomiques, n'aura un développement viable que si ce dernier a un soubassement rural et local. Seulement un changement de mentalité s'impose dans la conception du « rural » souvent assimilé au retard et à l'imperfection.

Et pourtant selon le diagnostic d'Alissoutin, le développement local en milieu rural dispose, en effet, d'importants atouts sur lesquels on peut se baser :

- Les populations rurales sont généralement solidaires et peuvent s'appuyer sur cet avantage pour entreprendre des actions communes d'envergure, sécurisées par le respect collectif du bien commun qui reste, malgré tout, une valeur présente dans la conscience populaire traditionnelle. Un tel atout s'effrite de plus en plus avec les effets de la modernité ;
- Le principe de la décentralisation, introduit dans le monde rural depuis plus de trente ans au Sénégal, est un acquis précieux ayant subi d'importantes réformes progressistes qui autorisent les acteurs locaux à intervenir dans des domaines aussi variés que la santé, l'environnement, l'éducation, la jeunesse, etc.[176]
- Des partenaires externes de plus en plus nombreux appuient la décentralisation et le développement local en mobilisant d'importants moyens financiers, souvent au bénéfice direct des populations[177].

Mais, malgré ces atouts qui résument à eux seuls les leviers du développement local, il demeure dans les collectivités rurales du Sénégal une apparente léthargie qui pourrait être perçue comme un frein à toute avancée vers plus de bien-vivre social. Habituées à être

[176] Les actes III de la décentralisation font l'objet de réflexion actuellement pour tirer les leçons des anciens dispositifs et proposer de nouvelles orientations correctives.
[177] Alissoutin R. L, *op.cit.* p. 2-3

aidées, les collectivités rurales sénégalaises subissent un retard économique et social malgré les multiples programmes d'aide et d'appui. Cette situation incite à une réflexion profonde sur les stratégies mises en œuvre pour le développement local en milieu rural et à explorer d'autres formes d'actions pour changer les mentalités des collectivités territoriales locales.

En outre de ce diagnostic sur le développement local au Sénégal, l'auteur met en exergue quelques problèmes qui freinent selon lui les efforts de changement. L'observation transversale des dynamiques des acteurs dans la mise en œuvre du développement local est révélatrice d'un certain nombre de contraintes plus ou moins constantes. Ces contraintes sont, d'une part, d'ordre culturel comme, la faiblesse de l'engagement des populations, la survivance d'attitudes traditionnelles anachroniques, les biais des interventions des partenaires au développement et le déficit d'esprit citoyen. D'autre part, ils sont d'ordre systémique et sont liés à l'environnement général comme, les problèmes de financement, le retard économique et la politisation du développement à l'échelle locale et nationale. Pourtant, selon l'auteur, les bailleurs de fonds, les ONG ont largement contribué à l'appui au développement local, là où l'État a montré ses limites. Seulement, ces interventions sont pour la plupart source de tensions comme par exemple l'introduction dans le monde rural du « *per diemisme* », pratique contraire aux principes de volontariat et de participation libre[178]. La critique de l'auteur se poursuit dans son ouvrage et traite encore d'autres aspects comme l'apport de la décentralisation comme outil de développement local. Il relèvera aussi d'autres problèmes tant au niveau de la culture des populations sénégalaises qu'au niveau du rôle fantôme ou opportuniste des agents de développement[179]. Un point de vue réducteur que nous ne partageons pas au regard de la situation observée à Fandène.

En effet, depuis plusieurs décennies, les projets de développement se bousculent dans les communautés rurales du Sénégal[180],

[178] Consulter l'intéressante étude proposée par Ridde V., 2012, Réflexions sur les per diem dans les projets de développement en Afrique, *Bulletin de l'APAD* [En ligne], 34-36, consulté le 20 septembre 2013 disponible sur http://apad.revues.org/4111
[179] Alissoutin R L., *op.cit.* p. 92
[180] Devenues des communes avec l'acte 3 de la décentralisation

principalement dans la Commune rurale de Fandène,[181] mais on a l'impression que celles-ci stagnent ou s'appauvrissent davantage. Beaucoup de ces projets sont éphémères et n'ont laissé aucun impact réel après plusieurs années de présence, à part quelques statistiques inexploitables. Les projets et programmes sont si nombreux que les bailleurs eux-mêmes s'imposent une certaine coordination et même parfois un certain partage du territoire pour éviter les empiétements et doubles emplois même si ces derniers subsistent toujours du fait de la concurrence entre opérateurs de développement.

Malheureusement, les populations ne voient pas toujours l'impact concret de cette floraison de projets en termes de mise en place d'infrastructures adaptées et rentables et d'accroissement significatif de leur niveau de vie. Elles deviennent à juste titre le biais par lequel des systèmes s'enrichissent au nom du développement qui se traduit en une vaste industrie rentable. Car tant qu'il y aura pauvreté, il y aura des projets pour tenter de l'enrayer et plus il y aura de financements et des hommes qui dépendent et vivent de cette manne financière importante. Michel Crozier, dans sa théorie des organisations[182], a montré que dans toute organisation, la poursuite de la mission officielle peut être compromise par l'irruption des intérêts personnels divers et divergents des agents respectifs chargés de cette mission. Ce principe est aussi à l'œuvre dans les organisations qui poursuivent une mission altruiste lorsque les personnes chargées de conduire cette mission sont motivées par des préoccupations strictement salariales ou de position sociale et politique. C'est ce que dépeint aussi Olivier de Sardan lorsqu'il compare le territoire local comme une arène ou des personnes ou groupes de personnes mieux placés que d'autres, mettent en œuvre toute forme de stratégies pour capter les retombées liées à l'aide[183].

Cependant, si le développement local reste souvent associé à une posture pratique et politique au regard des méthodes utilisées et des actions mises en place pour encourager et mobiliser la dynamique territoriale locale ; il n'en demeure pas moins que des travaux scientifiques dans plusieurs domaines disciplinaires permettent de

---

[181] Enda, 1993, *op.cit.*
[182] Crozier M., Friedberg E., 1977, *L'Acteur et le Système*, Paris, Le Seuil.
[183] Olivier De Sardan., 1995, *op.cit.*

justifier la modélisation de cette approche au niveau théorique et méthodologique.

L'ouvrage de Bernard Vachon, *Le développement local. Théorie et pratique. Réintroduire l'humain dans la logique de développement*[184] est un guide, une référence pour les acteurs, les praticiens œuvrant à l'échelle locale. Il constitue un travail théorique et pratique fort bien élaboré sur la réalité du développement local en alliant ses aspects économiques, politiques et sociaux.

À l'instar de l'ouvrage de Bernard Vachon, le livre de Xavier Greffe, *Le développement local*[185], plus récent, constitue aussi une référence théorique dans le domaine. Cet ouvrage s'est construit autour des enjeux du développement au niveau d'un territoire dont on peut ajouter l'adjectif local. Selon les termes de l'auteur, cet ouvrage tente de « *montrer comment pour chaque territoire, le développement local est devenu une stratégie d'organisation de ses propres conditions de développement* »[186]. Publié en 2002, cet ouvrage passe en revue les différentes conceptions du concept et expose des pratiques encore en vogue dans le milieu de l'action sociale en territoire local.

C'est dans cette perspective que l'approche par le développement local propose une autre vision du changement. Ainsi, elle permet désormais de constater que le développement d'une collectivité territoriale n'est pas simplement le résultat d'actions économiques et ne dépend pas uniquement de l'apport de grandes industries et de grandes institutions centralistes. Le développement est aussi et en même temps le fruit d'initiatives locales, formelles ou informelles, conduites par la mobilisation des acteurs locaux autour de projets à forte valeur intégrative et sociale prenant appui sur la disponibilité exclusive des ressources locales du territoire. Cette approche tente de réconcilier l'économique et le social, entendu au sens large (intégrant, le culturel, le politique, le symbolique), en replaçant l'homme au centre des processus économiques et sociaux, en tant qu'acteur et bénéficiaire final des actions collectives initiées. Pour redonner voix aux adeptes de cette approche, le développement ne se réduit pas à la croissance

---

[184] Vachon B., 1993, *Le développement local. Théorie et pratique. Réintroduire l'humain dans la logique de développement*, Gaëtan Morin, 331p

[185] Greffe X., 2002, *Le développement local*, Éditions de l'aube, Datar, 200p

[186] Greffe X., *op.cit.* p.7

exponentielle des ressources matérielles et des services qui les accompagnent, mais doit ouvrir sur des possibilités d'intégration de ressources immatérielles, sociales et culturelles dans la définition du *bien-vivre*[187] des acteurs pris à l'échelle de leur territoire. C'est ce que les sociologues Jean-Yves Dartiguenave et Jean François Garnier préconisent en ces termes : « *l'heure est avant tout à la concentration des énergies sur des questions d'organisation et de management au détriment d'une réflexion sur les buts et le sens des dispositifs en lien avec une problématique humaine* »[188].

Sur le plan opérationnel et pragmatique, la démarche du développement local s'appuie généralement sur trois principaux niveaux d'actions que partagent presque toutes les institutions de développement : le diagnostic, la stratégie ou planification et l'évaluation après mise en œuvre :

- D'abord, la mise en œuvre d'outils méthodologiques destinés à la collecte d'informations intéressantes et stratégiques sur les ressources dont dispose le territoire et sur lesquelles l'action peut s'appuyer.
- Ensuite, l'identification et la mise en œuvre de l'action avec la mise en place d'une démarche de concertation, d'implication des acteurs locaux de manière à impulser une dynamique autour des projets à réaliser.
- Enfin, le déroulement de la feuille de route des projets pertinents avec la formalisation d'un système de gestion, de suivi et d'évaluation des actions entreprises impliquant l'apport des populations et leur formation pour les prises de décision.

À côté de ces caractéristiques du développement local, surtout avec son articulation avec la notion de projet dans les pays dits pauvres, on peut dresser un constat sur la situation du Sénégal où tout demandeur d'emploi rêve de travailler dans une ONG ou un projet, plutôt que de se contenter d'un traitement souvent modeste de la fonction publique ou d'un salaire aléatoire d'un secteur privé soumis aux secousses de la conjoncture. Dans certains organismes de renom, les salaires sont

---

187 Terme utilisé par Edgar Morin en lieu et place de « bien-être » jugé très matérialiste.
188 Dartiguenave J-Y., Garnier J-F., 2003, *L'homme oublié du travail social*, Ed ERES, p. 10 - 246 p.

souvent supérieurs à ceux d'un cadre de l'administration. Ainsi, le monde du développement fait partie des premiers secteurs qui emploient le plus au Sénégal. Une bonne chose sans doute pour la jeunesse, mais qui peut présenter des limites. C'est devenu un corps de métiers à part entière, une manne économique non négligeable pour s'extirper de la pauvreté ambiante, à tel point que certains projets deviennent de vraies corporations familiales où l'on multiplie les recrutements par « bras longs » et par connivence familiale.

Par ailleurs, on sait avec Michel Crozier[189] que dans une collectivité organisée la mission officielle peut être compromise par les effets des intérêts personnels des agents respectifs qui en ont la charge. Dans la pratique, sans vouloir généraliser de telles actions, il arrive que des agents de projets inventent des missions inutiles et fantômes pour empocher des indemnités de déplacement, bâclent des études de terrain sanctionnées par des rapports truffés de chiffres plagiés ou inventés, organisent des séminaires à volonté pour tirer profit des retombées financières de la restauration de masse, réalisent les infrastructures et équipements avec des matériaux de basse qualité autres que ceux prévus dans les documents officiels, « négocient » avec les fournisseurs, mettent en œuvre des astuces pour utiliser le téléphone du service à des fins privées, etc. Beaucoup de cadres de projet font même de la consultance clandestine ou sous-traitée. Ainsi, loin d'être une vocation ou une passion, le métier d'agent d'appui au développement local est, pour beaucoup, un gagne-pain. Des « amateurs » se voient confier des missions de recherche, d'animation ou de formation au détriment des experts et des bureaux d'études légalement constitués. Leur présence dans le champ du développement local n'est justifiée, ni par des diplômes obtenus, ni par une expérience avérée, ni par des publications de nature à accréditer leurs compétences. Elle ne l'est que par un système de clientélisme largement présent et dépeint par les spécialistes[190]. Les fonds signés dans les protocoles d'accord n'arrivent jamais intégralement aux populations destinataires, car une bonne partie se volatilise dans les systèmes de corruption de masse ou de clientélisme bureaucratique.

---

[189] Crozier M., Friedberg E., 1981 (1977), *L'acteur et le système : Les contraintes de l'action collective*, Seuil.

[190] Dahou T., 2004, *Entre parenté et politique : Développement et clientélisme dans le Delta du Sénégal*, Paris, Karthala / Dakar, ENDA GRAF Sahel, 364p

À l'image d'autres problèmes de société, la pauvreté est source de richesse, car elle fait vivre décemment des chercheurs, formateurs, animateurs, conseillers, consultants, experts… On ne peut certes pas interdire aux agents d'avoir un salaire ou même les pousser à promouvoir un bénévolat tous azimuts, on ne peut certes pas reprocher à un agent d'un projet de développement de se préoccuper de sa propre carrière, mais cette préoccupation ne doit pas compromettre l'atteinte des objectifs du projet dont il est partie prenante dès l'instant qu'il l'intègre et quel que soit son niveau de responsabilité. Certaines habitudes négatives de ces agents d'appui au développement sont copiées par les acteurs locaux ; c'est le cas du « *perdiemisme* » [191] où certaines convocations à des réunions « normales » de fonctionnement font l'objet de rémunérations même pour des autorités publiques n'hésitant pas à demander des frais de déplacement et du carburant alors que les interventions se passent sur leur territoire. Les rentes du développement existent bien alors, et les institutions locales inscrivent la destinée des populations locales dans un temps cyclique, circulaire qui ne profitent qu'à leurs propres comptes. Un changement de mentalité est une solution à ces dérives du monde du développement comme le préconise Daniel Etounga Manguelle : « *le développement est un processus culturel et politique avant d'être économique et technologique* »[192]. Même analyse pour François Perroux pour qui le développement est une « *une combinaison des changements mentaux et sociaux d'une population qui la rendent apte à faire croître cumulativement et durablement son produit réel global* »[193].

Ce tableau opaque de la culture de développement au Sénégal ne doit pas occulter les efforts fournis par les pouvoirs publics pour accompagner les populations locales dans leur dynamique de changement. Avec l'introduction du projet comme outil technique de construction du bien-vivre, la prépondérance des acteurs privés doit faire l'objet d'une déconstruction pour rendre le développement aux populations auxquelles ses actions sont destinées. Nous verrons à cet effet qu'une autre approche du territoire, considéré jusque-là comme espace physique aux frontières politiquement définies, joue un rôle essentiel dans l'appropriation de la méthodologie du développement

[191] Alissoutin R. L., 2008, *op.cit.*

[192] Etounga-Manguelle, D., 1991, *L'Afrique a-t-elle besoin d'un programme d'ajustement culturel ?* Paris : Éditions Nouvelles du Sud : 21

[193] Perroux F., 1991 (1961), *L'économie du vingtième siècle*, Paris, PUG : 25, 804p

local pour les organisations sociales locales à l'image des GIE, des associations, etc. Par contre, si on ne peut nier l'apport des approches théoriques présentées dans la compréhension des réalités de développement, il faut aussi noter que les différentes propositions idéal-typiques permettent de rapprocher des réalités, de procéder à des comparaisons, mais aussi et surtout de faire ressortir des similitudes et des différences dans la manière de créer le changement d'un territoire à un autre. Seulement, il s'agit pour nous de rompre avec un monisme explicatif pour tendre vers un pluralisme théorique des faits de développement selon les contextes et les situations sociales ; vers aussi un pluralisme théorique dans l'approche du territoire et des dynamiques des acteurs.

3.2. Vers une conception socioanthropologique du développement local

Terme proposé par Pierre Bouvier[194], dès 1983, la socioanthropologie est issue d'une réflexion simultanée sur deux axes et enjeux interpelant les sciences humaines et sociales : les transformations des sociétés contemporaines avec les effets de la mondialisation et de la modernité croissante et englobante ; les apports de l'interdisciplinarité dans les processus de recherche contemporains face à des objets de plus en plus multidimensionnels. Ces deux réflexions nous orientent vers une approche systémique des faits de développement que nous allons utiliser dans cette recherche. En effet, la sociologie et l'anthropologie sont restées longtemps enfermées dans leur tradition historique tant sur le plan méthodologique que théorique. La sociologie, étant considérée comme la science de la modernité et l'anthropologie, comme celle des sociétés traditionnelles[195], se sont intéressées à des objets différents et ont mis au point des approches différentes du social. Tout comme Georges Balandier[196] ou Jean Copans, Pierre Bouvier a cherché à rompre avec ce cloisonnement des objets et des disciplines en montrant que

---

[194] Bouvier P., 1989, *Le travail au quotidien, démarche socio- anthropologique*, PUF, 190p.
[195] Hamel J., 1997, La socio-anthropologie, un nouveau lien entre la sociologie et l'anthropologie, *Socio-anthropologie* [En ligne], 1, consulté le 07 juin 2017, disponible sur http://socio-anthropologie.revues.org/73.
[196] Balandier G., 1995, Anthropologue de la modernité, in *Espaces Temps*, 57-58, France : contrôle d'identités, Lectures du « modèle républicain », sous la direction de Christian Delacroix. pp. 69-79.

tradition et modernité pouvaient être appréhendées de manière dialectique, la tradition pouvant servir à comprendre la modernité et vice-versa. Il a essayé de trouver des terrains de travail commun entre ces deux disciplines afin d'observer avec un regard neuf les transformations du monde contemporain.

D'abord appliquée à l'étude du travail, la socioanthropologie s'est diversifiée et s'est intéressée à plusieurs domaines du social. Cette approche vise ainsi entre autres à dépasser les cloisonnements disciplinaires traditionnels, à jeter un pont théorique, méthodologique et épistémologique entre la sociologie, qui tente de saisir la complexité des faits sociaux contemporains et l'anthropologie qui s'intéresse davantage aux faits culturels[197]. C'est aussi en ce sens que la percevait Jean-Pierre Olivier de Sardan : « *l'expression même de "socio-anthropologie" montre notre souci d'établir un pont avec la sociologie, et en particulier la sociologie de l'École de Chicago, ou "sociologie qualitative", qui avait déjà, il y a longtemps, appliqué les méthodes de l'ethnographie à des thèmes concernant directement la modernité américaine* »[198].

Ainsi, face à la remise en cause des facteurs dominants de la modernité, face au déclin des grandes théories macrosociologiques et au retour des approches microsociologiques, la socioanthropologie a développé des outils et modèles d'interprétation visant à rendre compte des pratiques et représentations quotidiennes des acteurs par une démarche originale axée sur les principales méthodes suivantes décrites par Pierre Bouvier : comparaison, dialogique, autoscopie, observation et autour de concepts tels que rites, institutions, ensembles populationnels, entre autres. L'analyse de ces pratiques et représentations permet de saisir les mutations contemporaines perçues en termes d'interactions sociales et symboliques. En ce sens, le développement représente un terrain propice à l'application des outils du champ disciplinaire de la socioanthropologie en général et de la socioanthropologie du développement en particulier.

---

197 Copans J., 2011, La recomposition des sciences sociales du développement et de l'humanitaire au XXIe siècle, *Cahiers d'études africaines* [En ligne], 202-203, consulté le 07 juin 2017, disponible sur http://etudesafricaines.revues.org/16654.

198 Olivier De Sardan J-P., 2007, De la nouvelle anthropologie du développement à la socio-anthropologie des espaces publics africains, *Revue Tiers Monde*, Vol. 191, n°3, 543-552.

S'il est connu que le développement est resté un objet d'étude pour la sociologie et l'anthropologie[199] prises séparément, il est devenu avec l'APAD un des sujets les plus traités par la socioanthropologie. Nous partirons à cet effet d'une définition proposée par Jean-Pierre Olivier de Sardan, un des tenants actuels de la socioanthropologie en France pour servir de base de réflexion à notre conception socioanthropologique du développement. Il écrit ainsi : « *je proposerais donc de définir le "développement", dans une perspective fondamentalement méthodologique, comme l'ensemble des processus sociaux induits par des opérations volontaristes de transformation d'un milieu social, entreprises par le biais d'institutions ou d'acteurs extérieurs à ce milieu, mais cherchant à mobiliser ce milieu, et reposant sur une tentative de greffe de ressources et/ou techniques et/ou savoirs* »[200].

D'après cette définition, on peut considérer trois constats sur ce qui caractérise le concept selon Olivier de Sardan suivant une perspective méthodologique :

- Le développement est le fruit d'opérations de transformation sociale du milieu,
- Le développement est un processus induit par le biais d'acteurs extérieurs,
- Les acteurs du développement cherchent à mobiliser un milieu social par la greffe de ressources.

En résumé, pour l'auteur, le développement est produit de l'extérieur et est proposé à une population donnée par des intervenants extérieurs volontaristes qui cherchent à mobiliser les populations locales ; et charge à ces dernières d'accepter, de détourner ou de refuser les processus sociaux induits. Toute son analyse de la socioanthropologie du développement repose sur cette nécessité de produire le changement de l'extérieur à travers le projet et de favoriser ainsi la confrontation entre ce qu'il appelle « la configuration développementiste » et une population locale. Le développement est ainsi une entrée heuristique permettant de saisir des réalités locales tout en les inscrivant dans la globalité des situations sociales pouvant

[199] Atlani-Duault L., Vidal L., (dir.) 2009, *Anthropologie de l'aide humanitaire et du développement*, Paris, Armand Colin.
[200] Olivier de Sardan J-P., 1995, *Anthropologie et développement : essai en socio-anthropologie du changement social*, Paris, Karthala, p.7.

les déterminer ou les influencer. La définition sur laquelle repose son approche nous semble incomplète et partielle. Car si elle prend bien en compte la dimension de l'apport extérieur dans la construction du développement des territoires[201], notamment depuis les politiques de mise en valeur des colonies à l'époque de la colonisation, elle ne reflète pas suffisamment, elle néglige la capacité locale à induire des initiatives dites de développement sans forcément passer par le biais de l'intervention directe d'acteurs ou d'institutions extérieures.

Non limité à des réactions populaires face à l'apport extérieur, il existe une réelle capacité endogène à créer, à inventer, à produire de la richesse indépendamment de toute influence et de toute intervention extérieure, qui se retrouve sous-analysée[202]. Notre conception, celle que nous comptons défendre dans ce travail, ne vise pas à faire du développement un objet d'étude à part entière, ni de le considérer sous l'angle de la politique de solidarité internationale en faveur des pays dits pauvres. Le développement que nous comptons étudier ici est un processus qui n'est, ni exclusivement le fait d'institutions extérieures, ni exclusivement le fait d'acteurs locaux. Il est le terrain de rencontre entre ces deux mondes, le champ d'interactions multiformes autour d'initiatives extérieures et locales, l'espace de dialogue, de négociation, de compromis, de conflits où logiques sociales et stratégies individuelles s'imbriquent autour de l'action collective. C'est en ce sens que l'approche par l'« *enchevêtrement des logiques sociales* » développée par l'APAD, fortement empirique d'ailleurs, car privilégiant essentiellement l'enquête de terrain, nous semble fort bien intéressante à prendre en compte.

En effet, nous traitons du développement comme une construction sociale entre acteurs de diverses origines, aux stratégies et logiques différentes. C'est cette conception constructiviste que nous valorisons et qui nous pousse à proposer une définition conjecturale du concept de développement sous l'angle de la socioanthropologie :

---

201 Appadurai A., 2001 (1996), *Après le colonialisme. Les conséquences culturelles de la mondialisation*, Paris, Payot.

202 Balandier G., 1971, *Sens et puissance : les dynamiques sociales*, Paris, PUF.

> ***Le développement est l'articulation d'un ensemble de relations sociales imbriquées les unes les autres, constituées autour de l'action suscitée par les interventions d'acteurs locaux et extérieurs, le tout évoluant comme un système et formant un processus dynamique pour la construction sociale d'un territoire par la mobilisation de ressources.***

Cette définition nous semble très dynamique et pragmatique pour faire du développement une entrée méthodologique afin de toucher à des réalités sociales plus diffuses et mener ainsi des recherches empiriques pour en rendre compte. Elle rejoint bien les aspirations théoriques de la socioanthropologie à travers la reconnaissance de la complexité qui entoure les relations de développement et des contextes d'application des politiques de changement. À travers cette définition, nous affichons clairement notre choix de nous orienter vers une approche constructiviste interactionniste en nous intéressant davantage à la relation de développement plutôt qu'au développement en lui-même. La relation de développement se définit comme une forme d'interaction sociale mettant aux prises des acteurs avec des logiques, des stratégies propres, des représentations sociales, s'articulant le plus souvent, surtout en contexte africain, autour du « projet ». Ce dernier est l'élément déclencheur dans la configuration du développement local, celui qui permet aux acteurs de faire lien autour d'une action collective et qui rend propice la floraison d'initiatives aussi bien locales qu'extérieures pour la transformation sociale d'un territoire jugé pauvre.

Le développement est un concept qui renvoie certes à des pratiques professionnelles institutionnalisées, codifiées, mais aussi à d'autres pratiques qui relèvent du bricolage au quotidien. Des pratiques certes différentes, mais qu'il faut désormais lire comme autant de réalités sociales relevant du même ordre. La tâche d'un courant scientifique comme la socioanthropologie sera de se saisir d'un tel concept à travers les réalités sociales qui s'en réclament, pour le rendre intelligible et opératoire, l'éclairer au mieux en réduisant au maximum sa polysémie. Cependant, le développement en lui-même n'a aucun enjeu heuristique et scientifique pour nous. C'est l'ensemble des logiques, des relations sociales et des orientations politiques et sociales qu'il génère, qui constitue un terreau de recherches surtout pour les sciences humaines et sociales et notamment la socioanthropologie.

Nous avons évoqué plus haut l'importance de la réalité du projet dans les théories et les pratiques de développement, dans les relations sociales, mais la polysémie de la notion nous pousse à l'éclairer davantage. Le terme « projet » est dans nos sociétés modernes l'objet d'une utilisation remarquée et souvent abusive dans plusieurs secteurs de la vie sociale et professionnelle sans qu'on se donne la peine de bien le définir. Dans une société où les rapports sociaux se densifient et où l'improvisation, la réaction laisse place à la maitrise, à la planification, le projet est devenu une matrice qui organise la vie individuelle et collective. On parle alors de projet professionnel, par exemple, dans le cadre des recherches d'emplois, de projet de société pour une utilisation plus globale afin de définir des orientations politiques pour une société donnée. La maitrise du présent et la nécessité de se projeter vers l'avenir sont devenues une caractéristique inhérente des sociétés « complexes » où le changement social intervient avec de multiples mouvements et cycles.

Notre intérêt pour ce terme, au-delà de l'idée de préciser comment nous le comprenons et comptons l'utiliser, se justifie par le fait que le projet est aussi l'outil privilégié des interventions du monde du développement et à ce titre, participe à créer et à organiser les relations de développement, importantes au regard de la socioanthropologie.

Étymologiquement, le mot « *projet* » vient du latin « *projectus* », « *projicere* » qui signifie « *action de jeter en avant* », mais aussi du grec « *pro ballein* » qui veut dire « *acte de jeter* »[203]. Il traduit la volonté de faire l'ébauche d'une action future souhaitée sur un environnement donné (projet de construction, d'aménagement), sur une activité déterminée ou sur un objet précis qu'on vise à faire évoluer, à réaliser ou à transformer.

Jean-Pierre Boutinet a proposé une synthèse des définitions de la notion de projet dans certaines disciplines et selon l'histoire de son utilisation. En effet, dans le domaine de l'architecture, le projet correspond à la phase de conception théorique, de modélisation de

[203] *Dictionnaire de la langue française*, Tome 3 par E. Littré, 1873-1874, Hachette

l'œuvre que réalise l'architecte en amont de la construction ; ce qu'il dissocie de la phase pratique qui concerne la réalisation concrète de l'œuvre et les procédures de rationalisation de l'espace. Le plan, objet de vision et support rationnel du projet se substitue aux tentatives traditionnelles de réalisation, comme allant de soi, sans recul préalable, de l'œuvre. Cette approche de la notion de projet est très proche de sa déclinaison actuelle dans les multiples secteurs dans lesquels elle est utilisée pour faire référence à une phase de maturation précise d'une idée ou d'un concept qu'on traduit ultérieurement en un ensemble d'actions concrètes sur le terrain. Entre planification et mise en œuvre, il existe une dialectique bien présente dans la notion de projet entre l'idéel, l'idéal et la praxis qui rend ce concept difficile à appréhender.

Aussi, à l'époque de la philosophie des Lumières, et en rupture avec les courants classiques obscurantistes, l'homme cherche la maitrise de l'histoire et tente de prouver sa capacité à agir sur elle. Le projet est alors conçu à la fois comme un travail individuel pour « *sortir de soi* » et une relation dialectique entre le Moi et le Non-Moi, à savoir entre l'individu et son environnement. L'effort que l'individu opère pour se réaliser en tant que Moi en considérant dans ce processus le Non-Moi comme objectif indispensable, pousse à identifier trois moments importants de cette quête, car si le premier moment du projet se situe au niveau individuel, la suite se passe au niveau relationnel à travers l'interaction Moi/Non-Moi :

- D'abord, le premier moment est celui où le Moi, l'individu, ne se définit que dans sa relation avec son environnement, avec l'Autre. À ce stade, le projet est perçu comme le biais par lequel l'individu passe pour entrer en mouvement de confrontation avec son environnement, avec l'altérité pour renforcer son identité propre. Une première dimension du projet se dégage : **la dynamique**.
- Ensuite, le deuxième moment est le temps où l'individu se confronte à ce qui l'entoure à travers un ensemble de relations établies. À ce niveau, le projet apparaît comme une interaction entre un sujet et un objet, que ce dernier soit individuel ou collectif, matériel ou immatériel. Une deuxième dimension du projet se constate : **l'interaction**.
- Enfin, un troisième moment serait le va-et-vient permanent entre le premier moment centré sur l'individu pour la quête de

l'identité et le second moment marqué par la prégnance des relations. Pour l'individu, ce passage entraine un bouleversement, un « *choc du Non-Moi qui s'exerce sur le Moi et sera générateur du projet, en provoquant l'effort du Moi* »[204]. Le projet y apparaît comme l'accomplissement de l'extériorité de l'individu et sa personnification à travers le rapport à l'environnement. La troisième dimension importante qui y apparaît est : **le défi**.

À l'issue de ces esquisses de définition, on peut retenir que le projet met en avant une intention d'agir pour relever un défi ou organiser la vie d'un groupe. Il entrerait dans la ligne des formes contemporaines d'anticipations comme la prospective, la prévision, la prévention, ce qui fait dire à Jean-Pierre Boutinet que « *les conduites d'anticipation s'imposent aujourd'hui dans leur grande variété comme un fait majeur de notre temps* »[205]. Il s'agit de conduites finalisées visant à imprimer un sens à l'action qu'elles cherchent à anticiper, que cette action soit le produit d'individus isolés, de groupes isolés ou en réseau ou d'ensembles sociaux plus grands. L'auteur rajoute à ce titre que le projet est d'ailleurs comme une « *anticipation opératoire partiellement déterminée* »[206].

Même si cette formulation nous semble lapidaire, on peut en relever quelques éléments qui peuvent éclairer notre conception du projet. En effet, ce dernier se présente comme une forme d'anticipation, car il cherche à appréhender l'avenir, à donner une projection idéal-typique de ce que sera l'avenir selon des temporalités différentes. Il est aussi opératoire parce qu'il fait référence à un ensemble d'actions coordonnées entre elles qui forment le futur tel qu'il est pensé et tel que les acteurs cherchent à le faire advenir[207]. Avec cette partie de définition, nous nous démarquons d'autres formes d'anticipations, comme l'anticipation adaptative qui, à partir d'une connaissance supposée de l'avenir, pousse les acteurs à s'y préparer et à s'y adapter, ou comme l'anticipation cognitive qui tente d'aller vers une connaissance de l'avenir et d'y induire des changements afin de l'adapter aux besoins des acteurs ou encore comme l'anticipation

---

204 Voir Boutinet J-P., 1990, *Anthropologie du projet*, Paris, PUF, p. 301p

205 Boutinet, J-P., 1990, *op. cit.*

206 Boutinet J-P., 1990, *op.cit.*, p. 64.

207 Boutinet J-P., 1990, *op.cit.*, p. 66.

imaginaire où il s'agit d'imaginer un autre futur en s'opposant au présent, comme dans l'utopie.

Aussi, le projet est en partie déterminé par le fait qu'il laisse un peu de liberté aux acteurs. Un projet purement rationnel qui ne laisse pas de marges de manœuvre peut apparaître trop exigeant et entrainer le découragement des acteurs. Inversement, si le projet n'était en aucune manière déterminé et contraint, il serait l'équivalent du souhait ou de l'utopie et resterait trop flou pour engager suffisamment une action transformatrice.

Par ailleurs, les contributions de Michel Crozier, d'Alain Touraine et de Cornélius Castoriadis nous semblent importantes pour éclairer le rôle du projet dans la société. En sociologie, la notion de « projet » a eu un fort écho dans les années 70, à une période où le structuralisme et l'holisme dominaient l'élaboration des schèmes explicatifs du social en évoquant le primat des déterminants sociaux sur les choix individuels. Ainsi, des auteurs comme Alain Touraine et Michel Crozier ont travaillé sur des conceptions théoriques nouvelles visant à proposer des explications à partir des initiatives des acteurs individuels et collectifs et surtout à partir des logiques de leurs actions qui ne seraient pas totalement contraintes. Par exemple, Michel Crozier[208] a proposé de lire les défaillances et limites du système bureaucratique qu'il a fortement critiqué, en appuyant l'explication sur les marges de manœuvre dont disposaient les acteurs et les stratégies mises en œuvre pour accroître leur pouvoir et leur position dans l'organisation qui peuvent se décliner en termes de projet collectif.

Pour Alain Touraine aussi, le projet trouve une place importante dans l'explication sociologique en ce sens qu'il «*précise le niveau d'implication des acteurs dans le système d'orientation qui spécifie le sujet historique*». À partir d'une analyse en sociologie du travail[209], il distingue quatre manières pour les individus de s'impliquer dans la dynamique sociale par l'importance du sujet historique[210] qui sont :

---

[208] Voir Crozier et Friedberg, 1977, *L'acteur et le système*, *op.cit.*

[209] Touraine A., 1965, *Sociologie de l'action*, Paris, Seuil, 507p.

[210] Capacité d'une société à se saisir de son propre travail et de ses résultats pour donner un sens à son action historique.

- *Le retrait ou absence de projet personnel,*
- *Le projet individuel, mais autocentré se sert de l'organisation comme instrument,*
- *Le projet collectif qui lie l'individu à un groupe concret comme un groupe professionnel,*
- *Le projet organisationnel qui incarne un aspect du sujet historique à un moment donné* »[211].

Ultérieurement, l'auteur a proposé de classer les projets selon leur degré d'intégration dans un ensemble de trois éléments clés de la pensée qui constitue sa vision paradigmatique : « *identité* », « *opposition* » et « *totalité* ».

En outre, Cornélius Castoriadis va chercher à approfondir les relations entre praxis et projet dans son ouvrage l'*Institution imaginaire de la société*[212]. Pour cet auteur plus réputé dans les analyses politiques, « *le projet est l'intention d'une transformation du réel, guidée par une représentation du sens de cette transformation, en prenant en compte les conditions réelles* »[213]. Cette définition du projet en fait ressortir ses aspects constituants : c'est une idée dont le but est d'aboutir à la transformation du réel sans jamais s'y détacher. Cette redécouverte de la notion de « projet » dans les analyses sociologiques, nous a permis de mettre l'accent sur la place de l'acteur dans les systèmes, la reconnaissance d'une certaine marge de manœuvre accompagnant l'action, le caractère individuel et collectif des projets, qui échappent partiellement aux déterminations des forces structurelles. Cette posture est ce qui nous a permis de mettre en avant les logiques et stratégies des acteurs dans les relations de développement constituées autour des projets de changement.

Par-delà ces éclairages théoriques, il en ressort une constante : le projet possède une fonction sociale à dominante intégrative. Dans le monde du développement qui nous intéresse, le projet met en lien, il mobilise des acteurs d'origines professionnelles et disciplinaires diverses autour d'un idéal à (re) chercher. Il met aux prises des idéologies et représentations diverses, mais aussi des pratiques sociales différentes qui tendent toutes à dépasser les clivages

---

211 Boutinet J-P., 1990, *op.cit.*, p.143

212 Castoriadis C., 1979, *L'institution imaginaire de la société*, Seuil, Paris.

213 Boutinet J-P., op.cit., p.146

apparents pour former système et ainsi apporter une réponse adéquate aux situations sociales considérées comme problèmes. En effet, selon notre orientation théorique considérant la réalité sociale comme construite, nous proposons de définir le projet comme un « outil » par lequel le social se manifeste aux groupes sociaux, à travers des configurations réelles et virtuelles et à travers un tissu d'interactions denses et complexes entre acteurs d'un territoire, et même au-delà de ce dernier. Il est en dernier lieu, l'un des moyens par lesquels les dynamiques territoriales prennent forme et permettent aux acteurs d'interagir entre eux et avec le système social en induisant ses changements. À ce titre, on peut parler d'emboitement de projets.

Il est un construit social suivant une démarche qui peut différer selon l'angle d'approche où l'on se situe, mais qui obéit à une forme de méthodologie généralement partagée par les professionnels et théoriciens qui se servent de cette notion. Aujourd'hui dans les sphères du développement local, la méthode de la gestion par projets est devenue la donne au niveau des acteurs institutionnels qui tentent aussi d'inculquer ces pratiques aux organisations des populations locales. C'est devenu aussi un système de communication, un canal par lequel passe l'information du bénéficiaire ultime qui formule un besoin que le récepteur retransmet en termes d'actions et de solutions au besoin. En effet, la forme du projet et la méthodologie dont il fera appel dépendent de l'environnement de son utilisation. Il y a plusieurs domaines dans lesquels le projet change de sens et d'utilisation, parmi lesquels on peut retenir « *les activités à projet* » où le projet est orienté vers une activité à promouvoir et à développer comme dans le cadre d'un projet de développement, d'un projet de recherche[214].

Ce registre d'utilisation du projet nous intéresse plus dans ce travail. Les activités à projet concernent une composante, un volet dans les diverses activités d'une organisation comme une ONG par exemple et obéissent à un management par projet, ce qui est très courant dans le monde du développement local et de la sociologie des organisations. On peut distinguer déjà deux temps dans la méthodologie de l'action : une phase de définition d'un schéma directeur et une phase de

[214] Voir Boutinet J-P., 1991, *op.cit.*, p.91

réalisation d'un ensemble d'activités obéissant à la ligne directrice de l'organisation.

Ici, on ne présentera pas toutes les méthodologies possibles et imaginables des différentes utilisations du projet. On se limitera à présenter la méthodologie la plus utilisée dans le cadre de la gestion par projet identifiable dans les organismes de développement et visible sur notre terrain. Elle fonctionne comme un processus avec :

- Une phase d'élaboration du projet
- Une phase de mise en œuvre
- Une phase d'évaluation

Le respect de ces trois moments clés du projet est essentiel pour l'atteinte des objectifs fixés afin d'apporter une solution aux problèmes identifiés. Si la gestion par projet est souvent maitrisée par les organismes de développement ou de coopération internationale qui louent ses bienfaits, il n'en demeure pas moins que le projet en lui-même et l'utilisation qui peut en être faite comportent des limites qu'il faut faire ressortir.

Dans la deuxième partie de son livre, Greffe revient sur la notion importante de projet dans la logique du changement, en évoquant la raison d'être des projets, de leurs différents types et de la culture de projet, caractéristiques actuelles des nouveaux dispositifs en matière de développement. Pour lui, « *aux expériences de développement local sont associés des projets, ces deux notions allant de pair au point que des territoires marginalisés sont souvent qualifiés de territoires sans projet. Le territoire se donne, à travers le projet, le moyen d'ébaucher des initiatives qui définiront et consolideront son développement. Le projet permet au territoire de s'interroger sur le sens des évolutions possibles et rationaliser ses conduites face au futur sans nécessairement envisager un état détaillé des activités à venir* »[215].

Mais après avoir dressé un bilan des apports positifs du projet dans le processus de développement, il en ressort quelques biais qui pourraient être des limites à son efficacité. Il argue en ce sens que : « *en*

---

[215] Greffe X., *op.cit.* p.45

tant que processus important du développement, le projet peut conduire à des dérives :

- *Le projet peut s'établir en référence à une situation extérieure, ce qui l'empêche de prendre en considération les spécificités locales et d'atteindre les effets recherchés ; il devient alors une sorte d'obligation administrative et culturelle, donnant la place à l'introduit plutôt qu'à l'induit. Il débouche sur de la pratico-inerte, sur la réification de l'action*[216].
- *Le projet peut ignorer l'environnement social, il se veut autosuffisant, voire autosatisfaisant*[217].
- *Le projet peut conduire des personnes ou des acteurs en situation précaire à échafauder pour leur compte des projets irréalisables, ce qui crée alors des désillusions et des démobilisations*[218].
- *Le projet peut enfin susciter une course en avant qui ne contribue pas à résoudre les difficultés présentes au nom de situations meilleures pour l'avenir* »[219].

Face à ces écueils exposés sur la réalité du projet, l'auteur nous propose certaines voies pour contourner les dérives. Pour lui il convient :

- « *D'accéder à la mémoire du territoire, d'y sélectionner les éléments constitutifs d'une situation et d'identifier les opportunités possibles, ce qui peut impliquer des mouvements contraires d'implication et de distanciation*
- *De définir un niveau d'anticipation qui permet l'action,*
- *De transformer le projet en source d'autonomie pour les acteurs, c'est-à-dire en capacité à agir* »[220].

Loin de tomber dans un excès de formalisme, ces propos de Greffe sont très généraux et renvoient très peu à une application sur des cas spécifiques. Mais ils suscitent, d'une part, une interrogation sur le projet en tant qu'outil de gestion de l'action dans les organismes de développement comme les ONG, dont l'utilisation dégage des

---

[216] Greffe X., *op.cit.* p.46
[217] Greffe X., *op.cit.* P.47
[218] Ibidem
[219] Ibidem
[220] Ibid.

faiblesses dans les pays du Sud notamment en Afrique ; et, d'autre part, ils interrogent sur les capacités du projet à créer des relations sociales capables de conduire le changement dans un territoire comme Fandène. Car ce qu'on peut appeler le « langage projet », comme il est communément admis dans le monde du développement, c'est le langage des institutions de développement avec leurs experts, leurs techniciens, etc. Il n'est souvent pas compris par les bénéficiaires des projets. Les populations locales, rurales sont dans leur grande majorité analphabète ou faiblement instruite. La communication qui s'établit ainsi entre organismes de développement et populations locales pourrait se trouver biaisée et tronquée d'avance. Les populations ne participeraient pas à la hauteur des attentes d'une co-construction du projet ; ce qui renforcerait encore l'idée d'un développement appliqué à l'échelon local.

Enfermé dans les sphères bureaucratiques où souvent ceux qui prennent les décisions importantes sont loin du terrain où se construit le bien-vivre des populations locales, le projet peut limiter la construction du développement local entre les mains des bailleurs de fonds et de leurs organismes basés localement.

Par ailleurs aussi, sur le territoire de Fandène, le projet est souvent le résultat de bricolages et d'alchimie astucieux de la part des organismes qui se succèdent sur le champ du développement local. On sacrifie des étapes importantes de la méthodologie de projet comme le diagnostic au profit d'une exploitation lacunaire des résultats d'autres projets sur le même territoire. On construit des projets sur les ruines d'autres projets en « réchauffant » de l'ancien et en le présentant comme du neuf, comme de l'innovation alors que le problème qui devrait justifier du projet reste non traité en profondeur. La finalité du projet se trouve déplacée vers d'autres enjeux et logiques contraires à l'action collective.

On ne peut alors que constater ce qu'on peut facilement assimiler à une crise du projet de développement à Fandène, comme dans la plupart des territoires du Sénégal et dans beaucoup de pays du Sud et qui est une crise du développement en tant que projet de société.

En effet, chaque territoire est en mesure de générer son projet et ce dernier renseigne sur l'identité du territoire, que ce projet soit valorisé ou pas par les intervenants extérieurs ou dans la structuration des relations de développement local.

C'est en cela que le projet constitue une forme d'intervention de la société sur elle-même, ayant comme but l'amélioration des conditions de vie des populations réceptrices avec l'apport d'une technologie nouvelle, un regard nouveau, des outils nouveaux souvent en contradiction avec les logiques locales dans la gestion de l'espace communautaire vu comme un tissu de liens de toute sorte. Pour favoriser l'ancrage territorial des projets, les outils de référence symbolique de la « *boite noire* »[221] villageoise, comme dans Fandène, doivent alors être valorisés en rapport avec les stratégies des différents acteurs pour rendre pertinente et cohérente l'action locale. En marge de ce détour sur le projet en tant qu'espace de relations sociales, nous allons, dans les pages qui suivent, présenter un certain nombre d'auteurs et orientations théoriques sur le développement local, le territoire, entre autres concepts et réalités qui façonnent le « monde du développement ».

---

[221] Voir Zaoual Hassan, 1992, La Méthodologie des sites symboliques, in *Cultures et Développement* Vol. 3, n° 10/11.

Chapitre 2 :

La dynamique territoriale, point focal du développement local

Au regard de ce qui précède, parler de développement, de projets suppose aussi de parler du lieu où les théories, modèles et programmes sont traduits en actions concrètes. La notion de territoire connait un réel regain d'intérêt pour les sciences sociales et pour les décideurs politiques en matière de développement. Le territoire sert, à cet effet, d'outil géographique et stratégique pour mieux dessiner les contours des circonscriptions humaines, avoir une meilleure lisibilité des politiques menées à des échelles différentes et surtout impulser une cohérence dans les efforts fournis pour la dynamique des communautés. Mais avant de nous étaler sur ce qui se passe à l'intérieur des territoires, nous allons d'abord éplucher le concept de territoire et y porter un regard critique compte tenu des contributions de certains auteurs, et des expériences de terrains. En effet, « territoire » provient du latin « territorium » et apparaît dans la langue française qu'au XIIIe siècle, mais c'est surtout au XVIIe siècle que son sens politico-administratif va être dominant et permettre une utilisation beaucoup plus systématique. Il va être associé à *l'idée d'une domination et d'une gestion d'une portion du substrat terrestre par une puissance qui, elle-même, assoit son autorité et sa légitimité sur ce contrôle, qu'il s'agisse d'une collectivité territoriale ou d'un État. Le substantif territoire et le qualificatif territorial dans ce champ sémantique, sont censés évoquer l'idée d'une intervention de la puissance publique sur une portion de la surface terrestre au nom d'intérêts supérieurs comme dans le cas de l'« État-*

nation ». A contrario, toute réduction de cette soumission a pu faire émerger l'idée d'une « fin des territoires »[222] selon l'idée de Badie[223].

Avec quelques réclamations de paternité çà et là, nous retiendrons ici que la première utilisation importante du terme en géographie humaine est l'œuvre de Claude Raffestin en 1980[224]. La signification accordée à ce terme a vite évolué, passant de l'image de la circonscription géographique réceptacle des politiques publiques à celle d'un lieu de vie où des initiatives individuelles et collectives se créent et émergent. C'est dans cette dernière évocation couvrant des projets et pratiques individuels et collectifs que ce concept trouve bien des connexions avec celui de développement ; d'où l'émergence d'un courant appelé « développement territorial ». Très vite, il renferme des définitions diverses selon les postures théoriques, une sorte de mot-valise, qu'il est utile de requalifier pour en préciser un sens en fonction d'une prise de position épistémologique claire[225].

La polysémie du mot fait, par exemple, qu'en biologie le territoire peut désigner une zone d'habitat occupée par un individu ou une population d'une espèce végétale ou plus généralement animale. En éthologie, il peut renvoyer également à un milieu de vie et de reproduction d'une espèce animale déterminée. L'étude du comportement chez les animaux comme les grands singes, les félins, par exemple, fait état de certaines caractéristiques comportementales propres qui traduisent une importance accordée au territoire notamment par des rituels de marquage des frontières et par l'usage de la force et de l'agressivité pour sa défense. Ceci fait ressortir une première dimension du concept de territoire à travers l'idée d'appropriation d'un lieu. Aussi, à côté de cette utilisation, le concept est aussi mobilisé en marketing pour désigner un espace regroupant un ensemble de valeurs et d'attentes permettant à une gamme de produits de se légitimer vis-à-vis d'une clientèle ciblée. Appelé territoire de marque, il détermine alors le champ d'extension de la marque, l'histoire et les actions de cette dernière. Aujourd'hui, par une

[222] Historique du territoire, sur *http://hypergeo.eu [archive]*, Hypergéo, 2004 (consulté le 17 juillet 2014).
[223] Badie B., 1995, *La fin des territoires*, éd. Fayard
[224] Raffestin C., 1980, *Pour une géographie du pouvoir*, Paris, éd. LITEC, 250p.
[225] Giraut F., 2008, Conceptualiser le territoire, in dossier Construire les territoires, *Historiens et géographes*, n° 403, p. 57.

évolution de cette vision, on parle d'attractivité des territoires par le prisme du marketing territorial et la marque territoire. Le territoire devient une marque de compétition avec d'autres territoires à travers la dynamique économique, sociale et culturelle[226].

1. Le territoire, plus qu'un espace, une construction sociale

Il est d'abord admis qu'il y a de l'espace dans le territoire, et de l'espace selon la conception des géographes. Seulement, l'espace qui est loin d'être considéré comme un support neutre et isotrope ne saurait à lui seul réduire toute la complexité du territoire. Il est notable de voir que le concept a beaucoup évolué et en géographie humaine, la notion est directement mise en relation avec des groupes humains qui l'occupent et l'aménagent en vue d'assurer la satisfaction de leurs besoins. Ce qui est important à relever et qui apparaît en filigrane dans le concept de territoire, c'est la revalorisation des acteurs locaux dans le processus de construction et d'aménagement de l'espace physique. C'est, en effet, par la nature et la teneur de leurs relations sociales que les territoires se différencient et souvent se concurrencent. Leur empreinte est d'autant plus forte dans la dynamique du territoire que certains n'hésitent pas à s'alarmer en parlant des *acteurs oubliés des territoires*[227]. Dans le *Dictionnaire de la géographie et de l'espace des sociétés*[228], Jean-Paul Ferrier[229] nous propose trois définitions générales certes, mais résume les grandes tendances dans la conception du territoire que nous allons succinctement présenter pour donner un aperçu global de l'utilisation du concept et le confronter à la réalité sénégalaise.

---

[226] Alaux, C., Serval S., Zeller C., 2015, Le marketing territorial des Petits et Moyens Territoires : identité, image et relations, *Gestion et management public,* volume 4, n° 2, pp. 61-78.

[227] Gumuchian H., Grasset E., Lajarge R., Roux E., 2003, *Les acteurs, ces oubliés du territoire,* Economica.

[228] Lévy J. et Lussault M., 2003, *Dictionnaire de la géographie et de l'espace des sociétés,* Paris, Belin, 1033p.

[229] Ferrier J.-P., Territoire, in *Dictionnaire de la géographie et de l'espace des sociétés, op. cit.* p. 912-917.

1.1. Le territoire comme « espace à métrique topographique »[230]

En décortiquant cette définition, on note l'utilisation d'espace, de métrique et de topographie. L'espace est défini comme l'une des dimensions de la société, correspondant à l'ensemble des relations sociales, politiques et économiques que la distance établit entre différentes réalités. À ce titre « *aussi, il est appréhendé comme objet social défini par sa dimension spatiale. Un espace se caractérise ainsi au minimum par trois attributs : la métrique, l'échelle, la substance ; une réalité spatiale étant hybride, car, à la fois matérielle, immatérielle et idéelle* »[231].

La métrique désigne la manière de mesurer et de traiter la distance. La topographie est une métrique caractérisée par la continuité et la contigüité. À la lumière de cet éclairage conceptuel, le territoire est plus ou moins synonyme d'espace, réduit à ses aspects physiques et naturels. En raison de l'effet toujours grandissant de phénomènes géomorphologiques comme les tremblements de terre, les tsunamis entre autres, le territoire physique est en perpétuel mouvement et changement. Cette notion de dynamique va vite être prise en compte du fait de l'évolution rapide du contenu du concept de territoire ; ce qui va permettre de dissocier les deux ordres d'idées. En effet, le territoire va renvoyer au réel, à l'espace approprié par un groupe social alors que la notion d'espace géographique sera davantage mobilisée pour n'évoquer que des aspects purement physiques. Cette première définition de Ferrier est reprise par Alexandre Moine pour qui le territoire renvoie à l'espace en considérant la dimension spatiale comme centrale dans le concept de territoire.

1.2. Le territoire comme espace approprié

Pour Ferrier, le territoire est un « *agencement de ressources matérielles et symboliques capables de structurer les conditions pratiques de l'existence*

---

230 Ibidem

231 Conférence de Beaude M., 2006/2007, Enjeux politiques de la géographie. Une approche géographique de l'espace des sociétés, Institut d'Etudes Politiques. Des définitions tirées du *Dictionnaire de la géographie et de l'espace des sociétés, op.cit.*

d'un individu ou d'un collectif social et d'informer en retour cet individu ou ce collectif sur sa propre identité »[232].

Cette définition, presque en rupture avec la première, y ajoute une dimension symbolique à travers l'idée d'appropriation et présente le territoire comme une réalité « *bifaciale* » avec une dimension physique et symbolique, idéelle, en relation cette fois avec les systèmes de représentation qui guident les sociétés dans l'appréhension qu'elles ont de leur « environnement ». Le territoire garde par ce biais une valeur symbolique qui représente les individus ou le groupe d'individus qui l'ont conquis et qui se l'approprient en y projetant leur propre symbolisme construit sur une certaine conception du monde. Il est considéré comme de l'espace informé par la « sémiosphère »[233] qui désigne l'ensemble des références d'une culture donnée. Le territoire est marqué par l'empreinte de la société qui l'occupe tant matériellement que culturellement. Ce qui était à la base un simple espace plat, abstraction faite de la dynamique physique, est petit à petit façonné par les modes de vie de ses occupants. Cette idée d'appropriation contenue dans bon nombre de définitions du territoire renvoie entre autres aux domaines décisionnels et organisationnels ainsi qu'à la force des représentations sociales. À travers cette idée, l'État, par le biais des politiques d'aménagement, se livre à structurer ses territoires décentralisés, à les déstructurer et à les restructurer selon les besoins sociaux exprimés. Ce qui cadre avec la définition même de l'appropriation vue comme la transformation d'un espace naturel afin de servir les besoins et les possibilités d'un groupe[234].

De cette définition souvent utilisée en anthropologie, une conception du territoire ressort. Elle est assimilable au résultat d'un processus de production, incluant des stratégies d'organisation, mais aussi de domination et d'exclusion. L'appropriation du territoire par des acteurs sociaux permet de rendre compte, de la façon dont sont structurées les relations entre les sociétés, des jeux d'acteurs, des réseaux d'interconnaissance et des stratégies de positionnement politique, économique et social. Cependant, même si cette idée a beaucoup guidé les définitions proposées du concept de territoire,

---

232 Ferrier J-P., 2003, *op.cit.*

233 Raffestin C., 1986, Ecogenèse territoriale et territorialité, in Auriac F., Brunet R., *Espaces, jeux et enjeux*, Paris, Fayard, p. 173-183.

234 Lefebvre H., 1974, *La production de l'espace*, éd. Anthropos, 253p.

privilégier une entrée par l'appropriation demeure imprécise car les définitions proposées sur ce concept ne nous semblent pas assez pertinentes pour justifier d'une telle utilisation dans ce travail.

1.3. Le territoire comme construction sociale

Dans cette troisième définition, Ferrier considère que le territoire est « *toute portion humanisée de la surface terrestre* ». Il fait le lien entre ce qui relève de la nature et ce qui émane de la culture, en ce sens qu'il est le théâtre de l'action humaine en vue de transformer et façonner un milieu. Cette définition, très proche de la précédente, met plus en avant l'idée du territoire perçu comme un construit social. Plus que l'appropriation qui en est faite par les sociétés qui l'occupent, il y émerge l'idée de l'action du groupe qui l'humanise. Les différentes définitions semblent toutes partager une idée essentielle : le territoire n'est pas donné naturellement et une fois pour toutes, mais il est le fruit d'une construction sociale permanente. Si pour certains, le territoire résulte exclusivement de l'expérience des acteurs, d'autres pensent que des structures sociales et spatiales pèsent sur sa structuration. Cependant, beaucoup d'auteurs vont proposer une vision plus intégrative des diverses dimensions de ce concept à commencer par Guy Di Méo pour qui le territoire « *témoigne d'une appropriation à la fois économique, idéologique et politique de l'espace par des groupes qui se donnent une représentation particulière d'eux-mêmes, de leur histoire, de leur singularité* »[235]. Aussi, pour Bernard Debarbieux[236], le territoire peut être assimilé à un ensemble de ressources matérielles et immatérielles dont la mobilisation permet d'organiser de manière pragmatique l'histoire du vécu des groupes sociaux et d'influer sur le renforcement de leur cadre symbolique.

Loin de nous borner à une vision simpliste du territoire comme construit social, produit soit par l'action humaine, soit par le poids des structures sociales et spatiales, nous mettrons plutôt en exergue l'approche d'Alexandre Moine[237] qui présente le territoire comme un système intégrant différentes composantes, environnementale, sociale,

---

[235] Di Méo G., 1996, *Les territoires du quotidien*, Paris, L'Harmattan, 207p.

[236] Debarbieux B., Territoire, in *Dictionnaire de la géographie et de l'espace des sociétés*, *op. cit.* p. 910-912.

[237] Moine A., Le territoire comme un système complexe : un concept opératoire pour l'aménagement et la géographie, *L'Espace géographique*, 2006/2 Tome 35, p. 115-132.

économique, institutionnelle, culturelle, etc. L'articulation interactive de ces différentes dimensions doit être analysée en tant que totalité structurante et structurée et ne doit pas faire l'objet d'une conception parcellaire et séparatrice qui en isolerait certaines pour en négliger d'autres. C'est par la mise en exergue de l'importance des relations et interactions dynamiques entre ces différentes composantes qui s'imbriquent, qu'il est possible de proposer une compréhension des enjeux du territoire et de ses rapports avec l'environnement. C'est cette complexité qui caractérise actuellement les territoires et les approches qui s'y rattachent. Pour Moine, les territoires se construisent et se déconstruisent sans cesse. Les relations sont nombreuses, elles se créent, elles évoluent et elles disparaissent sans cesse selon ce que les auteurs Jean-Philippe Leresche et Guy Saez appellent les principes de *ductilité*[238] et de *labilité*[239].

Bernard Debarbieux et Martin Vanier font état de cette complexité du territoire. Pour eux, « *la complexité territoriale désigne l'ensemble des processus qui, dans les domaines politique, économique et social, conduisent d'une part, à une démultiplication et une imbrication des espaces de référence, d'autre part, à une différenciation des temporalités et des territorialités en fonction desquelles les pratiques sociales et spatiales sont vécues et structurées* »[240].

En effet, cette différenciation et cette diversification des pratiques et des identités territoriales se structurent autour de référents multiples comme le quartier, le lieu de vie, le lieu de travail, le lieu d'origine, constituant autant de réseaux d'interconnaissance en interrelation presque permanente. Alexandre Moine propose alors de considérer les trois définitions ou entrées du territoire ci-après comme trois sous-systèmes afin de rendre compte de cette complexité :

- D'abord, « *l'espace géographique, approprié par l'homme, aménagé et au sein duquel apparaissent des organisations spatiales et de multiples interactions fondées sur les interrelations entre les sous-*

[238] Un système fonctionne malgré la disparition de certaines relations

[239] Des relations apparaissent et disparaissent sans cesse. Voir Leresche J.-P., Saez G., 1997, Identités territoriales et régimes politiques de la frontière. *Pôle Sud*, n° 7, p. 27-47 Voir Moine, *op.cit.*

[240] Debarbieux B., Vanier M (dir.), 2002, *Ces territorialités qui se dessinent*, Éditions de l'aube, Datar, 272p

systèmes qui le composent (naturel, anthropisé [modifié par la présence humaine], *social et institutionnalisé)* »,

- ensuite, « *le système des représentations de l'espace géographique : ensemble de filtres (individuel, idéologique, sociétal) qui influence les acteurs dans leurs prises de décisions et les individus dans l'ensemble de leurs choix, selon deux temps : lors de l'observation de ce qu'est l'espace géographique ; lors de la projection de ce que sera l'espace géographique après le choix d'une action* » ;
- Enfin, « *le système des acteurs qui agissent consciemment ou inconsciemment sur l'espace géographique, influencés par les filtres, et suivant leur position au sein de ce système* »[241].

En résumé, l'auteur tente à travers cette grille de lecture de montrer que, dans un territoire, il y a de l'espace qui accueille des acteurs qui finissent par se l'approprier et le modeler en fonction de leurs besoins. Cependant, avant de discuter ces différentes conceptions sur la notion de territoire, un bref détour sur le concept de territorialité cher à Claude Raffestin semble utile. Même s'il n'en est pas l'énonciateur premier, Raffestin l'a introduit en géographie pour le définir comme « *l'ensemble des relations qu'une société entretient non seulement avec elle-même, mais encore avec l'extériorité et l'altérité, à l'aide de médiateurs, pour satisfaire ses besoins dans la perspective d'acquérir la plus grande autonomie possible, compte tenu des ressources du système* »[242].

Autonomie relative qui ouvre le territoire à son environnement pour assurer sa survie et sa pérennité. La territorialité est donc pensée comme un système interrelationnel dont les racines sont à chercher dans la société, l'espace et le temps, l'environnement immédiat et lointain. Pour ce faire, elle utilise des médiateurs ou médias, comme le langage, les moyens de transport, les outils techniques, etc. pour commercer avec l'extériorité. La dynamique de la territorialité nait de ces échanges inter et extra territoriaux qui évoluent au fil du temps et des relations. Selon ce principe d'instabilité et de complexité, Raffestin identifie un processus de territorialisation, déterritorialisation et reterritorialisation qui rend compte de différentes phases de territorialité.

241 Moine A., 2006, op.cit., p.121

242 Raffestin C., 1997, Réinventer l'hospitalité, *Communications*, n° 65, p.165.

La conception du territoire passant de simple espace à un espace approprié et construit témoigne de l'évolution des savoirs humains sur un concept aussi difficile à appréhender que polysémique. Longtemps, l'apanage de la biologie et de la géographie, le territoire semble aujourd'hui ouvert à d'autres disciplines comme l'économie, la sociologie, l'anthropologie. Ce regain d'intérêt de ces disciplines sur cette notion rend compte de son caractère multidimensionnel et du besoin de l'appréhender de façon pluridisciplinaire tant elle regorge de dimensions souvent en dehors de ses champs disciplinaires traditionnels. Au-delà de telles ou telles autres approches, il s'agit de mettre en avant cet enchevêtrement des relations dans le territoire à l'heure de la mondialisation où cette notion reprend toute son importance dans les politiques publiques notamment à travers la décentralisation. Cette complexité rend compte de l'impossibilité de réduire le territoire et les actions des acteurs à des systèmes simples d'interprétation ou de les enfermer dans des explications opposées caduques de type binaire fortement cloisonnées. Elle en appelle à une vision constructiviste, intégrant plusieurs approches disciplinaires pour comprendre et expliquer la dynamique des territoires.

1.4. Le territoire au Sénégal, une autre histoire

Le territoire comme défini par ces auteurs avec ses dimensions et ses spécificités variables ne connait pas la même résonnance dans le discours politique et institutionnel sénégalais. Si la dimension spatiale et le sentiment d'appropriation de l'espace figurent bien dans la conception du territoire, on note une absence ou une faible exploitation du territoire comme construit social. Trois grandes situations historiques héritées peuvent témoigner de ce retard ou manque de considération des processus de construction sociale du territoire :

- Le contexte d'après indépendances inaugurait le monopole de l'État comme acteur principal de l'aménagement du territoire avec un contrôle total de l'espace national comme mode de gouvernance territoriale,
- La crise de la dette et les impératifs de la mondialisation ont conduit à des réformes d'ajustement structurel avec l'implication des acteurs privés dans la gestion du territoire. L'État gardant encore le primat de la gestion politique et administrative du pays,

- La crise de l'État va encourager une décentralisation encore plus proche des populations et la responsabilisation des collectivités locales comme de véritables leviers de développement des territoires.

En effet, dès l'accession à l'indépendance, le Sénégal a choisi de mener une politique de décentralisation progressive marquée par plusieurs étapes témoignant de la lente autonomisation des territoires locaux. Cette orientation stratégique a été confirmée à travers les différentes phases qui ont marqué cette politique de territorialisation. Ce processus résume le problème fondamental de la gouvernance des territoires locaux au Sénégal avec des collectivités locales pas assez autonomes vis-à-vis de l'État central qui continue de dicter la politique locale. Puisqu'instaurée dans une dynamique de développement local surtout avec l'acte 3, la décentralisation est une politique de construction de territoire. Seulement ces territoires sont déjà construits par l'État sans réelle participation des acteurs locaux véritables moteurs de leur développement. Ils sont produits du haut et non induits du bas, et c'est là peut-être l'un des problèmes identifiés du changement au Sénégal. Il se passe une contradiction réelle entre la volonté de s'approprier un espace dont les règles du jeu sont dictées de l'extérieur et les injonctions poussant à la participation des populations à construire le développement de leur localité. C'est pourquoi la faiblesse des politiques et stratégies de changement appliquées jusque-là nécessite d'explorer des alternatives susceptibles de corriger les déficiences de cette territorialisation et de produire simultanément des progrès significatifs à l'échelle nationale et locale.

Dans cette perspective, avec un ministère de l'Aménagement du territoire et des collectivités locales, le gouvernement a procédé à une refondation majeure de l'action territoriale publique, à travers le projet de réforme de la décentralisation. Cette réforme, baptisée « Acte III de la décentralisation », a pour objectif selon les textes officiels[243] « *d'organiser le Sénégal en territoires viables, compétitifs et porteurs de développement durable, de bâtir un projet de territoire* ». Elle offre à cet effet un espace administratif que les acteurs doivent s'approprier, pour construire les bases d'une territorialisation des politiques publiques (et privées, a-t-on envie de souligner aussi, car le projet de territoire doit

[243] Voir République du Sénégal, Acte III de la décentralisation, Site du Ministère.

intégrer tous les acteurs présents sur le territoire en question et sur ce plan, beaucoup d'acteurs privés agissent quelquefois là où l'État est absent). Compte tenu de sa complexité, cette nouvelle réforme dans le processus de la décentralisation sénégalaise est aussi déployée progressivement. Sa mise en œuvre a justifié l'adoption d'un nouveau *Code général des collectivités locales* « *qui abroge et remplace les lois n° 96-06 portant Code des collectivités locales, n° 96-07 portant transfert de compétences aux régions, aux communes et aux communautés rurales et n° 96-09 du 22 mars 1996 fixant l'organisation administrative et financière de la commune d'arrondissement et ses rapports avec la ville* »[244].

En effet, dans un contexte de mondialisation croissante et de multiples relations entre le Sénégal et les pays de l'UE (APE), d'Asie et d'Amérique, les enjeux de la gouvernance mondiale se croisent avec la nécessité d'une gouvernance locale. La construction de territoires forts est un gage de bon partenariat et de développement national. Cette problématique de l'articulation complexe du local et du global, pousse le Pr Amadou Diop à s'interroger sur la manière de, « *développer une relation de causalité positive entre une mondialisation qui suppose une gouvernance globale et un développement local qui appelle une gouvernance territoriale* »[245].

Cette question soulevée est au cœur de nos interrogations. Car, à notre avis, s'il est facile de dessiner les contours des territoires depuis les sommets de l'État à travers des textes de loi, la réalité de leur gestion et de leur développement reste souvent une équation à plusieurs inconnus laissée entre les mains des collectivités locales non préparées à assumer l'intégralité de leur rôle. Les collectivités locales dépendent encore de l'État dans la réalisation de certaines infrastructures et de certains projets de développement. Souvent limité à son acception politique et institutionnelle, le territoire au Sénégal n'est pas encore porteur de dynamiques locales propres pour assurer le développement local. Quelles que soient les réformes engagées, les projets de loi votés pour changer la structure des territoires, les vrais changements qui s'imposent sont d'ordre fondamental. C'est à l'intérieur des territoires mêmes que les changements futurs sur leurs

---

[244] Ibidem

[245] DIOP A. (dir), 2008, *Développement local, gouvernance territoriale, enjeux et perspectives*, Khartala, 230 p.

structures interviennent par l'action des acteurs en rapport avec d'autres acteurs extérieurs du territoire, des projets et des externalités. L'intelligence territoriale reste encore une réalité à construire au Sénégal d'où notre contribution à travers cet ouvrage à faire comprendre et à expliquer les enjeux d'une construction territoriale efficiente à l'heure où les territoires locaux constituent de véritables bassins de développement.

2. Le développement local par l'approche territoriale

> « *Les territoires ne sont plus les cadres où des choses se passent, mais où les choses s'inventent* »[246].

Cette formule de Jean-Louis Guigou montre à tel point la perception du caractère des territoires a évolué au fil des décennies, passant de simples lieux où les politiques centrales et descendantes de l'État s'exécutaient, à de vastes laboratoires de production, de création et de construction des politiques de développement dont les impacts sont nationaux. Dans ce travail, s'intéressant à une socioanthropologie des pratiques et représentations entre acteurs en situation de face-à-face dans le champ du développement, nous nous sommes focalisé sur les modes de coordination horizontale présidant à la gouvernance locale et à la nécessité d'une autre manière de construire l'espace local. Le territoire, un construit social et historique, est une notion pertinente pour le développement local dans la mesure où il permet de délimiter un espace d'action et de projet : c'est l'espace de mobilisation des acteurs et de valorisation des ressources locales, c'est le lieu d'articulation entre ressources matérielles et immatérielles où le capital humain reste une valeur fondamentale.

Dans le contexte de la mondialisation, l'émergence des territoires locaux porteurs d'une dynamique de transformation sociale propre devient une dimension importante des politiques de développement local. La notion de territoire n'est pas universelle ni figée, elle est

---

[246] Guigou J-L, 1995, *Une Ambition pour le territoire, aménager le temps et l'espace*, éditions de l'Aube.

incarnée par représentation collective avec un fort sentiment de cohésion et d'appartenance, structurée autour de l'articulation des diverses dimensions qui le caractérisent. Le territoire se révèle comme la résultante, le produit d'une histoire collective humaine, la réalisation dynamique d'un présent construit et porte en lui les germes de l'avenir des groupes sociaux qui le façonnent. Son identité[247] est vécue par ses habitants à travers le sentiment d'appartenance à l'espace social déterminé et médiatisée par les différents temps d'échange avec l'environnement, qui non seulement est un maillon important de son développement socioéconomique, mais en reflète l'image et la perception extérieures.

S'inscrivant en faux contre les approches sectorielles du développement qui l'enferment dans des catégories réductrices qui souvent ne proposent pas un contenu alternatif aux pratiques anciennes, qui ne cadrent pas aussi avec une aire géographique déterminée, l'entrée par une approche territoriale se veut être une rupture théorique et méthodologique dans la construction du bien-vivre des populations. L'une des limites de ces formes sectorielles, c'est d'être non seulement plus théorique que pratique, car guère ancré sur un territoire explicite, mais aussi est de prendre un aspect du développement en voulant le généraliser et en faire un modèle de développement universel ; même si, à bien des égards, leurs apports sont louables dans le processus de transformation des peuples.

Pour nous, dans le contexte sénégalais, la division sectorielle des acteurs et des pratiques de développement procède de deux principes essentiels :

- Une volonté politique de gestion parcellaire des ressources du territoire, et
- une mauvaise application et lecture des principes de la décentralisation par un rôle non complet de l'ARD.

Ainsi, l'approche territoriale que nous mettons en avant apporte un éclairage « global » et dynamique sur la zone d'action permettant de poser les bases d'un plan d'action locale adapté à la situation du

[247] Favreau L., 2003, « Développement des territoires : Nouvelle approche du développement régional ? » Série *Développement régional* n°1, Chaire de recherche en développement des collectivités, Université du Québec en Outaouais, 38 p.

territoire. Ceci rompt avec le modèle du développement-package et fait émerger le processus de changement des réalités du territoire. D'où notre penchant pour le concept de développement local, car il s'agit de faire du développement au Sénégal une question territoriale locale avant d'être nationale[248]. Articuler le processus de développement local avec une démarche par territoire est rendu nécessaire par les politiques de décentralisation au Sénégal. Ces dernières créent des « territoires » hétérogènes, de différents niveaux avec des trajectoires de développement très différents. Certaines collectivités locales ont un niveau d'avancée supérieur à celui d'autres et avec un traitement institutionnel relativement différent en fonction de l'importance de la circonscription. Construire la dynamique des territoires en système d'action constitue la première action vers le développement local.

À cet effet, l'approche territoriale se décline comme une méthodologie qui permet aux acteurs locaux de définir une politique de développement à partir des ressources du territoire analysées en termes d'opportunités, de contraintes et de stratégies. Elle s'appuie essentiellement sur une démarche globale et concertée des acteurs du territoire, et sur une meilleure mobilisation quantitative et qualitative des ressources endogènes. Parler d'approche globale implique de prendre en compte de manière structurée et combinée les diverses composantes du territoire : environnementale, économique, sociale, culturelle, politique, etc. Cette approche tire ainsi sa force de la transversalité des dimensions du développement local et de l'exploitation de ces dimensions du territoire pour diagnostiquer, analyser et élaborer des politiques adéquates au territoire afin de construire des territoires de projets, et plus tard, des territoires de développement. Nous considérons un territoire de projets comme un territoire dont le mode d'intervention est basé sur des projets tirés de ses propres caractéristiques, et un territoire de développement comme un territoire dont le mode d'intervention par projet a atteint un niveau de maturité et de complexité bien suffisant et dont le fonctionnement est basé sur les principes de l'intelligence territoriale. La mise en œuvre d'une telle approche qui a pour but de favoriser le développement local nécessite deux outils qui nous paraissent pertinents à instaurer au sein du territoire : la concertation et la valorisation des ressources locales. Ces deux outils sont partagés par des auteurs du

[248] Diagne M., 2011, *La relance du développement local au Sénégal*, L'Harmattan - Sénégal, 467p.

développement local[249] comme faisant partie de sa méthodologie de mise en œuvre et un des principes qui le régissent.

2.1. La concertation

L'un des points forts de l'approche territoriale est l'instauration à l'échelle du territoire d'un partenariat local. Ce dernier organise la concertation et la mise en commun d'expérience entre acteurs publics et privés dans la conception de projets de développement pour leur territoire. La rupture consiste à associer pleinement les populations dans toutes les phases du projet dans le processus de concertation pour que l'initiative de développement local prenne en sens territorial réel.

Le partenariat entre acteurs apporte une vision globale du territoire, partagée par les différents acteurs locaux, et construite progressivement. On notera au passage que ce partenariat doit être représentatif de toutes les forces vives du territoire, qu'il faut identifier, sensibiliser, associer pour leur participation optimale. De même, par le biais de la concertation, l'approche territoriale propose une nouvelle conception du rapport des populations au projet de développement en favorisant leur mobilisation et leur consultation en relation avec les acteurs économiques. Pour favoriser cette dynamique d'inclusion, la concertation ou le partenariat, qui sont par ailleurs des méthodes relevant de la démocratie participative et de l'approche ascendante du développement, sont mis en œuvre au niveau du territoire local. Ce principe a vu à Fandène la création des Comités villageois de Développement (CVD) qui réunissaient l'ensemble des représentants du village. Ce comité présidait à la coordination des rapports avec les ONG pour le développement du village. Une concertation efficace et dynamique se base sur un partage de l'information entre tous les acteurs, la poursuite d'un but commun visant le bien-vivre primordial de la collectivité. Elle ne doit pas être instrumentalisée, comme c'est souvent le cas[250], par tel ou tel groupe d'acteurs à des fins de pouvoir ou d'idéologie. Ce n'est pas une aspiration idéal-typique, mais une réalité qui peut être construite au sein des territoires de projets et de développement, car c'est un ensemble de logiques organisationnelles

[249] Voir Lazarev G., Arab M., *op.cit.* Pecqueur B., *op.cit*
[250] Voir Olivier de Sardan J-P., *op.cit.*

qui président à l'intelligence territoriale dont l'appropriation est plus que vitale.

2.2. La valorisation des ressources locales endogènes

Le deuxième point fort de l'approche territoriale est la valorisation des ressources endogènes dans le processus de développement local. Ces ressources sont multiformes et concernent les domaines physique, environnemental, culturel, humain, économique et financier, mais aussi institutionnel et administratif. Par ressources endogènes, nous mettrons plus en avant les compétences des acteurs dans tous domaines. Un tri s'impose quant aux ressources à valoriser selon le type de projet mis en œuvre et selon l'orientation globale du projet social. Mais cela n'empêche pas une considération de toutes les formes de ressources pour toujours faire émerger des idées de projets de situations a priori anodines.

Le territoire est composé de plusieurs groupes sociaux avec des traditions et des savoir-faire différents les uns des autres, mais souvent très complémentaires. Les techniques les plus rudimentaires, professionnalisées peuvent être des sources immenses d'inspiration à des innovations sociales à forte valeur ajoutée. C'est pourquoi le développement local rompt avec une idée ancienne du développement des populations qui veut que ces territoires pauvres soient des tables rases où tout est à faire, à construire. Pour notre part, c'est plus l'idée de co-construction qui constitue l'élément essentiel de nos observations. Cette co-construction ne peut se faire sans une prise en compte des valeurs du territoire pour ancrer véritablement l'effort de changement des réalités socioculturelles des populations locales.

Plus facile à énoncer qu'à construire empiriquement, nous notons que l'approche territoriale permet à l'acteur de trouver sa place centrale dans le processus de développement. C'est en fonction de ses multiples relations, à des strates et échelles différentes au sein du même territoire, qu'il façonne ce dernier et donne un sens intrinsèque à son bien-vivre. Cependant, les contraintes structurelles constituent de véritables défis pour les territoires. D'où le fameux adage : « *Penser global, agir local* ». La base du développement reste le territoire qui souhaite assurer son bien-vivre, qui le construit, le façonne et le protège. Il ne peut être plus recherché par des acteurs extérieurs au territoire sous prétexte qu'ils maitrisent mieux les enjeux et défis du territoire, que par ceux qui l'ont bâti. C'est dans ce sillage que Enda Graf Sahel nous proposait ce qu'il a appelé les cinq axes du développement local.

2.3. Les maitrises du développement local

Philippe de Leener propose d'exposer cinq maitrises indispensables pour aborder la réalité du développement dans un territoire donné et sur lesquelles nous reviendrons dans les pages à venir. Pour lui, le concept « Maîtrise » traduit deux conceptions complémentaires : une maitrise politique, car celui qui maitrise reste maitre de sa connaissance et de ses orientations ; une maitrise technique c'est-à-dire les savoir-faire qui concrétisent la maitrise politique. Cette conception promeut une dimension politique du développement en dotant les acteurs locaux de pouvoirs et capacités d'action sur leur propre vécu[251]. À ce titre, il décline sa pensée en cinq maitrises qu'il considère comme incontournables. Il s'agit de :

- **La maitrise de la réflexion**. Maitriser la réflexion revient à maitriser au moins deux aspects cruciaux de la pensée. Cela suppose qu'on est capable d'analyser « son » contexte et de se questionner en permanence sur les conditions de la vie sociale.
- **La maitrise des initiatives et des ressources**. Ceci suppose être capable d'avoir une bonne connaissance de son territoire afin de pouvoir repérer les ressources endogènes importantes à partir desquelles les bonnes initiatives en faveur du développement pourront découler.
- **La maitrise de la régulation**. Il s'agit de contrôler la production des règles et des normes qui régissent la vie en communauté. Il faut à ce titre avoir la capacité de concevoir, formuler, appliquer, contrôler, mais aussi faire évoluer les règles tout en se gardant de protéger l'identité collective.
- **La maitrise de la décision**. *Maitriser la décision signifie avoir la compétence, mais également le pouvoir de concevoir, de formuler, d'appliquer, de contrôler, mais aussi – insistons une fois encore – de faire évoluer les décisions qui concernent le « vivre ensemble » et le*

251 Leener P. de, et Nanema J., Février 2007, *Piloter sa recherche dans une logique de partenariat et d'appui aux dynamiques locales de changement*, Ouagadougou, p.12.

« progresser ensemble ». Maitriser les décisions avec tous ceux et toutes celles qui sont concernées signifie partager le processus qui construit la société où chacun mène ses activités[252].

- **La maitrise de la négociation**. Pour l'auteur, tout part de la maitrise de la différence que nous pouvons constituer en rapport avec l'altérité. C'est une quête de connaissance pour savoir ce qui unit et ce qui sépare afin de construire un partenariat axé sur un objectif commun[253].

Ce que l'auteur appelle « Maîtrise » est pour nous un ensemble de mécanismes qui favorisent et construisent le développement d'un territoire. Il s'agit d'aptitudes et d'attitudes, d'acquis que les populations locales doivent chercher à détenir. C'est pourquoi une appropriation de ces leviers par les populations locales du territoire en question s'avère être un outil pour asseoir les bases propices d'un développement soutenu. Mais nous allons plus loin que l'auteur, car nous pensons qu'au-delà des populations locales, c'est plus au niveau des autorités institutionnelles qui déterminent les politiques sociales et les cadres de l'action de les cultiver. Ainsi, toutes les actions des intervenants sociaux publics comme privés tournées vers la formation des populations locales, le renforcement des capacités, l'alphabétisation, etc. favorisent l'appropriation de ces leviers de développement personnel et collectif.

En outre, nous pensons qu'il existe encore une sixième maitrise indispensable que l'auteur n'a pas mise en exergue. Il s'agit de la **maitrise de l'innovation** qui nous paraît actuellement au cœur des dispositifs territoriaux de développement. Il s'agit d'être capable de repérer des idées, actions, personnes à fort potentiel innovant pour le changement social du territoire. Il s'agit de revaloriser les ressources locales, de réactualiser des « bonnes pratiques » aux contextes spatio-temporels du territoire en mouvement. Cette aptitude complexe nécessite à ce titre l'ingéniosité des acteurs économiques et sociaux locaux, un effort de veille et d'information ; ce qui est au principe même de l'intelligence territoriale.

---

252 Ibidem, p.13

253 Voir Leener P. de, et al. 2005, *Changement politique et social : Eléments pour la pensée et l'action*. ENDA Sahel et Afrique de l'Ouest. ENDA GRAF Sahel, 287 p.

Graphique 1 : Les six maitrises du développement local

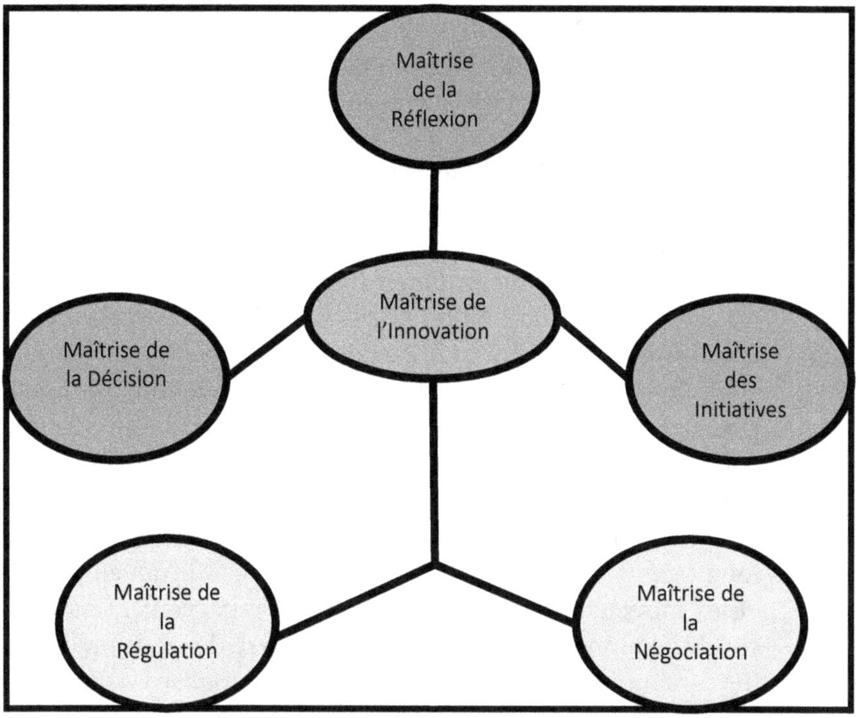

Source : Leener P. de., adaptée par DIOP Joseph, 2020

Cependant, la conduite de la démarche territoriale fera appel à ces maitrises du développement local pour faire ressortir une méthodologie modélisée en principe, mais dont la mise en application et le contenu sont spécifiques aux différentes formes de territoires. Nous retiendrons trois phases essentielles :

- **Le diagnostic territorial stratégique (DTS)** : à ce stade, le but est de recenser les forces et les faiblesses, identifier les opportunités et les menaces en combinant entretiens avec les acteurs majeurs du territoire, enquêtes et compilations de données statistiques, monographies. C'est une photographie objective et globale ainsi qu'une vision prospective réaliste du territoire qui tient compte des évolutions et tendances engagées. Elle s'appuie aussi sur les expériences vécues en termes de développement du territoire. Ce diagnostic se matérialise par la rencontre des acteurs clés pour aboutir à une vision partagée du territoire et de son avenir, l'identification des attentes de la population par le concours de cette dernière, la capitalisation sur des expériences menées par d'autres territoires afin d'en faire ressortir des actions reproductibles sur le territoire. Un bon diagnostic offre la possibilité d'établir la carte d'identité du territoire pour toute intervention de développement et constitue un outil politique et décisionnel stratégique.

- **La stratégie de développement (SD)** : une fois le diagnostic réalisé, il s'agit ici d'identifier les axes clés sur lesquels reposera la définition de la stratégie de développement. La concertation entre les acteurs permettra de définir les moyens nécessaires pour mettre en œuvre une stratégie territoriale claire et compréhensible pour tous de manière à ce qu'elle trouve un ancrage dans les spécificités locales. À ce niveau, les acteurs peuvent élaborer une stratégie de territoire à court, moyen et long terme, en définissant les grands axes du développement et les moyens à mettre en œuvre pour y parvenir. La ligne de conduite globale définie, la mise en œuvre de la vision du futur du territoire peut commencer à se matérialiser à travers les projets.
- **Le Plan d'action opérationnel (PAO)** : Le diagnostic de territoire et la définition de la stratégie de développement ont permis de faire émerger des projets de territoire qu'il faut désormais savoir traduire en actions concrètes. Il s'agit de matérialiser les projets retenus de façon à pouvoir mener leur mise en œuvre avec les partenariats nécessaires, un phasage des étapes d'exécution et la définition d'indicateurs de suivi et d'évaluation.

Ces trois étapes qui nous paraissent incontournables pour la construction territoriale du développement forment ce que l'on appelle le projet de territoire. Ce dernier détermine la nature des dynamiques territoriales et l'élan de gouvernance locale.

3. Le développement local sous l'angle des interactions sociales

Rappelons une définition socioanthropologique du développement que nous avons proposée dans les sections précédentes :

> ***Le développement est l'articulation d'un ensemble de relations sociales imbriquées les unes les autres, constituées autour de l'action suscitée par les interventions d'acteurs locaux et extérieurs, le tout évoluant comme un système et formant un processus dynamique pour la construction sociale d'un territoire par la mobilisation de ressources.***

Cette définition oriente la recherche vers une approche systémique du développement local. En effet, le développement peut se traduire comme un système d'interactions sociales construites autour du projet par les acteurs et contribuant par sa dynamique à la transformation du territoire.

Nous considérons ainsi le développement local sous l'angle des relations sociales à l'échelle du « territoire » de Fandène. Cette problématique centrale procède de l'observation des multiples retards et freins constatés dans le développement de la communauté rurale, devenue Commune, malgré une présence assez réelle d'organismes privés et publics. Elle découle aussi du constat des limites relatives aux explications de type normatif ou psychologique ; les premières se focalisant sur les aspects structurels des organisations de développement et les secondes portant sur des implications liées à la culture des acteurs ou interrogeant leurs aptitudes intrinsèques à participer aux actions de développement. À cet effet, le but de notre recherche est alors de comprendre puis d'expliquer les mécanismes sociaux qui freinent ou retardent la construction du développement local à Fandène, d'une part, et, d'autre part, la compréhension d'une notion qui échappe souvent aux chercheurs par sa polysémie. En tant que processus de changement social, il renvoie à un faisceau complexe de pratiques, de logiques, de représentations et de dynamiques sociales à l'œuvre dans la construction du territoire, qu'il faut interroger à travers une approche systémique se nourrissant d'apports théoriques divers et complémentaires.

3.1. Approche systémique des relations de développement

Nous posons d'emblée le développement comme une configuration systémique de relations et d'interactions entre acteurs réunis autour d'objectifs pour la construction sociale d'un territoire déterminé. Relations à un objet, un environnement, relations avec des acteurs, interactions dynamiques, autant de situations qui décrivent le processus dans lequel sont inscrits les territoires concernés par la problématique du développement local comme Fandène. Nous abordons ainsi le développement local par le prisme de la construction sociale du territoire, une manière pour nous de placer l'unité d'analyse au niveau des relations, des interactions sociales, des liens tissés entre acteurs pour rendre compte de la dynamique sociale. En effet, une interaction est un échange d'informations, d'émotion ou d'énergie entre plusieurs acteurs au sein d'un système, c'est une action réciproque qui suppose l'entrée en contact de sujets. Pour Edgar Morin, « *[…] les interactions sont des actions réciproques modifiant le comportement ou la nature des éléments, corps, objets, phénomènes en présence ou en influence* »[254].

Cette définition d'Edgar Morin de l'interaction, penseur de la complexité, introduit notre propos dans l'approche systémique, héritage qu'il a participé à perpétuer. On parlera d'interaction sociale dès lors qu'une relation interhumaine s'établit permettant une intervention verbale, une expression, une attitude ou une action provoquant une réponse, un effet feedback, qui rétroagit sur les acteurs constitutifs de la relation ainsi considérée. Cependant, le processus de l'interaction dépasse largement le cadre d'un stimulus/réponse comme il a longtemps été décliné. Le concept d'interaction sociale a ainsi permis à des chercheurs en sociologie, notamment les interactionnistes, de sortir la discipline des dualismes classiques et binaires de type individu/société, individuel/collectif, etc. qui ont longtemps enfermé la sociologie dans deux grands paradigmes dominants : l'holisme et l'individualisme. Si les énoncés des deux grands paradigmes classiques sont encore présents, il n'en demeure pas moins que les explications qu'ils fournissent restent souvent parcellaires et partiales. Les modèles d'explication classiques ne

---

[254] Morin E., 1977, *La Nature de la nature* (tome. 1), *La Méthode*, Le Seuil, p. 51

suffisent plus à offrir une intelligibilité de faits sociaux intégrant davantage de nouvelles dimensions et composantes.

Une approche systémique considère les relations de développement comme étant ancrées dans un système concret : le système territorial. La compréhension des dynamiques territoriales ne peut être proposée ni par une approche normative, ni par une approche psychologique, mais par une approche qui tente de dépasser ce dualisme en considérant le social comme le fruit d'une construction sociale. Le développement local, à travers les différentes actions qui s'en réclament (projets, programmes, humanitaires...), favorise la mise en relation d'acteurs. Plutôt que de cantonner l'analyse sur un pôle déterminé, nous pensons pertinent de considérer l'articulation des pôles dans une analyse plus globale ; c'est en ce sens que la perspective systémique nous paraît adaptée à notre objet.

La pensée systémique émerge à partir de la seconde moitié du 20e siècle, après la seconde guerre mondiale aux États-Unis, bénéficiant de l'apport considérable de mouvements intellectuels comme le structuralisme dans le domaine des sciences humaines et sociales, de la cybernétique et de la théorie de l'information. La pensée systémique se développe avec l'émergence du concept de système que les auteurs vont définir suivant plusieurs critères que nous relèverons. Ce qu'on peut appeler la première « école » systémique concerne les travaux en cybernétique de Norbert Wiener, de Claude Shannon avec une modélisation mathématique de la communication, de Warren McCulloch sur l'intelligence artificielle donnant naissance à la bionique et de Jay Forester sur la dynamique générale des systèmes dans le domaine de l'électronique, entre autres. L'apport de Ludwig Von Bertalanffy est sans doute l'un des plus remarqués pendant cette période avec son ouvrage consacré à la théorie du système général. Le contexte de naissance de ce mouvement allie recherche de pragmatisme et opérationnalité aux États-Unis pour trouver un outil conceptuel capable d'aider à résoudre des problèmes de plus en plus complexes dans le domaine des technologies de pointe[255].

C'est aussi l'ambition d'un Talcott Parsons[256] qui voulait proposer une théorie générale de l'action en montrant comment cette dernière

[255] Durand D., 2013 (1979), *La systémique*, Paris, PUF, 126 p

[256] Parsons T., 1951, *The social system*, Glencoe, Free Press

est régulée et structurée par le système, d'une part, et, d'autre part, comment l'action participe à organiser le système. Le fonctionnalisme systémique, terme qu'il préfère à celui de structuro-fonctionnalisme, a pour but de rendre compte des relations existant entre composantes (sous-systèmes) d'un système et comment ce dernier fonctionne grâce à ces interrelations. Il veut aussi expliquer comment dans une société, les échanges entre différents éléments comme les structures sociales, la culture, les organismes biologiques, permettent le fonctionnement de la société elle-même. Il définit l'action sociale comme un système avec plusieurs composantes comme l'acteur, la finalité ou le but, un environnement et un ensemble de règles. Loin de vouloir rentrer dans les détails de la théorie parsonienne, il nous a semblé utile de rappeler sa proximité analytique avec l'approche systémique. Le système dont nous voulons parler ici n'est pas celui des fonctionnalistes, il est concret, construit, et peut être saisi empiriquement.

Par ailleurs, la deuxième « école » apparaît à partir des années 70 et coïncide avec l'extension du mouvement hors des États-Unis. Il atterrit en France avec les travaux de Joël Rosnay en 1975 avec son ouvrage *Macrocosme,* mais aussi de Jean-Louis Le Moigne avec l'ouvrage *La théorie du système général. Théorie de la modélisation*[257]. Cette nouvelle théorie qui s'agrandit dans les milieux intellectuels et dans différentes disciplines des sciences humaines et sociales, se différencie du rationalisme classique dominant dans la pensée occidentale, hérité de la philosophie d'Aristote et formalisé davantage par le *Discours de la méthode* de René Descartes. Forme de pensée disjonctive et réductionniste, le rationalisme cartésien montre ses limites dans l'analyse de situations complexes par la proposition d'une méthode analytique centrée sur les éléments du système. Alors que l'approche systémique va davantage se centrer sur la compréhension des relations entre ces éléments, luttant également contre l'éclatement des disciplines et des théories.

Pour mieux comprendre l'approche systémique, il est essentiel de proposer quelques définitions de son concept central : le système. Les principaux auteurs des courants de pensée qui ont participé à la naissance de la pensée système abordent ce concept en mettant en avant une caractéristique centrale qui le définit. Ainsi, pour Ferdinand

---

[257] Le Moigne J-L., 1977, *La théorie du système général. Théorie de la modélisation*, Paris, PUF, 272 p.

de Saussure, le système est « *une totalité organisée faite d'éléments solidaires ne pouvant être définis que les uns par rapport aux autres en fonction de leur place dans cette totalité* »[258]. Pour Ludwig Von Bertalanffy, le système désigne « *un ensemble d'unités en interrelations mutuelles* »[259]. Pour Joël de Rosnay, le système correspond à « *un ensemble d'éléments en interaction dynamique, organisé en fonction d'un but* »[260]. Aussi, la définition qu'en propose Edgar Morin semble aller dans le même sens où le système renvoie à une « *unité globale organisée d'interrelations entre éléments, actions ou individus* »[261].

Ces diverses définitions permettent de faire ressortir certains traits caractéristiques d'un système tournant autour de la totalité qu'il représente, sa dynamique interactive, son organisation, sa complexité structurale et la poursuite de buts pour l'action. À partir de ces définitions, nous pouvons dégager quatre concepts fondamentaux, sur lesquels nous reviendrons, permettant de caractériser et de définir une régularité structurale de tout système : **interaction, totalité, organisation et complexité/ouverture**. La notion de système a aussi fait l'objet de réflexion pour Michel Crozier qui la définissait d'emblée comme « *un ensemble constitué comme un champ structuré – non neutre – dont les différents éléments ont des conduites coordonnées et interdépendantes* »[262].

Sa conception du système s'oppose aux modèles naturalistes, car il le perçoit comme un construit humain. Il insiste sur la notion d'interdépendance et pose le système non pas comme « *un schéma a priori, mais un essai de reconstitution d'un construit humain indispensable à la poursuite des activités et des relations sociales. Le postulat sous-jacent à l'affirmation de son existence, c'est le postulat de l'existence nécessaire d'un jeu qui permet de coordonner les stratégies opposées de partenaires en relation, de la nécessité d'un système contenant pour rendre possibles les conflits, les négociations, alliances et jeux entre les jeux contenus dans cet ensemble* »[263].

---

258 Cité par Durand D., 2013 (1979), *La systémique*, Paris, PUF, p. 7

259 Bertalanfy L V., 1973, *Théorie général des systèmes*, Paris, Dunod, p.53

260 Cité par Durand D., 2013 (1979), *La systémique*, Paris, PUF, p. 8

261 Morin E., 1977, *La Méthode – La nature de la nature*, Paris, Seuil, p. 9

262 Crozier M., Friedberg E., 1977, *L'acteur et le système. Les contraintes de l'action collective*, Seuil, p. 227

263 Crozier M., Friedberg E., 1977, *op. cit.* p. 244

Il aborde ainsi le système tel un champ d'actions et d'interactions, un espace de jeu, une arène comme le considère Jean-Pierre Olivier de Sardan, qui rend possible l'expression des stratégies d'acteurs et des contraintes du système. À ce titre, il utilise le concept de « système d'action concret » pour articuler dans une même démarche d'analyse le mode de raisonnement stratégique et celui systémique. Ce système d'action concret, du fait qu'il est construit social contingent ne se donne pas de manière naturelle, ce qui rend difficile de connaitre d'avance sa configuration et ses propriétés spécifiques. Il est dynamique et change de forme constamment en raison des jeux dans lesquels sont inscrits les acteurs avec leurs stratégies et les logiques d'action propres à la distribution du pouvoir et l'influence de l'environnement social et politique. Car pour Crozier, « *tout système d'action concret est ouvert : la différence essentielle tient à son ouverture interne et externe qui conditionne la possibilité d'inclure et d'exclure des acteurs extérieurs au système tel qu'il se soit constitué à un moment donné, ainsi que la possibilité pour les acteurs du système de changer de place dans la structuration du jeu ou de passer d'un jeu à un autre* »[264].

Si l'acteur jouit d'une liberté presque illimitée dans le système et que le jeu structure les relations au sein du système, il faut noter que le moment auquel se constitue le système n'est pas une donnée naturelle, il se produit dans un contexte déterminé qui se construit en fonction des problèmes et des crises qui pèsent sur les acteurs. Aussi, il considère le système comme un instrument pour l'acteur libre qui a des possibilités d'action énormes et les contraintes qui pèsent sur son comportement ne sont pas produites par le système, mais par le jeu social, ce qui les rend indéterminées et contingentes[265].

Renaud Sainsaulieu[266] a souligné les limites d'une telle conception des systèmes d'action qui met en exergue l'absence de conditionnement, ce qui rend possible l'accès à des marges de manœuvre de plus en plus grandes pour tous les acteurs du système, ce qui n'est pas toujours le cas. Ce postulat considère la capacité stratégique de l'acteur comme n'étant limitée que par celle d'un autre acteur dans le jeu social, et ne propose aucun facteur de détermination

---

264 Crozier M., Friedberg E., 1977, *op. cit.* p. 250.

265 Arocena J., 1986, *Le développement par l'initiative locale. Le cas français*, p. 106.

266 Sainsaulieu R., 1987, *Sociologie de l'organisation et de l'entreprise*, Presses FNSP-Dalloz, Paris.

comme l'âge, le sexe, la classe sociale, l'origine culturelle, pour tenter d'expliquer la configuration des relations au sein du système. Pourtant, quelle que soit la liberté d'action des acteurs, quel que soit leur pouvoir, il existe des acteurs, en raison de facteurs externes au jeu social, qui n'ont pas de prise sur le système et sur ses composantes. Les effets de l'environnement sur la liberté d'action des acteurs et sur le jeu social du système sont aussi quelque peu négligés. C'est pourquoi, l'analyse de ce que nous appelons « système d'action local » dans ce travail, repose sur l'hypothèse de l'existence simultanée de libertés et de contraintes internes et externes pesant sur l'action et sur les interactions se construisant dans un contexte déterminé. La prise en compte de cette double logique est essentielle dans notre conception du système et de l'approche systémique que nous formalisons, qui reste empirique et rejette toute tentative de généralisation et de modélisation hâtives des relations sociales ancrées spécifiquement dans les logiques d'un territoire.

Il est important de rappeler que l'évolution de la pensée systémique est en partie liée à la prise de conscience de la complexification des relations sociales de tout genre dans le monde[267], notamment avec le mouvement de la mondialisation. La socioanthropologie appréhende les actions de développement par la densité des relations qu'elles permettent de formaliser. Nous dirons que par leur ancrage territorial, les faits de développement peuvent être saisis à travers cette approche globale dans un contexte de *retour de l'acteur* et de valorisation des espaces locaux. À cet effet, nous partons des dynamiques territoriales et du territoire pour interroger les actions des acteurs, leurs interactions en vue de relever le défi de la construction du développement local. Jusqu'ici, nous raisonnons en considérant que ce dernier est un construit social et non une donnée naturelle. Il s'agit d'un postulat implicite qui rejette les théories classiques dans ce domaine et qui sont fondées sur une forme de naturalisme selon lequel il y aurait des lois universelles qui président aux faits de développement et qui déterminent les actions humaines de manière à pouvoir les modéliser et les rendre reproductibles, telle une expérience en laboratoire, partout où la mise en œuvre du changement est nécessaire.

---

[267] Atlan H., 1979, *Entre le cristal et la fumée. Essai sur l'organisation du vivant*, Paris, Seuil, 320p.

En ce sens, pour asseoir notre manière de lire notre objet d'étude et surtout de poser l'approche systémique qui oriente cette présente recherche, nous nous sommes inspirés des travaux de Fabienne Leloup qui proposent un cadre analytique et d'approche du développement territorial et des systèmes complexes[268]. En effet, l'ancrage du développement local dans un territoire déterminé, ici la collectivité locale de Fandène, nous pousse à saisir les dynamiques territoriales comme faisant système d'action local. Le territoire devient en ce sens un champ d'émergence, d'exercice et de maturation de ce système d'action local, véritable système dynamique ouvert. Considéré comme un processus de transformation sociale, le développement local repose à notre sens sur l'articulation de cinq dynamiques essentielles :

- L'identification d'une situation de crise ou problématique,
- La mobilisation et la coordination des acteurs,
- La planification et la mise en œuvre d'un projet d'action collective,
- La création de régulation,
- La restructuration de l'environnement.

Ces dynamiques constituent le système d'action ainsi présenté[269]. Elles sont régies par des principes propres au système d'action local et comme toute forme de système généralement, il obéit à des propriétés qui se déclinent en termes de totalité, d'interactivité, d'organisation et d'ouverture. Selon Fabienne Leloup, ***le principe de totalité ou globalité***[270], considère que le système n'est pas réductible aux différents éléments qui le structurent. Il possède des propriétés émergentes que ne possèdent pas les parties prises isolément. Il constitue en cela une entité autonome en vertu de laquelle il peut contraindre les comportements des acteurs et réguler leurs marges de manœuvre au sein même du système à travers les relations tissées entre eux.

---

268 Leloup F., 2010, Le développement territorial et les systèmes complexes : Proposition d'un cadre analytique, *Revue d'économie régionale et urbaine*, n°4, pp. 687 - 705, Armand Colin.

269 Ces dynamiques ressemblent aux maitrises du développement local présentées par Philippe de Leener et reprises par nous dans les pages précédentes.

270 Pour la définition de ces concepts, consulter Durand D., 2013 (1979), *La systémique*, PUF, 126p

Le principe d'interactivité stipule que la compréhension d'un objet en tant que système nécessite la compréhension des éléments, mais aussi des relations qui les unissent à savoir les interactions et les connexions. Ces relations prennent la forme d'une causalité non linéaire, mais une forme de causalité circulaire avec des situations de rétroaction où l'influence d'un élément sur un autre rétroagit directement ou indirectement sur l'élément déclencheur. Ces relations expriment la dynamique du système à travers des situations de dépendance, influence, transformation, conflit. Cette dynamique permanente permet au système de se transformer et de se restructurer dans le temps et l'espace. Nous considérons que ce principe constitue le point focal du système, celui qui agrège l'ensemble des autres principes et leur donne sens.

Le principe d'organisation désigne soit un état du système, soit le processus de sa formalisation, elle concerne l'agencement des relations entre les différentes composantes par le principe d'arborescence. L'organisation comporte une dimension structurelle par une hiérarchisation des éléments, son organigramme, la distribution des rôles et tâches, et une dimension fonctionnelle par les actions et programmes mis en œuvre pour son maintien. Elle veille à la finalité du système, à savoir sa transformation progressive avec une régulation des interactions entre les éléments surtout avec les formes de système auto-organisateur. Elle assure la cohérence interne et prépare l'intégration du système dans son environnement global. Ceci implique des logiques de régulations dans le système par la production contextualisée de normes, règles en fonction des enjeux et de la densité des relations du système. C'est cette organisation interne qui confère au système une forme d'identité propre à son ancrage territorial. Le concept de structure peut correspondre à ce que l'on peut appeler le principe d'organisation de l'objet considéré. La détermination de la structure d'un système ne suffit certes pas à rendre compte du système, mais contribue grandement à sa compréhension.

Le principe d'ouverture s'appuie sur l'organisation interne du système pour inscrire ce dernier dans son environnement proche et lointain. Il traduit la complexité du système qui concerne l'articulation dense et imbriquée des relations entre les différents éléments. Elle est appréhendée aussi en fonction du caractère aléatoire et incertain de la structure de l'environnement globale du système, par le degré élevé d'organisation du système et par la difficulté voire l'impossibilité d'identifier tous les éléments et toutes les relations en jeu. On peut dégager trois niveaux d'espaces d'interaction dans les rapports du système avec son environnement. D'abord le milieu intérieur qui décrit l'espace des relations internes, ensuite, le niveau extérieur qui concentre les relations habituelles que le système entretient avec son environnement immédiat et enfin le niveau englobant, celui des relations avec l'environnement au sens large. La prise en compte de cette complexité permet une articulation dans l'analyse des logiques globales et des logiques locales toutes importantes dans la compréhension des phénomènes.

Le système territorial local n'est pas détaché des réalités exogènes et structurelles globales. En tant que système ouvert, son intelligibilité doit ainsi prendre, compte des effets de l'environnement global sur sa structuration et la dynamique des échanges ayant cours en son sein. Ces quatre principes et concepts de la démarche systémique s'articulent de manière dialectique dans la compréhension d'un système particulier comme le système d'action local du territoire de Fandène. Ainsi, l'intérêt de l'approche systémique est de révéler les processus d'interaction des éléments et les différentes dynamiques qui en découlent. En cela, on se rapproche de l'orientation constructiviste qui considère la réalité sociale comme construite par les acteurs sociaux produisant du sens par leurs interactions et elle s'inscrit dans des processus historiques qu'il est intéressant de ressortir[271]. Elle s'oppose aux doctrines essentialistes qui la considèrent comme « *allant de soi* », comme permanente[272]. L'approche systémique que nous défendons ne s'en détache pas trop et intègre surtout une dimension diachronique et dynamique dans l'étude de l'objet.

En reprenant ainsi la définition de Joël de Rosnay, nous pensons que le système d'action local est un ensemble d'éléments en interaction dynamique, structuré autour d'une action collective poursuivant un but tourné vers la transformation sociale du territoire local. Pour nous, ces éléments en interaction renvoient aux acteurs, individuel et collectif, au projet, à la situation, à l'environnement. Nous allons ainsi

---

[271] Loriol M., 2012, *La construction du social : souffrance, travail et catégorisation des usagers dans l'action publique*, Rennes, PUR.
[272] Keucheyan R., 2008, « L'imagination constructiviste. Une enquête au centre de sociologie de l'innovation », *L'Année sociologique*, Vol. 58, no. 2, pp. 409-434.

nous focaliser sur les relations construites autour de l'action collective ainsi que sur les logiques et stratégies d'acteurs qui les structurent. En ce sens, l'interactionnisme peut offrir une lecture pertinente de notre problématique qu'on ne peut négliger d'aborder.

En effet, l'approche systémique que nous utilisons permet de s'ouvrir à des apports théoriques capables d'éclairer notre problématique. L'interactionnisme relève du paradigme relationnel, lequel considère le monde social comme un construit. Ce dernier est composé d'un ensemble d'acteurs qui ne se contentent plus d'obéir à un ordre institutionnel qui les contraignait à agir d'une manière formalisée, ou de reproduire des règles et normes censées orienter leurs conduites. Ces acteurs disposent désormais d'une marche de manœuvre comme le souligne Michel Crozier ou de compétences comme le relève Anthony Giddens. Sachant que cette notion de compétence renvoie chez Giddens à la compréhension que l'acteur a des circonstances de son action ou de « *sa définition de la situation* » suivant des termes interactionnistes. Travaillant sur la notion de développement local, la tentation de faire appel à des approches normatives peut sembler compréhensible pour un sociologue soucieux de vérifier des hypothèses ou une théorie. Le développement a longtemps été pensé à travers les institutions qui le rendent possible, d'une part, et, d'autre part, à travers les organismes de développement. Il l'a aussi été à travers l'élaboration de règles macroéconomiques, de principes politiques comme autant de dispositions et de choix nécessaires à sa mise en œuvre. Pour notre part, ce choix semble laisser le problème de la compréhension de cette notion dans un vide conceptuel entretenant toujours son caractère flou et polysémique. Nous nous sommes posé la question de savoir : comment appréhender des phénomènes sociaux à forte teneur normative aussi structurants et structurels que le développement sans tomber dans une approche purement holiste ?

Nous avons pris le pari de répondre à cette question en mettant en avant une approche systémique en incluant une démarche interactionnelle processuelle pour se focaliser sur les relations de développement pour aider à comprendre, à conceptualiser des phénomènes aussi englobants, aussi institutionnalisant et complexes que ceux qui relèvent du développement. Ce choix s'explique par le fait que les approches normatives mettent en avant une analyse qui considère d'emblée les politiques de développement comme des panacées modélisées et reproductibles à appliquer aux crises qui frappent les populations du Sud. Or, après plusieurs décennies d'aide, le constat de la situation de mal développement est encore prégnant. Ces recherches mobilisent une analyse d'« en haut » des politiques d'« en haut » par une étude des institutions formelles et de leurs rapports en privilégiant les sphères internationales (macrologiques), nationales (mésologiques) du développement.

Ces approches n'abordent pas avec grand intérêt le niveau des pratiques et logiques d'acteurs locaux. L'approche normative, positiviste met l'accent certes sur le rôle des institutions, mais sous analyse les partenariats locaux et les modalités de leur construction. On voit ainsi que les multiples interactions effectives des acteurs et la diversité des situations de développement vécues d'un territoire à un autre, sont sous-traitées. D'autres approches mettent l'accent sur les aspects culturels en considérant que les échecs des politiques de changement relèvent d'ordre culturel et psychologique. Ces approches ont alimenté l'idée d'un développement à « l'Africaine » plus respectueux des valeurs et ressources du continent. Malgré ce nouvel élan, la notion n'a pas gagné en clarté et sa réalité reste toujours à améliorer dans ce continent.

La particularité des faits de développement et des relations qui s'en réclament pousse le chercheur à explorer, loin des sentiers battus, de nouvelles démarches pour appréhender ce phénomène. Loin de vouloir rejeter totalement ces approches théoriques du développement citées plus haut, nous considérons qu'une approche systémique permettra de mettre en perspective les logiques et stratégies d'acteurs d'« en bas », essentielles dans les relations de développement. Une telle approche n'oubliera pas de traiter la question de la conjugaison des logiques de différents ordres (normatif et psychologique). L'idée étant de comprendre comment des logiques normatives s'articulent avec des logiques stratégiques propres aux acteurs locaux à l'échelle d'un territoire comme Fandène à travers l'analyse de la configuration systémique locale ; et quelles significations peuvent revêtir les modes d'articulation pour les acteurs, compréhension, rappelons-le, nécessaire à la définition de l'action ? Cette approche, en plus de participer à l'éclairage du concept, permet de montrer que la réalité du développement est multidimensionnelle et se construit au fil des interactions territorialisées entre acteurs.

3.2. L'interactionnisme aux prises avec le développement local et le territoire

Après une revue de la littérature retenue sur le thème global du développement et du territoire, nous avons constaté deux grandes tendances dans les approches du développement qui ont émergé. D'une part, nous avons les approches structurelles de type déterministe qui définissent le développement comme le résultat de l'action des structures sociales. Cette approche met en avant le rôle des institutions sociales dans le processus de changement. D'autre part, nous avons les approches centrées sur l'individu, notamment avec l'émergence de la notion de projet et de son importance dans l'analyse des transformations individuelles et sociales. Ces approches reproduisent les dichotomies classiques des paradigmes des sciences sociales et humaines en séparant le registre structurel du registre psychologique. La perspective interactionniste permet par ailleurs de placer le regard scientifique sur les multiples relations entre structures de développement et acteurs pour expliquer le processus du développement lui-même qui semble être un processus de transformation sociale d'un territoire.

Ainsi pour nous, ***le développement est l'articulation d'un ensemble de relations sociales imbriquées les unes les autres, constituées autour de l'action suscitée par les interventions d'acteurs locaux et extérieurs, le tout évoluant comme un système et formant un processus dynamique pour la construction sociale d'un territoire par la mobilisation de ressources.*** Cette définition fait ressortir quatre éléments clés du processus systémique que nous souhaitons décrire : les relations sociales, les acteurs, le territoire et les actions.

Ces éléments trouvent écho dans les ouvrages de Bernard Vachon et Xavier Greffé, mais également de Rosnert Alissoutin sur l'importance du partenariat dans le processus de développement. Cette définition fait aussi ressortir l'objet principal de cette recherche à travers lequel d'autres logiques et pratiques sociales sont interrogées. Il s'agit de ce que l'on a appelé les relations de développement. Elles décrivent les interactions positives, négatives ou même

« neutralisants » qui se créent autour d'une action dite de développement à l'échelle d'un territoire. Elles mettent aux prises des acteurs aux logiques et pratiques différentes et ayant des objectifs d'amélioration des conditions de vie d'une population. Cette conception du développement nous pousse à formuler un ensemble de postulats qui servent entre autres d'hypothèses explicites d'analyse :

- Le développement est une simplification abusive de la dynamique complexe d'un territoire donné. Ce postulat est né d'un constat longtemps théorisé surtout par les économistes, à savoir que tous les pays dits développés ou dits pauvres n'arrêtent pas de se développer. Développement devient à ce titre synonyme de croissance. Loin d'être un état, il est un processus. Ce sont là des territoires en perpétuelles mutations avec des dynamiques à échelle différentielle, ce qui conduit à des inégalités en termes surtout de matérialité économique. Il n'y a pas de développement à proprement parler, il y a des territoires qui se transforment avec le temps et conjuguent leurs besoins avec autant d'innovations possibles pour toujours tendre vers la quête du bien-être relatif ; même si cette quête reste une utopie existentielle. C'est la fin du mythe du développement unique modélisé par la plupart des institutions internationales.
- Toutes les formes de développement sont autant de manières valables et différentes les unes des autres de faire évoluer un territoire. Par besoin idéologique, politique, on a cloisonné un ensemble complexe de logiques et pratiques en autant de catégories simplistes, unidimensionnelles et parcellaires. Aucune forme ne va sans l'autre, il est aberrant de parler de gestion des ressources naturelles uniquement dans des territoires où les seules possibilités de vie et de survie dépendent de cette nature exclusivement. Il s'agit d'un processus systémique qui vise à répondre aux besoins complexes des populations concernées dans tous secteurs de leur vie. C'est la fin du mythe des développements parcellarisés. Une institution de développement, même spécialisée en une forme donnée, est appelée à travailler en partenariat avec les autres acteurs du territoire pour l'optimisation des projets à mettre en place. Elle ne peut s'isoler à défaut de produire des actions incomplètes, car le

développement n'est pas une juxtaposition ou une somme de projets mis bout à bout. C'est là l'un des problèmes de développement dans la Commune rurale de Fandène.

- Le développement ne signifie pas la fin des inégalités sociales, de la fracture sociale ; mais une tentative de réduction de ce gouffre grandissant en ce 21e siècle qui sépare pauvres et riches, et maintenant entre très riches et moyennement riches. Les conséquences des problèmes de développement se font sentir dans les pays dits développés où l'exclusion sociale, la mendicité, le taux de chômage, la pauvreté deviennent des réalités permanentes. À ce titre, la globalisation du développement cache les impasses des politiques socioéconomiques et met au grand jour des statistiques qui maquillent les vrais problèmes de société. Une autre preuve de la pauvreté du concept de développement, c'est son caractère infini et sa prétention à séparer ceux qui sont développés de ceux qui ne le seraient pas. Cette séparation se fait quelquefois sentir jusque dans les politiques de la ville et de l'aménagement du territoire.

Cette simplification n'a pas toujours été négative, car elle permettait de faire du développement un objet d'étude à part entière pour les disciplines scientifiques. Mais, cette manière d'appréhender cet objet ne parvient plus à donner des résultats de recherche innovants, car les vrais enjeux de recherche sur le développement sont contenus dans la pratique dans les territoires ciblés par les actions dites de développement. Le phénomène de la mondialisation des échanges, qu'ils soient commerciaux, financiers ou culturels, a accentué une prise de conscience de l'élasticité des processus de développement et appelle à l'utilisation d'une approche pouvant saisir ce caractère multidimensionnel des pratiques et des logiques.

Pour Talcott Parsons par exemple, l'objet d'étude de la sociologie est l'action sociale sous la forme particulière qu'elle revêt dans le système social. Pour lui, le propre de ce dernier, qu'il différencie du système économique et politique, est de tisser les liens entre une pluralité d'acteurs, d'être d'abord et avant tout un réseau de relations interindividuelles et intergroupes. « *Autrement dit, dans le système social, on considère l'action des acteurs sous l'angle spécifique de leur mise en rapport avec les "objets sociaux" de leur environnement, c'est-à-dire sous l'angle de leur interaction avec les autres acteurs. Dans cette perspective, les objets physiques et les objets symboliques ou culturels n'appartiennent pas à proprement parler au système social : ils deviennent des facteurs extérieurs qui conditionnent ou déterminent l'interaction des acteurs* »[273].

Sur le terrain, cette pensée de Parsons trouve un écho favorable, car l'action locale déclinée en termes de projets de développement, permet une foison de relations construites par les acteurs afin de rendre dynamique, consciemment ou inconsciemment, un système d'action qu'ils participent à modéliser. C'est de la qualité de ces relations que dépendent la réussite ou l'échec d'une initiative de développement pensée en termes d'action collective. Étant admis que l'objet sociologique ne peut être identifié, ni avec la simple composition additive ou juxtaposition d'individus membres d'une société, ni avec des faits tels que ceux de la conscience collective ou des représentations sociales, une « troisième voie » s'imposait pour offrir une nouvelle grille de lecture, l'approche systémique avec un intérêt particulier pour l'interactionnisme. Pour Jean Piaget, « *[...] le tout social n'est ni une réunion d'éléments antérieurs, ni une entité nouvelle, mais un système de rapports dont chacun engendre, en tant que rapport même, une transformation des termes qu'il relie* »[274].

En tant que cadre de référence, l'interactionnisme se présente dès sa naissance comme le dépassement des antagonismes classiques entre le paradigme holiste et celui atomiste en misant sur les relations de leurs centres d'explication des phénomènes sociaux : la société et l'individu. Déjà, Raymond Boudon évoquait ce rapprochement dans l'analyse des phénomènes sociaux : « *le sociologue doit accorder une attention constante à la complexité du jeu entre l'autonomie des agents et les contraintes des structures* »[275]. L'interactionnisme va mettre au jour les processus de construction des réalités sociales que la pensée « disjonctive » traitait partiellement et de manière simpliste, d'où son rapprochement avec le paradigme constructiviste. L'interaction compte donc sur, et se définit par, sa dynamique productive, et non par le simple constat d'une

---

[273] Rocher G., 1972, *Talcott Parsons et la sociologie américaine*, Paris, PUF, 238p. Collection SUP le sociologue, n° 29.

[274] Piaget J., 1965, L'explication en sociologie, (extrait de *Introduction à l'épistémologie génétique* Tome III : *La pensée biologique, la pensée psychologique, la pensée sociologique*, Paris PUF, 1950) in *Etudes sociologiques*, Genève, Droz, p.29

[275] Boudon R., 1979, *La logique du social. Introduction à l'analyse sociologique*, Paris, Hachette, p. 296

relation formelle ou en surface entre les actants. Sachant que le produit de l'interaction comme la construction constitue un « effet émergent ». À cet effet, nous constatons trois types d'interaction :

- Positive : de type « *dialogique* »[276], les acteurs sont plus à la recherche de coopération, de participation, d'adaptation, d'intégration,
- Négative : elle est portée vers la contradiction, le conflit, la lutte, la rivalité,
- Ambivalente : elle met en avant l'esprit de compétition, de concurrence.

Toutefois est-il que l'issue de telles relations ne saurait être définie d'avance, car les acteurs usent des ressources de l'environnement immédiat et même lointain pour agir, contrôler et influer le processus de l'interaction. Aussi sont-ils dans un processus interprétatif permanent de leur position, modifiant sans cesse leurs rapports à l'action et à l'altérité. Nous ne nous attarderons pas ici sur les origines de ce courant bien connu en sociologie[277], mais nous présenterons certains de ces principes fondateurs à même de nous éclairer sur les pratiques et logiques d'action en cours dans le champ du développement à Fandène.

En effet, on peut parler d'interactionnisme social dès lors qu'on veut mettre l'accent sur l'importance des conflits surgissant des échanges entre individus, ce qui permet de clarifier les caractéristiques des contextes qui favorisent les échanges et les conflits. Cependant, le terme le plus fréquemment utilisé est celui d'interactionnisme symbolique énoncé par Herbert G. Blumer en 1937. Il a exposé la nature profondément symbolique de la vie sociale en montrant que le moteur de l'action humaine est la recherche de significations ; celles-ci se construisent dans les interactions sociales. Les représentations sociales sont en effet présentes dans le champ des interactions et font partie du contexte dans lequel elles se produisent et se structurent.

En outre, l'École de Chicago voit en la société le produit des interactions sociales. Georg Simmel disait ainsi : « *je vois une société*

---

276 Voir Morin E., 1990, *Introduction à la pensée complexe*, Seuil, 160p

277 Cf. Le Breton D., 2004, *L'interactionnisme symbolique*, Paris, PUF, 249p.

partout où des hommes se trouvent en réciprocité d'action et constituent une unité permanente ou passagère »[278]. Réciprocité suppose échange, communication, rapports sociaux, interaction. Les interactions sociales deviennent ainsi un objet d'étude de la sociologie américaine à travers le concept d'action, cher à cette sociologie pragmatique. Les acteurs construisent la société à travers les actions qu'ils mettent en œuvre et les interrelations qu'ils développent. Cette société une fois créée rétroagit sur les acteurs pour réguler la trame des relations sociales et cadrer la dynamique sociale. C'est cette boucle d'action et de *rétroaction*, au sens systémique du terme, qui constitue la dynamique sociale. Herbert Blumer énonce trois principes brefs, mais complets définissant l'interactionnisme symbolique :

- « *Les humains agissent à l'égard des choses en fonction du sens que les choses ont pour eux,*
- *Ce sens est dérivé ou provient des interactions de chacun avec autrui,*
- *C'est dans un processus d'interprétation mis en œuvre par chacun dans le traitement des objets rencontrés que ce sens est manipulé et modifié* »[279].

À travers ces trois principes déclinés par l'interactionnisme, on peut avancer que l'action se structure à partir des significations que les acteurs se représentent, à partir des éléments de sens retenus. Ce processus de construction de sens et de significations se développe, au cours des interactions interpersonnelles se produisant dans des contextes particuliers tout aussi déterminants, par le partage d'une réalité intersubjective constituée de signes, de symboles langagiers ou d'un autre ordre. Ce principe symbolique qui cadre les interactions transparait dans les travaux de Georges Herbert Mead qui considère que « *l'univers des significations émerge d'un processus de coopération et d'adaptation mutuelle au sein du groupe social* »[280].

De tous ces principes évoqués plus haut, c'est le troisième qui semble refléter le mieux l'approche interactionniste en proposant de

---

278 Simmel G., 1981, *Sociologie et épistémologie : Comment les formes sociales se maintiennent*, Paris, PUF, p. 173.
279 De Queiroz J-M et Ziolkovski M., 1994, *L'interactionnisme symbolique*, PUR, p. 31, citant H. Blumer, « The Methodological Position of Symbolic Interactionism », *Symbolic Interactionism*, Prentice Hall, 1969.
280 Ibid.

dépasser les cadres déterministes traditionnels de l'action sociale. Le recours à la symbolique, à l'interprétation, renouvelle sans cesse le sens des objets en renouvelant également le comportement des acteurs inscrits dans une situation d'action. Cette capacité donnée à l'acteur de s'abstraire de la situation pour contrôler ses actions à partir de son univers symbolique construit sur l'objet de la relation, la relation elle-même et le contexte, constitue l'essentiel de la modélisation interactionniste. Les représentations individuelles et collectives sont ainsi bien présentes dans les rapports de face-à-face et constituent une des caractéristiques essentielles qui façonne l'interaction sociale. Ce principe se rapproche des notions de stratégies et de logiques d'action développées par l'analyse stratégique de Michel Crozier à travers la capacité de l'individu à tirer parti des situations sociales pour accroître sa marge de manœuvre dans une configuration contraignante et structurelle.

C'est pourquoi dans l'étude des interactions sociales, il ne s'agit pas d'isoler le processus d'interaction de son contexte, mais bien de le prendre dans la globalité et la complexité de son déroulement. On notera aussi que Howard Becker, Erving Goffman et Anselm Strauss perpétueront la conception de Blumer de l'interaction à travers la consolidation théorique, méthodologique et épistémologique de l'École de Chicago. À la suite de Jean-Pierre Olivier de Sardan, nous parlerons ici d'un interactionnisme méthodologique opposé à un interactionnisme idéologique ne s'enfermant que sur l'interaction. Pour lui, l'interactionnisme méthodologique désigne « *les analyses qui prennent les interactions sociales comme une "entrée" empirique privilégiée tout en se refusant d'en faire un objet en soi, autrement dit sans s'y limiter ou s'y emprisonner* »[281]. C'est en ce sens que nous comptons appréhender l'interaction dans cet ouvrage.

Anselm Strauss est un des sociologues américains dont l'œuvre mérite d'être revisitée. Son ouvrage majeur *La trame de la négociation*[282], fait partie de ces écrits incontournables et fondamentaux de la sociologie américaine, avec un fort accent empirique. Tout au long de

---

[281] Olivier de Sardan J-P., 2001, Les trois approches en anthropologie du développement, in *Tiers-Monde*, tome 42, n°168, Anthropologie du développement, fiscalité, géographie industrielle, éducation... pp. 729-754.

[282] Strauss A., 1992, (Textes réunis par Isabelle Bazanger) *La trame de la négociation. Sociologie qualitative et interactionnisme*, L'Harmattan, 311p.

sa carrière universitaire et d'homme de terrain éprouvé, il aura défendu une sociologie interactionniste qui fait des structures sociales le produit des actions humaines dans un contexte où le fonctionnalisme constituait le seul paradigme dominant. Dès le début de son ouvrage, l'auteur nous présente sa conception de l'action comme fil conducteur de son œuvre. Sa spécificité est dans son approche d'une action reliée à son contexte ou environnement structurel qu'elle influence tout en subissant sa rétroaction. Il se distingue d'un interactionnisme qui enfermerait l'interaction dans une bulle, qui la fétichiserait en l'isolant de son contexte, de l'histoire des acteurs qui la construisent, bref, qui la réifierait. En rendant dynamique le cadre de l'interaction, il en fait un processus dialectique, une construction continue entre des acteurs en perpétuelles mutations, d'où l'historicité et le caractère éphémère des contenus des interactions. Il distingue ainsi deux étages ou paliers des contextes qui encadrent l'action : proche et lointain ou variables intervenants (ordre structurel) qui désignent les conditions générales et globales qui pèsent sur l'action et les stratégies et logiques d'interaction comme le temps, l'espace, la culture, le statut économique, technologique, etc. [283].

Ces idées fortes de l'interactionnisme qu'il développe offrent une matrice de lecture autre de la vie sociale différente de celle proposée par le fonctionnalisme dominant à l'époque. La société serait ainsi le produit, et non la somme, des relations dialogiques, réflexives et intersubjectives se produisant entre les acteurs. Ces relations de face-à-face sont négociées dans un contexte déterminé qui influe sur leur orientation. Et il est possible de séparer la mise en place d'une action donnée du contexte qui y mène. Ceci favorise une étude de l'action en termes de produit d'une trajectoire sociale, d'un processus complexe, ce qui lui confère tout son aspect dynamique.

Par ailleurs, à côté du concept d'action développé, Strauss consacre aussi une partie importante au concept de mondes sociaux. Pour l'auteur, les individus participent simultanément à plusieurs communautés, à plusieurs réseaux et mondes. De plus, les individus participent également au processus continu de construction des mondes sociaux dans lesquels ils sont engagés. Ils développent ainsi des identités et personnalités multiples, processuelles et dialectiques.

---

283 Strauss A., 1992, (Textes réunis par Isabelle Bazanger) *La trame de la négociation. Sociologie qualitative et interactionnisme*, op. cit. p. 14

Cette conception de l'organisation de la vie sociale en termes de mondes sociaux peut être assez utile dans la compréhension des relations sociales dans la sphère du développement. Également, en faisant référence au caractère pluriel de l'acteur, il fait écho aux écrits de Bernard Lahire. En effet, les mondes sociaux sont caractéristiques de n'importe quel domaine particulier. Il développe l'idée selon laquelle chaque monde social a, au moins et de façon permanente, une activité primaire ou principale à laquelle se greffent ou sont associées plusieurs autres activités secondaires. Le monde social revêt les caractéristiques suivantes :

- Les membres d'un monde social participent à son évolution. Ils peuvent faire carrière, pratiquer l'activité pour elle-même ou simplement le traverser. Des passeurs savent naviguer entre différents mondes, changer de registre pour y être entendus, opérer des connexions et transporter des pratiques ou des idées nouvelles d'un point à un autre d'une frontière,
- L'activité primaire crée une homogénéité relative du monde,
- Les mondes ont des règles du jeu, des normes conventionnelles qui gouvernent les pratiques et les pensées sur la base d'interactions régularisées au sein d'un groupe et dont le respect est sanctionné positivement ou négativement par ses membres.

Dans l'approche systémique que nous utilisons, les mondes sociaux sont autant d'éléments qui structurent le système d'action local. Entre entrecroisement et segmentation des mondes sociaux, Anselm Strauss fait ressortir les processus, les stratégies et les logiques d'action en cours dans la vie sociale. À ce point, la conception de Jean-Pierre Olivier de Sardan est assez similaire de celle de Strauss à double titre. Le premier parle de l'imbrication des logiques sociales ce que Strauss développe assez bien dans son ouvrage. Aussi il parle d'agents de liaison intermondes ou des passeurs, ce qu'Olivier de Sardan a appelé les courtiers. Strauss ajoute aussi, se rapprochant ainsi du paradigme de la complexité d'Edgar Morin, que les mondes sociaux sont des arènes où négociation, compromis, clientélisme constituent des dynamiques permanentes. Ces conceptions de Strauss sur la notion d'action, de monde social trouvent écho dans notre quête sur le développement local. Elles vont constituer un apport théorique intéressant pour notre recherche tout en laissant place à des lectures plus spécialisées comme celles d'Olivier de Sardan par exemple. On trouve aussi des connexions avec l'œuvre de Michel Crozier sur les stratégies d'acteurs dans le monde des entreprises pour le contrôle du pouvoir et de l'action collective, ou de l'historicité chez Alain Touraine. L'importance des significations, la médiation, l'ancrage des activités dans les contextes sociaux qui contribuent à leur donner sens, la nécessité de comprendre le jeu des interactions dans lequel émergent les conduites sont autant de thèmes qui regroupent plusieurs domaines de recherche. Cette caractéristique de l'interactionnisme facilite son intégration dans une approche systémique des faits de développement.

À la base de cet éclairage théorique, nous considérons que la signification que les différents acteurs de développement accordent à leurs relations, d'une part, et, d'autre part, à leurs rapports au développement lui-même, détermine la situation ultime des actions entreprises. En d'autres termes, les interactions entre acteurs du changement participent à construire leur rapport à la réalité du développement et à façonner la nature des relations qu'ils entretiennent en son nom et qu'ils auront à entretenir tout au long de la mise en œuvre de processus ou d'actions relevant de la transformation sociale de leur territoire. Ceci amène à dire que la dynamique territoriale est construite socialement autour d'enjeux et d'intérêts personnels qui trouvent par moment une signification collective à partir de laquelle les acteurs se réunissent pour construire ensemble des actions de développement. Construire ensemble ne signifie pas pour nous une négation des dynamiques contradictoires ou des logiques conflictuelles ; il s'agit de mettre en avant la « *trame de la négociation* » sous-jacente aux actions collectives.

Il convient, au regard de ces arguments, de décliner notre définition de quelques concepts utilisés comme celui d'acteur, de stratégie et de logiques d'acteurs. D'abord, nous définissons l'acteur comme un ensemble de personnes physiques et/ou morales organisées ou non et susceptibles d'agir directement ou indirectement sur le système d'action local dans lequel ils sont inscrits. Ces acteurs peuvent décider de s'organiser spontanément ou non pour agir sur le système et son devenir chaque fois qu'une situation le nécessite. L'acteur revêt une double caractéristique et se construit dans l'interaction et sa situation. Les stratégies et conduites individuelles qu'il met en œuvre s'identifient au contexte et ne sont en aucun cas déterminées par ses caractéristiques propres ; même si ces dernières gardent une influence réelle dans son action. Inclus dans une logique d'action collective, de coopération et de négociation de sa place et de ses actions, l'acteur est pris dans le processus de l'action, jeu dans lequel ses propriétés individuelles font face aux normes et règles qui cadrent les relations et dont une grande partie est intériorisée.

Dans l'analyse proposée, l'acteur s'identifie à l'individu comme au collectif qui est inséré dans des sous-systèmes fonctionnels où il participe à la dynamique du système. Il jouit d'une capacité d'action et une marge de liberté par rapport aux contraintes sociales que génère le système. Mais nous soutenons l'idée qu'il n'y a pas d'opposition systématique entre une aire de liberté propre et des contraintes sociales, mais des formes d'usages possibles des règles qui structurent le monde social dans lequel est inséré l'acteur[284]. Ce dernier est différent de l'agent, inséré dans un système d'interdépendance, suivant une approche d'inspiration structurale, ce qui minimise une certaine idée de rôle, même s'il peut être porteur de l'action. Il peut par exemple avoir une implication passive à l'activité locale en se définissant comme consommateur ou usager[285] du fait qu'il est inscrit dans des contraintes explicatives de ses actes et du fait qu'il est déterminé par les contraintes structurelles. Son principe d'action relève par exemple de l'habitus qui est le résultat d'un processus d'incorporation des structures sociales par le biais de la socialisation. L'acteur par contre se perçoit comme membre d'une communauté et ce sentiment d'appartenance s'appuie sur une histoire partagée, une identité partagée, mais aussi sur un projet réveillant l'ambition de faire ensemble[286].

En outre, les stratégies d'acteurs désignent les positions, les choix, les décisions des acteurs vis-à-vis du système d'action local, de ses composantes et vis-à-vis des autres acteurs, respectivement par

---

284 Hunyadi M., 2001, Acteur ou agent : les usages de la règle, *Revue européenne des sciences sociales* [En ligne], XXXIX-121, consulté le 20 décembre 2017 disponible sur http://journals.openedition.org/ress/644.

285 L'agent de Pierre Bourdieu se rapprochant plus de la notion d'acteur que nous utilisons

286 Cf. Leloup F., Le développement territorial et les systèmes complexes : proposition d'un cadre analytique, *Revue d'Economie Régionale et Urbaine,* 2010/4 octobre, P. 687-705.

rapport au système (représentation, vision) et des autres acteurs (conflits, alliance). Elles représentent leur parti dans le jeu local en fonction de leurs intérêts, mais aussi de leurs ressources propres (savoirs, savoir-faire, position sociale, origine, etc.). Les logiques d'action renvoient à ce qui fonde les choix et orientations des acteurs. Ce sont les régularités rationnelles qui sont sous-jacentes à chaque action de l'acteur. Mais la logique d'action n'a pas de structure propre, elle s'inscrit dans la dynamique des actions par les relations des acteurs construites dans le système d'action. Elle émerge du rapport entre l'acteur et une situation d'action spécifique, d'où la possibilité d'une pluralité de logiques dans un système d'action. Ce dernier régule la situation d'action de manière à cadrer les interactions et orienter les acteurs vers des logiques stratégiques ou coopératives[287].

Face à un acteur dialogique, stratégie d'acteur et logique d'action entretiennent une relation dialectique, car n'ont de sens que prises dans le système d'action local. Dans l'action collective qu'est le projet de développement, l'acteur est soumis à ces deux dimensions qui donnent sens aux interactions qu'il construit tout au long du processus de transformation du territoire. Qu'il donne plus sens au choix individuel stratégique ou au comportement coopératif, il reste marqué par cette double manifestation implicite.

À cet effet, la socioanthropologie de Jean-Pierre Olivier de Sardan se fonde essentiellement sur l'interactionnisme et l'analyse stratégique en proposant une approche systémique des faits étudiés. Le postulat de l'interactionnisme qui considère que les acteurs agissent en fonction du sens qu'ils donnent à leurs actions lors d'échanges dans une situation sociale déterminée est repris par la socioanthropologie du développement. Cette dernière conçoit le développement comme la mise à disposition de ressources auprès d'une population donnée. Elle considère que le territoire local se décrit comme une arène politique où plusieurs groupes stratégiques sont en permanence en interaction autour d'enjeux communs, mais dont les modalités de participation diffèrent d'un groupe à un autre en fonction de l'interprétation des enjeux, de la situation et en fonction des objectifs intrinsèques de chaque groupe, et même de chaque personne dans le groupe. À ce titre, l'objet de la socioanthropologie est de faire ressortir les pratiques et

[287] Amblard H., Bernoux P., Herreros G., Livian Y-F., 1996, *Les nouvelles approches sociologiques des organisations*, Seuil. 244 p.

logiques sociales et individuelles, de proposer une lecture claire et significative de la nature des pratiques et de possibles significations qu'elles revêtent du point de vue des acteurs concernés[288].

Par ailleurs, l'adoption des thèses interactionnistes conduit à être attentif au contexte de vie des individus ainsi qu'aux formes et réseaux d'échanges dans lesquels ils sont impliqués.

En outre, d'autres apports théoriques peuvent être intéressants dans ce travail avec des auteurs comme Norbert Elias, avec la notion de « configuration » et la métaphore de la société comme un jeu d'échecs ou d'autres comme Anthony Giddens à travers sa théorie de la structuration, des auteurs qui vont de plus en plus mettre l'accent sur les relations sociales, les interrelations plutôt que sur les individus ou la totalité sociale prise isolément[289]. La complexité du fait social de développement en appelle désormais à des études transversales et systémiques pour mieux appréhender la réalité sociale qui n'est pas une donnée biologique ou naturelle, mais le fruit de l'interdépendance entre individus et structures sociales. On remarquera aussi les apports du courant constructiviste avec Alfred Schütz, Peter Berger et Thomas Luckmann dans leur ouvrage *La construction sociale de la réalité*[290]. Ce dernier accorde une place importante à la connaissance dans l'expérience humaine et dans la construction du monde social. Ils démontrent que c'est par la conscience que l'expérience humaine peut être rendue intelligible par la connaissance élaborée. Cette expérience se matérialise et prend forme dans les multiples situations de la réalité quotidienne se présentant comme un construit social et non comme une donnée naturelle.

L'évocation des interactions sociales dans ce travail a émergé au fil de l'évolution de la réflexion où notre posture ne vise pas à faire des interactions sociales, tout comme le développement, des objets de recherche à part entière. Ce sont des entrées théoriques qui nous permettent de saisir la complexité du territoire et de rendre compte des multiples jeux d'acteurs, construits autour de l'action collective, qui y

[288] Cf. Pierre B., 2000, *La socio-anthropologie*, Paris, Armand Colin.
[289] Elias N., 1981 (1970), *Qu'est-ce que la sociologie ?* Pandora, 223p.
[290] Corcuff P., 2007, *Les nouvelles sociologies. Entre le collectif et l'individuel*, Armand Colin, 127p.

ont cours et qui forment la dynamique sociale. Le développement est un processus qui met aux prises des acteurs divers autour d'une problématique commune construite en projets avec des objectifs et visions souvent différents. C'est par la nature de leurs interactions qu'ils influeront positivement ou négativement sur la réponse au problème ou le besoin qui les mobilise. À ce titre, la réussite ou l'échec d'une action collective comme un projet de développement, n'est pas à chercher dans les relations structurées dans un système d'action local, mais dans les motifs pour lesquels les acteurs font relation et non dans ceux pour lesquels ils agissent. Pour toucher ces motifs implicites, il faut passer par les interactions sociales et l'action qui les rend possibles sans négliger les effets de contexte.

Cependant, au regard des multiples considérations théoriques, on note quatre éléments constitutifs des interactions sociales : les acteurs, les actions, les représentations et le contexte. Dans la commune rurale de Fandène, la présence d'acteurs de développement, de populations en situation de pauvreté justifie l'utilisation d'une approche mettant en avant les relations sociales ou interactions sociales, deux concepts que nous utiliserons comme des synonymes dans ce travail, eu égard aux multiples courants qui se réclament de l'un ou de l'autre. Ces relations de face-à-face sont présentes dans toutes les dimensions du développement local à travers l'activité des acteurs et le processus de construction permanente du territoire. Le projet, nouvelle dimension de la construction sociale du changement, est l'outil d'observation le plus privilégié pour tester le jeu des interactions sociales, car il met en relation pratiquement tous les acteurs du territoire, certes à des échelles de participation différentes, mais suffisante pour être pris en compte.

Dans la commune rurale de Fandène, les projets se comptent par dizaines et leur traçabilité échappe souvent à l'autorité publique locale. Nous parlons ici du projet en tant que pratique organisationnelle de développement, même si sa déclinaison en termes d'institution comme les ONG constitue aussi un élément d'analyse important que nous prenons bien en compte dans ce travail. C'est pourquoi nous nous nourrirons beaucoup de l'apport de Olivier de Sardan dans sa conception du champ du développement comme une arène locale où logiques et pratiques sont en perpétuels conflits manifestes ou diffus pour la gestion des ressources et des rentes des politiques de développement. La longue tradition de la CR de Fandène en matière de coopération représente une source d'informations historiques révélatrices des maitrises des rouages du changement construits à travers les actions des organismes extérieurs, même si elle ne permet pas de mettre en lumière les dynamiques internes pour construire le territoire, les projets et les relations avec ces mêmes organismes extérieurs.

Partie 3 :
Le territoire de Fandène : réceptacle ou fabrique de développement ?

> « *Le changement n'est ni une étape logique d'un développement humain inéluctable, ni l'imposition d'un modèle d'organisation sociale meilleur, parce que plus rationnel, ni même le résultat naturel des luttes entre les hommes et de leurs rapports de force. Il est d'abord la transformation d'un système d'action* »[291].

Socle du système d'action local construit autour des initiatives de développement, le territoire de Fandène est en constante transformation par l'effet du jeu des acteurs impliqués. Cette partie apporte une analyse à partir des données empiriques et du recueil de la parole des différents acteurs rencontrés.

D'abord, il sera abordé les différentes configurations du développement local à Fandène. Descriptif et analytique à la fois, ce chapitre nous permettra d'évoquer la dynamique interactive dans ce territoire dans la démarche de construction du développement par les acteurs.

Ensuite, nous nous intéresserons aux rôles et places des acteurs, de tout ordre, dans le processus de transformation sociale du territoire de Fandène. On y traite les différentes interventions des organismes extérieurs de développement tout en n'évitant pas d'évoquer les problèmes soulevés par la population. Une discussion est ouverte sur

[291] Crozier M., Friedberg E., 1977, *L'acteur et le système. Les contraintes de l'action collective*, Seuil, p. 383.

les perspectives théoriques possibles à partir de l'analyse de ces problèmes identifiés. Elle s'appuiera sur le terreau de la dynamique des relations sociales construites autour des projets de développement, pour livrer une analyse de la situation de la Commune rurale de Fandène.

Enfin, l'accent sera essentiellement mis sur le partenariat institutionnel et la construction sociale du changement. Les relations institutionnelles de développement occupent une place non négligeable dans le processus de transformation des territoires. Ces relations influent sur les relations ordinaires entre acteurs locaux, population et petites organisations locales. Le cadre partenarial local c'est à la fois les configurations horizontales, celles verticales, mais aussi les processus de médiation, initiés par des élites locales dont la légitimité est souvent source de questionnement. Entre confiance et méfiance, logiques de groupe et stratégies individuelles, l'action de développement se trouve au carrefour de problématiques qu'il semble fort intéressant d'analyser.

Notre contribution à travers cet ouvrage sera de permettre une lecture critique des relations sociales dans le territoire de Fandène et aussi une compréhension des logiques et stratégies d'acteurs en situation d'interaction autour d'enjeux importants, dans un système d'action local.

Par ailleurs, l'étude du cas de Fandène peut-elle soulever des perspectives théoriques pour d'autres territoires de développement ? La réponse à l'affirmative à une telle question concernerait plus la démarche analytique que les résultats de la recherche elle-même.

Chapitre 1 :

De la réalité du développement : entre logiques institutionnelles et pratiques populaires

Nous rappelons à la suite de Philippe Lavigne Delville, le développement « *fait aujourd'hui partie du quotidien des pays dits "en développement", que l'on pourrait plus justement qualifier de "pays sous régime d'aide" au sens où l'aide internationale y a pris une place déterminante, tant dans les budgets publics, dans les politiques économiques ou sectorielles nationales, que dans les villes et les villages, à travers la multiplicité des projets, des ONG, des associations ou comités de gestion* »[292].

La réalité du développement au Sénégal, si l'on peut parler en termes de réalité, se traduit par l'économie de l'aide extérieure et à la pléthore d'organismes intervenant directement dans les zones ciblées ou en partenariat avec les autorités publiques. La rencontre de la pratique institutionnelle du développement et celle relevant des activités populaires est riche d'enseignements pour la sociologie et l'anthropologie et ce chapitre qui est traité en deux points essentiels s'y intéresse. Le premier point nous explique dans une démarche descriptive et dynamique, comment s'organise le territoire de Fandène, comment ce territoire forme un système d'action local structuré autour des relations de développement. Il met en exergue les trois principaux groupes d'acteurs que nous avons repérés et qui interviennent dans le changement à savoir les acteurs institutionnels, les populations locales et le groupe des acteurs de médiation. Le second point s'appuie sur les perceptions et représentations sociales des réalités du développement, mais notamment du territoire. Il nous a paru essentiel d'interroger les différentes manières de voir ces ordres

---

292 Lavigne Delville P., *Vers une socio-anthropologie des interventions de développement comme action publique*. Mémoire pour l'Habilitation à Diriger des Recherches, septembre 2011, Lyon, p. 13.

de réalité de la part des différents acteurs structurant le territoire de Fandène.

Les différentes manières dont le territoire et le développement sont intériorisés et construits par les acteurs rendent dynamiques les liens et relations tissés au quotidien des actions. Mettre en exergue ces logiques et stratégies d'acteurs permet à notre avis de comprendre les facteurs de blocages dans le système d'action local, blocages qui peuvent être à l'origine des échecs de multiples politiques de développement local, entendu comme un processus de transformation sociale du milieu.

1. La configuration du développement local à Fandène

Lorsqu'on parle de développement, on pense essentiellement à l'économie, aux projets, aux programmes, mais aussi aux différents acteurs qui essaient d'en faire une réalité. Dans l'objectif d'éclairer et surtout de rendre compte de la réalité du terrain, nous avons souhaité, dans une démarche descriptive dynamique, mettre en lumière les différentes formes d'acteurs présents sur le territoire de Fandène et les relations qui les unissent. Ce travail tente de montrer également que, quels que soient les acteurs impliqués dans le système d'action local, quelles que soient les caractéristiques du territoire, quelles que soient les ressources mobilisées et investies, il est possible de faire ressortir des principes d'action qui structurent le processus de transformation sociale. L'identification d'une telle unité de principes à travers les stratégies et logiques d'action permet de déconstruire le package « développement » en un processus avec différentes phases ou dimensions dans lesquelles différentes dynamiques sociales sont à l'œuvre.

Les acteurs dont il est question, ce sont ceux-là même qui structurent les relations de développement, qui forment en partie ce que Jean Pierre Olivier de Sardan appelle *« la configuration développementiste »*[293]. Ainsi, nous présenterons *« l'hétérogénéité des*

[293] Olivier De Sardan J-P., (notion à discuter car l'acception que l'auteur en a, diffère de celle que nous voulons mettre en avant dans ce travail).

acteurs qui se confrontent aux opérations de développement »[294] en tentant de les regrouper dans les trois grands ensembles que nous avons évoqués plus haut.

1.1. Les acteurs institutionnels de développement

Nous appelons « acteurs institutionnels », toutes les structures identifiées sur le territoire de Fandène et qui partagent en commun une organisation basée sur des normes bureaucratiques institutionnelles. Ainsi, au regard des conclusions des études réalisées dans les villages de l'étude, on constate une multitude d'acteurs intervenants qu'on peut catégoriser comme « le monde des acteurs institutionnels de développement ». Sur le territoire de Fandène, on peut identifier les catégories d'acteurs suivantes :

- La collectivité locale : le conseil rural, devenu conseil communal, acteur public de gestion et d'administration du territoire et de son développement. Délégataire de neuf domaines de compétences transférés après les lois de décentralisation, le conseil communal est l'organe censé planifier le développement local au niveau de Fandène ;
- Les acteurs économiques, partenaires au développement appelés également partenaires techniques et financiers (PTF). Ils sont composés d'organisations privées telles que les ONG locales et de bailleurs de fonds souvent étrangers, mais avec des représentations locales et des missions fréquentes sur le territoire[295]. Ils participent à la réalisation de programmes et de projets de développement. Il s'agit d'une catégorie très éclatée et qui se caractérise par une grande diversité dans la méthodologie d'appui technique et financier, mais aussi par la taille, et la spécialisation dans l'intervention.

Nous parlerons plus ici de la catégorie des partenaires au développement. En parlant des acteurs financés par la Commission européenne, Maxime Montagner soulève quelques points intéressants à ce sujet.

---

294 Olivier De Sardan J-P., 2001, *op. cit.* p. 729.

295 Cf. Fiches acteurs en annexe

Pour lui, « *parce qu'elles sont souvent financées par la Commission qui leur "sous-traite" des projets de développement, ces organisations ont l'habitude des discours, des procédures et des cadres logiques des institutions européennes. Elles sont considérées comme des expertes des problématiques liées au développement et, dans ce sens, bien qu'elles soient à but non lucratif, elles peuvent se positionner sur des logiques proches du secteur privé à but lucratif. En effet, une ONG de développement nécessite des financements importants d'où l'importance du marketing et de l'acquisition de "parts de marché". De l'amateurisme des années 70 et 80, les ONG se sont largement professionnalisées ces dernières années si bien que quelques commentateurs n'hésitent pas à parler du "charity-business" lorsqu'ils évoquent les relations entre les ONG de développement et les principaux bailleurs de fonds* »[296].

La privatisation apparente des organismes de développement de type ONG, cache une réelle appartenance publique si l'on se réfère aux sources de financements et des missions qui leur sont confiées. D'après Antonio Donini, cité par Fabienne Leloup, « *les financements publics représentaient en 1975, 1,5 % du budget des ONG. Il représente, d'après ce même auteur (...) désormais plus de 50 %* »[297] et on suppose que la part augmente davantage. Ceci suscite naturellement un questionnement sur le niveau d'autonomie de ce type d'organisme de développement et renforce le statut de sous-traitant qu'évoquait Maxime Montagner plus haut.

L'évolution de ce type d'acteur de développement se professionnalisant de plus en plus est intéressante à questionner face aux sollicitations grandissantes des populations locales. Leur prolifération dans l'espace des acteurs de développement se justifie par le fait qu'elles gèrent de plus en plus, et de manière décentrée les actions publiques des bailleurs de fonds. Elles se confrontent au marché de la concurrence pour l'accès aux ressources et se voient transférer des services jusque-là dévolus aux pouvoirs publics nationaux ou internationaux dans bien des domaines (santé,

[296] Montagner M., 2006, Les acteurs non étatiques dans les politiques de développement de l'UE. La gouvernance multi acteurs ou la reconnaissance des organisations de la société civile du Nord comme du Sud dans les politiques européennes, in Dossier *Gouvernance européenne : la participation de la société civile aux processus de prise de décision au niveau européen*, Institut de recherche et débat sur la gouvernance (IRG).

[297] Leloup F., Moyart L., Pecqueur, B., 2003, « Le développement local en Afrique de l'Ouest : quelle(s) réalité(s) possible(s) ? » *Mondes en développement*, n° 124, (4), 95-112.

éducation, hydraulique, etc.) ; ce qui élargit les champs d'intervention qui leur sont confiés. Ce monde comporte beaucoup de similitudes sur plusieurs aspects, mais présente également des divergences sur plusieurs autres aspects. En effet, les points de similitudes constatés entre les différents acteurs identifiés peuvent être déclinés à travers les différents arguments suivants. On note tout d'abord, à la suite de la professionnalisation progressive des organismes de développement, l'existence d'une « boite noire » structurée autour de la culture bureaucratique propre à toute organisation rationnelle, qui agence la logique d'intervention sur le terrain et les rapports avec les populations locales et les autres partenaires.

On note également un cadre d'organisation hiérarchisé avec l'existence d'un organigramme et d'un cadre de fonctionnement déclinant une division sociale du travail tournée vers la mission de la structure. Ces acteurs institutionnels cherchent à atteindre trois objectifs implicites que nous avons identifiés à travers les discours :

- Véhiculer une conception idéologique du développement propre à l'identité de la structure,
- Construire une image de référence par rapport aux partenaires institutionnels facilitant le captage des ressources mises à disposition pour des initiatives de développement,
- Obtenir une légitimité d'action auprès des populations locales et des collectivités locales partenaires.

On peut ensuite constater l'utilisation de la démarche par projet. Toutes ces structures utilisent exclusivement le projet comme moyen de réponse aux sollicitations émanant des populations locales, mais aussi comme cadre de l'action telle que définie par les organismes internationaux de développement dont ils dépendent généralement. Il s'agit de la mise en œuvre d'une logique d'intervention standardisée avec notamment un *process* organisé autour de la démarche projet : une phase de diagnostic – une phase de planification – une phase de mise en œuvre - une phase d'évaluation. Philippe Lavigne Delville faisait ressortir cet aspect du projet dans les opérations de développement dans les pays du Sud. Pour lui, « *la généralisation du projet comme mode d'intervention se double d'une standardisation de la démarche. [...] Toute une ingénierie du montage de projet et de la recherche de financement se développe, induisant la création de multiples équipes projet ou bureaux d'études spécialisés, qui consomment une part importante des ressources financières* »[298].

Cette standardisation des logiques crée une sorte de culture commune de l'action et des procédures à tous les acteurs institutionnels, qu'ils relèvent du public ou du privé. Face à un objet commun : le développement, les procédures de positionnement des acteurs institutionnels épousent des formes similaires et « routinisées » en interface, mais cachent un fond de pratiques différentes. Si au niveau de la forme des acteurs identifiés on peut déceler des similarités, il n'en demeure pas moins qu'ils représentent un monde divisé dans la pratique du développement en dehors des procédures standardisées et souvent imposées. En effet, nous reviendrons plus tard sur ces points de différence axée sur la conception du développement, les relations avec la population locale et les rapports avec les bailleurs de fonds.

1.2. Les acteurs de la population locale

Depuis les échecs répétés des politiques de développement dirigistes, la place de la population locale « bénéficiaire » des initiatives, est de plus en plus pensée et valorisée. Loin de prétendre faire une typologie exhaustive des formes d'organisations locales, il est possible de dégager quelques constantes observées sur le terrain et qui sont au cœur de la dynamique de développement. Les interventions des acteurs institutionnels privés comme publics notamment à Fandène ont participé à une restructuration de l'organisation des populations locales. Elles ont inscrit les territoires dans la logique de la gouvernance locale pour mieux structurer l'aide au développement et simplifier l'organisation administrative des territoires. Elles ont aussi par ce biais, incité les populations à créer des organisations, véritables lieux de dynamiques locales et de socialisation, pour mieux répondre

[298] « Vers une socio-anthropologie des interventions de développement comme action publique », Mémoire pour l'Habilitation à Diriger des Recherches, septembre 2011, (242 p). p. 144

aux évolutions des pratiques de développement et aux exigences de participation de la population locale[299].

Ainsi, dans les trois villages étudiés, nous pouvons constater la même structure villageoise. Cette dernière tourne autour de l'autorité reconnue du chef de village ou du chef coutumier. Les populations sont réparties dans plusieurs structures telles que les organismes communautaires de base (OCB) comme les groupements féminins, les associations d'habitants, les Comités villageois de Développement (CVD), les comités de gestion (CG) des forages, des cases de santé, les associations formées par des métiers spécifiques comme les éleveurs, les maraichers, etc. Ces organisations se diversifient et se différencient par leur taille, l'étendue des secteurs d'activités qu'elles peuvent couvrir, mais aussi leur origine. Elles se caractérisent généralement par le fait que c'est une forme associative regroupant des personnes engagées dans la réalisation d'actions collectives pour répondre aux problèmes auxquels elles sont confrontées. Mais par leur origine, d'autres logiques peuvent émerger surtout lorsqu'il s'agit d'une volonté extérieure de structurer le territoire.

À Fandène, les deux formes les plus répandues rencontrées sont le groupement d'intérêt économique (GIE) et le groupement de promotion féminine (GPF) qui dégagent pratiquement les mêmes fonctions. Ces organisations locales participent à la construction du développement local et instaurent une dynamique d'action collective qu'appuient techniquement ou financièrement les partenaires au développement. C'est pourquoi dans la logique d'intervention de ces derniers, cette structuration du territoire est recherchée lorsqu'elle n'existe pas au préalable. D'ailleurs, l'article 3 du code des collectivités locales encourage un partenariat avec les organisations de la population locale en associant les mouvements associatifs et les groupements à caractère communautaire dans la réalisation des projets de développement économique, éducatif, social et culturel dont la conception et la programmation relèvent de leur mission.

Nous allons insister sur les GIE, GPF, deux formes de structures que le monde rural sénégalais a adoptées et qui constituent les cadres de

---

[299] Mercoiret M.R., Pesche D., Bosc P. M., (coord.), *Les organisations paysannes et rurales pour un développement durable en faveur des pauvres*, Compte-rendu de l'atelier de Paris, 30-31 octobre 2006.

l'action de développement local au niveau des territoires villageois. En effet, depuis la fin du modèle des coopératives quelques décennies après les indépendances, de nouvelles formes d'organisations ont vu le jour dans le monde rural portant des appellations diverses : association villageoise, groupements, tontines, etc. Beaucoup ont été créées sous l'impulsion d'organismes extérieurs comme l'Église, les ONG, mais d'autres l'ont été à partir de l'initiative des populations locales soucieuses de s'approprier les logiques du développement surtout avec le recul de l'action publique dans les zones rurales[300]. Ces organisations au début, informelles, se sont de plus en plus rationalisées avec l'exigence des bailleurs de fonds voulant travailler avec des structures officielles régies par des textes réglementaires.

D'abord, le statut des GIE qui a émergé des ruines de celui des mouvements coopératifs, est régi au Sénégal par la loi n° 84-37 du 11 mai 1984 et est inscrit dans le registre du commerce. Au modèle d'une association, une convention ou un procès-verbal signé entre deux ou plusieurs personnes physiques ou morales peut permettre de mettre sur pied un GIE et obtenir un récépissé d'inscription au registre de commerce. Cette inscription peut ainsi faciliter les démarches d'ouverture de compte bancaire et représente moins de contraintes administratives pour les populations rurales. Comme le montre Awa Diouf Ndiaye, « *... certaines associations les ont adoptés* (le statut de GIE et de GPF) *pour être reconnues officiellement auprès des autres acteurs de développement, et bénéficier d'un encadrement ou de tout autre appui surtout financier. C'est ainsi que les GIE, les GPF et les fédérations auxquelles certains d'entre eux sont affiliés font partie des associations qui ont un statut officiel et deviennent ainsi des interlocuteurs légaux auprès des structures de développement* »[301].

À travers ce constat, on peut déceler trois finalités principales à ces organisations locales. D'abord, elles participent à la gestion des biens communautaires en combinant objectifs économiques et sociaux. Lieux d'intégration pour certains, cadres de l'action économique locale pour

---

300 Diagne D., Pesche D., 1993, Les organisations paysannes et rurales. Des acteurs du développement en Afrique sub-saharienne, Rapport Réseau GAO, Chaire de Sociologie Rurale, Institut National Agronomique, 82p.

301 Ndiaye A. D., 2013, *Les femmes et le développement local au Sénégal : le rôle des associations féminines dans le bassin arachidier : l'exemple de Diourbel*. Thèse de doctorat en Géographie, Université Michel de Montaigne - Bordeaux III.

d'autres, ces organisations de la population locale constituent de véritables leviers de développement que mobilisent essentiellement les organismes extérieurs. Ensuite, elles participent à l'activité économique locale sous la forme d'entreprise collective et coopérative en mettant en place des activités génératrices de revenus (marché communautaire, tontine, location de matériel…). Enfin, ces organisations sont des structures de représentation des forces du village et des lieux de maturation des processus de négociation avec les organismes extérieurs de développement[302].

Cette dernière finalité fait ressortir les incitations des organismes extérieurs de développement à organiser les territoires de manière à faciliter l'acheminement de l'aide avec différents niveaux structurels, local, régional, national ; mais l'articulation de ces échelons pose problème dans la réalité même si des fédérations d'organisations locales sont créées. En introduisant le modèle économique des GIE, avec des principes d'organisation, de gestion, certains acteurs pensent qu'il s'agit d'un moyen d'introduire aussi le modèle de l'économie marchande jusque dans les territoires reculés. Selon les conclusions des travaux du Service d'appui aux Initiatives locales de Développement (SAILD) du Cameroun par exemple « *en forçant à adopter des procédures, des gestes ou des modes d'organisation différents de ceux auxquels les paysans sont culturellement habitués, ces outils peuvent rendre les utilisateurs paysans dépendants de logiques qui leur sont étrangères, dans le cadre desquelles leurs possibilités d'innovation – et donc d'émancipation – sont limitées* »[303].

Ces transferts de compétences ne répondent pas toujours à des besoins exprimés localement, mais à une logique d'intervention tendant à modéliser et uniformiser l'organisation des territoires ciblés par les organismes extérieurs de développement. À côté des GIE, nous avons l'organisation des femmes en GPF. Depuis la Troisième

---

302 Beaudoux E., Gandin J-P., 1993, *Guide d'intervention des équipes d'arrondissement*, Rapport de mission, Ministère de l'Agriculture du Cameroun, SODECAO, CFD, janvier 215 p.

303 SAILD (Service d'Appui aux Initiatives Locales de Développement), 1994, Financer les organisations paysannes sans les étouffer, compte-rendu du carrefour international (Bernard Njonga, Jeanot Minla Mfou'ou, Diallo Abdoul Hamid, Philippe de Leener), Yaoundé, 140 p.

Conférence de Nairobi en 1985[304], les institutions ont insisté sur le rôle que devaient désormais avoir les femmes dans la construction du développement local. Elles devaient non seulement être impliquées, mais soutenues par l'ouverture à des financements, la facilitation des démarches administratives, mais aussi l'organisation collective. Il s'agit d'organisations essentiellement composées de femmes dont le but principal est de favoriser la promotion socioéconomique de ces dernières. C'est ce que nous révèle Khady Gning qui considère que les GPF « *sont des organisations de femmes en milieu rural et urbain dont l'objectif est de créer un cadre propice pouvant accueillir les politiques économiques et sociales de l'État afin de permettre à celles-ci de faire face à leur destin* »[305].

Sans trop s'attarder sur ces structures, il faut noter que ce sont des relais locaux de l'action publique en faveur des zones rurales[306]. Par des soucis d'effectifs, l'État délègue une bonne partie de ses obligations à ces organisations locales tout en leur facilitant l'accès aux financements extérieurs par la mise en place d'un statut légal conforme aux attentes des bailleurs de fonds. Dans leur création, la majeure partie des GIE et GPF sont accompagnées par des monitrices d'économie familiale et rurale comme c'est le cas à Fandène avec la Maison Familiale Rurale. Aussi, le centre d'appui au développement local de l'arrondissement de Keur Moussa effectue ce travail de suivi auprès de plusieurs organisations paysannes. À cet effet, l'incitation à l'organisation locale est lue comme une vision du territoire comme réceptacle des initiatives de développement, de l'aide humanitaire. Cette considération dénature le rôle de ces organisations locales qui ont une fonction d'assurer la dynamique sociale et économique locale en prenant appui sur les ressources du territoire.

Certaines dérives apparaissent ainsi à partir de l'instrumentalisation grandissante de ces structures, interlocutrices privilégiées des « marchands de développement ». Les relations entretenues avec les organismes d'aide ont beaucoup évolué faisant

---

304 Legault G., 1985, Le Forum de la Conférence mondiale des femmes, Nairobi, Kenya, 10-19 juillet 1985, *Service social*, 342-3, pp. 389-398.

305 Gning K., 2010, *Dynamiques et stratégies territoriales dans le bassin arachidier sénégalais : colonisation, urbanisation, développement et redéploiements*. Thèse de géographie, Pessac : Université Michel de Montaigne-Bordeaux3, UMR 5185 ADES- CNRS, p. 262 (467 p).

306 Ela J-M., 1990, *Quand l'État pénètre en brousse. Les ripostes paysannes à la crise*, Karthala, 265 p.

apparaître des acteurs intermédiaires qui tentent de créer des ponts pour garantir l'efficacité des mesures prises par les institutions internationales de développement. C'est l'apparition des organismes locaux d'appui qui jouent un double rôle ambigu de formateurs et conseiller des populations locales et leurs organisations et de garant de la réussite des projets initiés par les bailleurs de fonds. Ce sont de sortes de managers de développement, car les bailleurs de fonds leur confient la gestion des ressources destinées aux populations. Cette relation tripartite est souvent décriée, car les organisations locales souhaitent souvent traiter directement avec les bailleurs de fonds, mais butent souvent sur les aspects techniques de montage et de gestion de projet[307].

Par ailleurs, un compte-rendu de Loïc Barbedette interpelle les intervenants sur les stratégies des organisations locales et surtout leur évolution dans les relations avec l'extérieur. Il partage ceci : « *Cissokho M. (Président du CNCR) décrit la tactique prudente des organisations paysannes d'Afrique de l'Ouest en expliquant que ces organisations se sont d'abord fait "serpent", et se sont cachées pour grandir discrètement. Ensuite, elles se sont fait "caméléon" cherchant à se mettre d'accord avec tout le monde pour ne pas bloquer (c'est la phase où l'on négocie de l'argent pour le puits, parce que le bailleur aime les puits, et l'on utilise cet argent pour construire une mosquée parce que la mosquée fait plaisir au marabout) ; ce n'est que lorsque les organisations se sont senties assez fortes qu'elles sont devenues "scorpion" ; alors, elles ont pu piquer ceux avec qui elles avaient joué le caméléon. Aujourd'hui concluait-il, nous voulons redevenir des hommes* »[308].

Ce constat d'évolution des relations, et surtout des logiques de détournement des ressources et des objectifs des projets proposés par les organismes d'aide au développement a été relevé par la présidente de la Maison Familiale Rurale de Fandène, mais aussi théorisé par les chercheurs de l'APAD, notamment autour de Jean-Pierre Olivier de

---

307 SAILD (Service d'Appui aux Initiatives Locales de Développement), 1994, Financer les organisations paysannes sans les étouffer, compte-rendu du carrefour international (Bernard Njonga, Jeanot Minla Mfou'ou, Diallo Abdoul Hamid, Philippe de Leener), Yaoundé, 140 p.

308 Barbedette L., février/avril 1993, *Jalons pour actualiser les stratégies de développement rural : notes et réflexions*, note ronéotée, 23 p., (R).

Sardan[309]. Nous reviendrons sur ces derniers aspects dans les parties suivantes.

Aussi, du fait de leur positionnement en tant qu'acteurs de développement local et interlocuteurs recherchés par les organismes extérieurs, ces groupements cohabitent dans les territoires de manière conflictuelle et concurrentielle quelquefois. C'est pourquoi on peut déjà constater dans les villages de notre enquête un éclatement et une floraison de structures, revendiquant toutes une place de leader, même auprès des chercheurs qui passent les interviewer[310]. Cette situation pousse à réfléchir davantage sur la place de ces organisations locales dans la construction du développement local, qui se façonne de plus en plus par des injonctions extérieures malgré un semblant d'ancrage local par la mobilisation des populations locales à travers l'idée de participation. À partir de nos expériences du terrain, et avant de présenter un autre type d'acteurs de développement, nous proposons de visualiser un exemple de structure villageoise, structure comprise dans le sens du système d'organisation du territoire villageois.

1.3. Les acteurs de la médiation[311]

La mise en œuvre des initiatives de développement, selon la configuration introduite par les organismes extérieurs, nécessite l'émergence d'acteurs particuliers d'interface dont le but avoué est de rendre opérationnels les projets. Pour Yao Assogba, ces acteurs sont *« placés au cœur du processus de négociations qu'implique la mise en œuvre locale d'un projet de développement, les intermédiaires et les agents de développement assument des fonctions marquées de contradictions et d'ambigüités. En effet, ils sont constamment appelés à développer des stratégies pour défendre à la fois leurs intérêts personnels et ceux des institutions nationales et internationales, mais également pour faire la*

309 Jacob J-P et Lavigne Delville P (dir), 1994, *Les associations paysannes en Afrique : organisation et dynamique*, APAD / Karthala / IUED, 307 p.

310 Dans le village de Ngoumsane par exemple, il nous a été reproché d'être allé voir le président de l'APDN avant de rencontrer la présidente du GIE des femmes, car au fond, nous représentions à leurs yeux un émissaire des structures de financement. Et le fait de rencontrer d'abord le président de l'association locale pouvait signifier que nous donnons plus d'importance à cette organisation et que si financement et projet il y a, le GIE risque de ne rien obtenir ou aura droit au reste.

311 Dans cette catégorie, nous excluons les organisations intermédiaires d'appui que nous considérons faire partie de la catégorie des acteurs institutionnels.

médiation entre les intérêts très divers des autres acteurs sociaux concernés par le projet »[312].

Leur émergence dans le champ du développement local est à associer à l'émergence des organisations locales et aux incitations des organismes internationaux. Incarnés par la figure du chef coutumier ou du chef religieux pendant la période de la colonisation, ces acteurs se sont diversifiés et certains se sont professionnalisés à l'image des agents de développement avec la reconnaissance d'un métier institutionnalisé. D'autres opèrent dans l'« informalité » et cherchent toujours une reconnaissance sociale comme gage de légitimité. Jouant dans plusieurs registres des interactions, ces acteurs de médiation épousent des formes différentes, des élites locales aux agents de développement en passant par les courtiers. Autant de catégories d'acteurs que des chercheurs comme Jean-Pierre Olivier de Sardan décrivent pour montrer leur place délicate dans l'échiquier des relations sociales construites autour des initiatives de développement. Cependant, dans ce travail, nous avons plus mis l'accent sur une catégorie constituée par les élites locales qui peuvent au fil des relations avec les différents acteurs se constituer en agents ou en courtiers de développement. Ce sont des retraités rentrés au village, des responsables de groupements ou des autorités religieuses et coutumières qui jouent le rôle de représentants des villages face à des sollicitations externes. Leur statut est d'autant plus problématique qu'elle engendre des conflits de positionnement.

Certaines sont légitimement désignées par la population, ce qui leur confère un statut et une reconnaissance sociale avérée. D'autres se sont imposés à coup de conflits et voient leur statut toujours remis en cause et disputé. En quête de légitimité sociale, ils doivent être porteurs d'une image de serviteurs indispensables du village. Cette situation est visible dans un des villages, où la gestion des ressources mises à disposition par les organismes extérieurs est devenue un enjeu individualisé ou de groupe au détriment des enjeux collectifs et communautaires. Ainsi, placés au cœur des processus d'interaction et des relations de développement, ces acteurs de la médiation sont des créateurs de liens aux yeux des acteurs extérieurs. Pour Jean-Louis Laville, il est important de mettre l'accent sur la figure de l'interacteur

[312] Assogba Y., 2004, *Sortir l'Afrique du gouffre de l'histoire : le défi éthique du développement et de la renaissance de l'Afrique noire*, Presses Université Laval (Québec), p. 76 (200 p).

qu'il faut différencier des acteurs individuels stratégiques et des acteurs collectifs. L'interacteur *agit pour changer des systèmes bloqués par la construction d'espaces transversaux grâce à des logiques de projets*[313].

À Fandène, ils sont nombreux dans les villages étudiés à se réclamer du statut de porte-parole du village dès lors qu'ils me percevaient, lors de mes immersions, comme potentiel représentant d'un organisme de développement. Même si par le biais des chefs de village, nous avons pu identifier les personnes concernées, il faut néanmoins dire qu'il y règne un climat de captage des opportunités entrantes, voire de détournement des intérêts collectifs vers des intérêts personnels. Les élites locales identifiées comme représentantes des villages participent à l'organisation de la vie, informent les populations, jouent le rôle de relais, encouragent la participation et la responsabilisation des populations dans les projets initiés par les organismes extérieurs ou par le conseil rural. Ce rôle d'animateurs ou même d'agents de développement les place dans une situation duale partagée entre deux logiques souvent contradictoires, mais opérant ensemble. La première logique concerne la représentation et la gestion des intérêts du village auprès des organismes extérieurs de développement. La deuxième logique concerne la gestion des relations avec les différents intervenants extérieurs qui doivent les reconnaître d'emblée comme légitimes et interlocuteurs privilégiés.

Cette double tension recentre l'analyse sur la conception de Michel Crozier de l'acteur stratégique. Ici, il cherche à maximiser ses profits en jouant sur les curseurs de la proximité avec les organismes de développement qui lui permettent d'avoir accès à des ressources financières, matérielles et techniques, et le curseur de la population locale qui lui permet d'asseoir sa légitimité, condition nécessaire pour se présenter devant les organismes de développement. Cette posture *dialogique*, pour emprunter le concept d'Edgar Morin[314], fait de l'élite locale un acteur très important dans la configuration du développement local que cherchent souvent à enrôler les organismes extérieurs. L'acteur se trouve pris dans un rôle de médiateur des effets des structures et groupes ou réseaux dans lesquels il s'inscrit tout en développant des stratégies propres à sa position dans l'échiquier local.

---

313 Laville J-L., 1992, La création institutionnelle locale : l'exemple des services de proximité en Europe, *Sociologie du travail*, Vol. 3, p. 353-368.

314 Morin E., Weinmann H., 2008, *La Complexité humaine*, Flammarion, 380p.

Cette figure de l'acteur-médiateur dans la réalisation d'une action collective renvoie à la notion d'« *actant* » que développe la sociologie de Michel Callon et de Bruno Latour[315]. Par ailleurs, Paul Bachelard et Jean Clénet évoquent les libertés stratégiques de l'acteur du développement local qui est pris dans un système d'action local. Vivant dans l'illusion d'une liberté d'action, l'acteur local se trouve contraint par les jeux de relations et les enjeux politiques du territoire. Pour ces auteurs, « *la marge de manœuvre est parfois étroite entre la gestion du projet de l'acteur lui-même, des sous-systèmes avec lesquels il est en relation, dont la principale caractéristique est qu'il change d'état en permanence* »[316].

Le caractère changeant du système perturbe sans cesse l'équilibre des relations que l'acteur de médiation peut tisser et déconstruit les logiques qui les structuraient ; et les marges de manœuvre de l'acteur sont alors renégociées ou disparaissent avec le changement. Cette situation rend fragile la position de l'acteur intermédiaire qui doit sans cesse renouveler ses mécanismes propres de positionnement au sein des relations du système d'action local. En dehors de ces acteurs qui véhiculent un imaginaire propre à leur position sociale et en dehors des actions qu'ils entreprennent individuellement ou collectivement, le développement local à Fandène est un champ de perceptions, de représentations sociales. Longtemps minimisée au profit des actions et des acteurs, une prise en compte des représentations sociales et des perceptions des acteurs permet de ressortir les mécanismes sous-jacents, implicites qui sont les facteurs premiers des réussites ou des échecs des initiatives de développement. Les relations sociales construites autour des projets sont fragmentaires par le caractère hétéroclite des acteurs impliqués. Nous nous sommes presque limités ici à une description des formes d'acteurs identifiées réservant l'analyse de leur implication dans le champ du développement et les différentes formes de relations les liant, aux chapitres qui suivent.

---

315 Akrich M., Callon M., Latour B., 10/2006, Sociologie *de la traduction. Textes fondateurs*, Presses de l'Ecole des Mines, 304 p.

316 Clénet J., 1993, *Les acteurs du développement local*, Paris, L'Harmattan.

2. Perceptions autour des réalités du développement local et du territoire

Fandène, une commune rurale, est un vaste réseau d'interconnaissance où les populations entretiennent des relations de proximité et où les logiques sociales s'interpénètrent. Les acteurs décrits plus haut sont insérés dans des réseaux qui sont également des champs de perceptions, de représentations de l'altérité et de l'action entreprise. Les réalités du développement sont à ce titre une série d'interprétations continues et dynamiques de pratiques, de postures, de logiques d'acteurs impliqués dans des initiatives locales ; interprétations qui sont sans cesse déconstruites et reconstruites par les acteurs eux-mêmes. Les individus et les groupes se représentent différemment les problèmes de développement, agissent différemment sur les représentations des autres en vue de construire leur propre action.

Les représentations sociales, l'un des concepts clés de la psychologie sociale, mais aussi de la sociologie de la connaissance, désignent une forme de connaissance, de pensée du sens commun, partagée par les membres d'un même groupe social. Comment nous percevons-nous, comment percevons-nous les autres, comment appréhendons-nous notre environnement, autant d'objets de pensée qui gouvernent notre vie en société et qui structurent nos relations. Ainsi, le concept de représentation a été réintroduit dans le champ des recherches en sciences sociales et humaines par Serge Moscovici en 1961 qui pense qu'il permet d'« *étudier les comportements et les rapports sociaux sans les déformer ni les simplifier* »[317]. Partir des représentations sociales pour saisir le sens des relations sociales et les comportements des acteurs offre une richesse à l'analyse et à l'interprétation de l'action.

Pourtant, Serge Moscovici fait remonter à Georg Simmel et Max Weber la genèse de l'idée de représentation sociale dans le champ de la sociologie. Mais c'est à Émile Durkheim qu'il est attribué la paternité du concept de « *représentation* » qu'il introduit en 1898[318] en annonçant la différence entre représentation collective et représentation individuelle caractéristique des différences entre société et individu :

[317] Moscovici S., 1961, *La psychanalyse, son image et son public*. Paris, PUF

[318] Durkheim E, 1898, « Représentations individuelles et représentations collectives » in *Revue de métaphysique et de morale*, Vol. VI, pp. 273-302.

« la société est une réalité sui generis ; elle a ses caractères propres qu'on ne retrouve pas, ou qu'on ne retrouve pas sous la même forme, dans le reste de l'univers. Les représentations qui l'expriment ont donc un tout autre contenu que les représentations purement individuelles et l'on peut être assuré par avance que les premières ajoutent quelque chose aux secondes »[319].

En étudiant les représentations sociales comme voie d'accès au sens commun dans *La psychanalyse, son image et son public*[320], Serge Moscovici reprend de Durkheim le concept délaissé et presque oublié de *représentation collective,* qu'il requalifie préférentiellement de « *sociale* ». L'objectif pour lui est de rendre compte du fonctionnement dynamique du sens commun dans les sociétés contemporaines caractérisées par une modernité structurante avec une explosion des moyens de communication, des flux d'échanges, de la mobilité, du rôle quasi incontournable de la science et de la technique dans le quotidien des acteurs, l'émancipation grandissante de ces derniers ; fonctionnement qui diffère des sociétés traditionnelles. Cette conception nous renvoie à Michel Foucault[321] qui, dans une perspective épistémologique, introduit le concept d'« épistémè » qui représente pour lui une façon de penser, en tant que cette pensée prend une forme particulière à une époque déterminée. Pour lui, les objets de pensée doivent être historicisés dans une logique d'archéologie de la connaissance et rattachés à leur contexte historique.

Par ailleurs, les apports récents de plusieurs disciplines, notamment de l'histoire, de la sociologie avec Pierre Bourdieu[322], de l'anthropologie par Marc Augé[323], reconnaissent et explicitent une fonction de la représentation sociale dans la constitution des ordres et des rapports sociaux, l'orientation des comportements collectifs et la transformation du monde social. Serge Moscovici propose également d'étudier les représentations sociales soit comme des contenus dont les dimensions (informations, valeurs, opinions…) sont coordonnées par un principe organisateur (attitude, normes…) ou soit comme des

---

[319] Durkheim E., 1912, *Les formes élémentaires de la vie religieuse*, Paris, Le livre de poche
[320] Moscovici S., 1961, *La psychanalyse, son image et son public*. Paris, PUF.
[321] Foucault M., 1966, *Les Mots et les Choses, une archéologie des sciences humaines*, Gallimard, NRF. Public.
[322] Bourdieu P., 1982, *Ce que parler veut dire. L'économie des échanges linguistiques*, Paris, Fayard
[323] Augé M., 1979, *Symbole, fonction, histoire. Les interrogations de l'anthropologie*. Paris, Hachette.

structures de savoir organisant l'ensemble des significations relatives à l'objet concerné. Cette manière d'aborder les représentations sociales permet de les voir dans leur forme dynamique plutôt que sous leur aspect descriptif. Cependant, dans ce travail les définitions proposées par Denise Jodelet, et Gustave-Nicolas Fischer nous semblent très intéressantes à retenir.

Pour Jodelet : « *le concept de représentation sociale désigne une forme de connaissance spécifique, le savoir de sens commun, dont les contenus manifestent l'opération de processus génératifs et fonctionnels socialement marqués. Plus largement, il désigne une forme de pensée sociale. Les représentations sociales sont des modalités de pensée pratique orientées vers la communication, la compréhension et la maitrise de l'environnement social, matériel et idéal. En tant que telles, elles présentent des caractères spécifiques sur le plan de l'organisation des contenus, des opérations mentales et de la logique. Le marquage social des contenus ou des processus de représentation est à référer aux conditions et aux contextes dans lesquels émergent les représentations, aux communications par lesquelles elles circulent, aux fonctions qu'elles servent dans l'interaction avec le monde et les autres* »[324].

Cette définition aborde les représentations sociales sous un angle dynamique en montrant l'influence de la société dans sa formation. Elles sont à relier avec leur contexte d'émergence, aux modes de transmissions et à leur fonction de moteur symbolique présidant au fonctionnement de la société par l'interaction entre la pensée et l'action. En outre, la définition proposée par Gustave-Nicolas Fischer complète celle de Denise Jodelet. Pour lui, « *la représentation sociale est un processus, un statut cognitif, permettant d'appréhender les aspects de la vie ordinaire par un recadrage de nos propres conduites à l'intérieur des interactions sociales* »[325]. Cette définition plus descriptive que la première montre le caractère processuel des représentations sociales permettant d'agir en continu sur les pratiques et les logiques des acteurs. Elles se génèrent dans l'interaction sociale et influencent constamment les conduites des acteurs en face à face.

---

[324] Jodelet D., 1984, Représentations sociales : phénomènes, concepts et théorie, in Moscovici S., *Psychologie sociale*. Paris, PUF, pp 357-378.

[325] Fischer G. N., 1987, *Les concepts fondamentaux de la psychologie sociale*, Presses de l'Université de Montréal, Dunod, p 118.

Ce bref et ramassé éclairage sur le concept de représentation sociale nous permet juste de situer notre propos. C'est dans le sens des dernières définitions que nous traitons de représentations sociales, de perceptions des réalités du développement et du territoire. Pour nous, il s'agit de formes de pensée socialement construites qui structurent les positions et les relations des acteurs dans le champ ou l'arène du développement local dans le territoire de Fandène. Ces acteurs se représentent leur situation dans un mécanisme qui fait partie de la définition de leur stratégie, de leur logique dans et devant l'action. En ce sens, il est intéressant d'appréhender la représentation de l'objet avec une économie des relations sociales construites et des acteurs impliqués dans l'action. C'est cette prise en compte globale qui offre à l'analyse une dimension éclairante et compréhensive de l'objet étudié. Ainsi, nous traiterons des perceptions des populations locales et celles des institutions de développement de la réalité du développement avant d'évoquer celles de ces mêmes acteurs de la réalité du territoire.

2.1. Les perceptions populaires du développement local

À partir des études menées à Fandène, nous avons pu ressortir quelques constantes dans la manière d'appréhender le développement. L'idée étant de rendre compte fidèlement comment une réalité peut être perçue par les acteurs locaux qui s'investissent pour sa réalisation. Nous nous appuierons sur cette réflexivité pour analyser les différentes conceptions constatées dans chaque village avant de les discuter entre elles. Ces analyses se fondent sur une définition dynamique du territoire comme système d'action local, en tant que réceptacle d'actions de développement tendant à le transformer. À cet effet, le territoire en tant que système d'action local procède de l'interdépendance du niveau « micrologique », celui des dynamiques internes du territoire et du niveau « mésologique », celui de son ouverture et de ses partenariats avec l'environnement institutionnel.

Le développement local, une réponse au défi du vivre ensemble

Le territoire local est un véritable système d'action complexe par la nature des dynamiques des acteurs, des réseaux construits autour de l'action de développement et des coordinations horizontales et hiérarchisées qu'on y constate. Le territoire n'est ainsi pas un réceptacle passif d'actions de développement. Il est activé par les éléments sociaux, culturels et économiques entre autres, qui le constituent et qui en définissent les contours et les limites[326]. Ces éléments mettent aux prises, différents acteurs autour d'enjeux collectifs et individuels. Selon Mercier et Segrestin, les initiatives de développement « *constituent autant d'occasions pour les acteurs locaux de confronter leurs représentations du territoire, de repérer leurs stratégies, d'identifier leurs divergences et de rechercher, chaque fois que nécessité oblige, les moyens de dépasser les contradictions que la situation leur impose. Ce dépassement repose sur une remise en cause des rapports de force qui structuraient jusqu'alors le système social local* »[327].

Le développement local comporte à ce titre une dimension horizontale des relations sociales entre plusieurs acteurs qui se préoccupent du renforcement du lien social, dans une société en pleine mutation identitaire marquée par l'avancée de l'individualisme comme c'est le cas à Fandène. Les effets de la modernité s'y font sentir même dans la structuration des relations sociales. Ainsi, dans les villages étudiés, nous avons constaté deux formes de logiques comme réponse au défi du vivre ensemble. La première logique met l'accent sur la dynamique locale et le primat des forces locales dans la construction du développement comme en témoignent ces propos des populations de Keur Mor Ndiaye : « *pour certains, il y a du développement dès qu'ils peuvent manger et boire ; d'autres, dès qu'ils peuvent se soigner convenablement, mais pour moi le développement c'est avant tout une capacité intrinsèque à construire des projets qui visent à répondre aux défis qui se posent et se poseront toujours à nous dans notre rapport aux autres et à nous-mêmes* ». **(KMN 1).**

Ainsi, l'importance pour les populations locales de construire des projets collectifs a un objectif clair : « *c'est pour l'intérêt du village et des familles que nous nous bougeons. Si on ne le fait pas, personne ne le fera à*

---

326 Leloup F., Le développement territorial et les systèmes complexes : proposition d'un cadre analytique, *Revue d'Economie Régionale et Urbaine*, 2010/4 octobre, P. 694.
327 Mercier N., Segrestin D., 1983, L'effet territoire dans la mobilisation ouvrière. Essai d'analyse de situations complexes. In *Revue française de sociologie*, N°1, p. 61-79.

notre place. "Ndimbeul nassa fekk lokhoy borom" (si tu veux de l'aide, il faut que tu aies déjà la main dans la pâte) ». **(KMN 4).**

Ce sentiment d'autonomie se traduit dans une réalité concrète aussi : « *c'est le dynamisme de la population. On n'attend rien de personne et c'est ce qui a fait qu'on en est là aujourd'hui. Mais on est ouvert* ». **(KMN 2).**

Ces propos mettent en avant la nécessité pour les populations de construire elles-mêmes les conditions de transformations sociales de leur territoire. Les ressources du territoire ainsi que les capacités des acteurs locaux doivent être valorisées exclusivement avant toute aide provenant de l'extérieur. Cette conception trouve des échos dans les travaux de beaucoup de chercheurs qui reconnaissent l'importance des ressources locales dans la mise en œuvre des projets de développement. C'est le cas de Fabienne Leloup qui reconnaît l'importance d'un projet construit par le jeu des acteurs et sur l'enjeu d'ancrer le projet dans les capacités productives locales[328]. Le sentiment d'autonomie locale est très ressenti à Ngoumsane et Tawa Fall, deux villages pourtant aux caractéristiques différentes. Mais en effet, ce besoin d'autonomie est idéalisé à Ngoumsane et traduit l'urgence pour les populations de rompre avec les querelles et les conflits qu'induisent les interventions extérieures en mettant en avant leurs propres initiatives.

À Tawa Fall, le sentiment d'autonomie reflète une volonté de renforcer une pratique déjà ancrée dans la tradition locale. Le compter sur soi est une réalité bien présente à Tawa Fall grâce à une cohésion sociale forte du groupe et une solidarité entre acteurs malgré des conflits identifiés. Au-delà de l'autonomie des populations du village, celle du Conseil communal est aussi souhaitée pour aider les populations avant que les ONG ne s'emparent de la question. Par ailleurs, cette logique ne procède pas à la fermeture du territoire à des apports extérieurs, elle met plutôt l'accent sur le primat de la dynamique locale, ce qui permet de territorialiser le processus de construction du développement local.

---

[328] Leloup F., Le développement territorial et les systèmes complexes : proposition d'un cadre analytique, *Revue d'Economie Régionale et Urbaine,* 2010/4 octobre, P. 687-705.

La deuxième logique identifiée insiste sur la structuration du territoire local en système d'action. Elle est à l'œuvre dans plusieurs institutions de développement qui dans leurs interventions, laissent une place centrale à l'organisation des zones d'intervention. Cette préoccupation s'oriente vers la recherche de cohérence et de structuration des différents acteurs qui seront amenés à coopérer dans le cadre de projet ou d'initiatives de développement. À cet effet, la coordination des acteurs et de l'espace constitue un enjeu de taille que reconnaissent les populations locales de Fandène.

À noter que le « *Mbotaay* » est une forme d'organisation locale regroupant des femmes qui ont certaines caractéristiques communes (mariées, célibataires) et désireuses d'accomplir des activités ensemble. Il est défini comme « *une forme d'organisation sociale regroupant plusieurs individus qui œuvrent pour le bien-être de la communauté et qui apportent soutien aux actions de développement de toute nature susceptible d'être entreprises dans les secteurs de l'activité économique* »[329]. En plus de l'aspect économique que cette définition met en avant, ces organisations diversifient leurs activités et jouent d'autres fonctions dans le domaine social par exemple. Si pour cet habitant l'organisation du village en différentes structures autonomes, mais tournées vers des actions collectives au service du développement du village est salutaire, d'autres situations peuvent prouver les limites de ce modèle. C'est ce que traduit ce point de vue de cet habitant de Ngoumsane : « *il y a beaucoup d'organisations et ce n'est peut-être pas une bonne chose. On a des associations, des groupements de promotion féminine, des GIE, je pense oui… Leur nombre est important par rapport à la taille du village. Ce n'est pas souvent bénéfique, car les gens sont éclatés en fonction de leurs intérêts et quand vient le moment de primer l'intérêt du village (rire), la mobilisation sonne creux* ». **(NG1)**.

Cette position critique est d'autant plus intéressante qu'elle permet de comprendre comment des logiques de groupe fractionnistes tournées vers le primat d'intérêts personnels peuvent saper la dynamique collective. Cette réalité du village de Ngoumsane montre

329 Thiam M. M., et Ndiaye B., 1994, Etude impact des groupements féminins dans le processus migratoire. Cas du Bassin arachidier de la région de Thiès. Ministère de l'économie des finances et du plan (Sénégal), Dakar, Sénégal, p. 1 (55 p), cité par Awa D. N., 2013, *Les femmes et le développement local au Sénégal : le rôle des associations féminines dans le bassin arachidier : l'exemple de Diourbel*. Thèse de doctorat en Géographie, Université Michel de Montaigne - Bordeaux III.

aussi que la structuration du territoire n'est pas donnée d'emblée comme pourrait le laisser penser une certaine démarche institutionnelle du développement (ONG, bailleurs de fonds, etc.). Elle est construite par les interactions des différents acteurs mobilisés dans les initiatives de développement. Le principe d'interactivité pèse ainsi sur l'évolution et la dynamique du système d'action local à travers les relations de dépendance, d'influence, de conflit qu'entretiennent les acteurs selon les situations. D'autres conceptions sont perceptibles sur le territoire considérant le développement comme une situation de vie avec le moins de contraintes possible.

On a aussi une conception populaire du développement à travers une quantification des infrastructures réalisées sur le territoire.

La tendance globale va vers une conception du développement local comme relevant avant tout de l'action locale, celle réalisée exclusivement par les populations locales. Le primat est ici accordé aux initiatives locales et à la dynamique territoriale tout en n'excluant pas une possible aide extérieure. Les partenaires ne sont vus, dans l'idéal, que comme accessoires et venant appuyer une dynamique territoriale déjà en place. Le processus interne de transformation du territoire se base fortement sur la construction d'une dynamique locale et de nouvelles identités en fonction des actions de développement initiées dont l'un des objectifs est de faire évoluer le territoire en tant que système d'action local.

C'est en ce sens que le projet de développement est structuré par les relations sociales et structurant à travers la production de nouvelles normes sociales et une nouvelle identité sociale du territoire concerné. Car, le processus de changement est inscrit dans une logique de la modernité par la transformation de l'existant jugé toujours insatisfaisant et qui se paie par une perte d'identité progressive des territoires. Ainsi, pour Pierre Teisserenc, les enjeux du développement local sont entre autres de produire, de façonner de nouvelles identités collectives, *initiatrices de partenariats et basées sur des impulsions « réciprocitaires » rendant compte de l'implication des divers partenaires dans la réalisation d'actions collectives*[330].

---

[330] Teisserenc P., 1994, *Les politiques de développement local. Approche sociologique*, Paris, Economica, 229p.

Le développement local, une incitation locale au partenariat

Le développement local, au-delà de son rôle dans la construction du vivre ensemble dans les territoires étudiés, est aussi perçu comme une démarche visant à asseoir les conditions d'un partenariat institutionnel autour d'un projet de développement. La valorisation de la dynamique locale et des ressources locales, la démarche qui consiste à construire la transformation sociale du territoire à partir de ses propres ressources et l'importance de l'organisation du territoire selon des modalités de coordinations horizontales sont autant de dimensions qui participent à créer les conditions d'un partenariat avec des organismes extérieurs. Ce système de partenariat du territoire crée des coordinations hiérarchisées ou verticales qui redessinent les contours du territoire ainsi que la teneur des actions de développement qui s'y sont entreprises. D'où la pertinence de notre concept proposé de « territoire de développement ». Fabienne Leloup nous éclaire à ce titre, car pour elle, « *tout développement territorial*[331] *est situé quelque part, localisé sur un espace administratif c'est-à-dire une aire soumise à des autorités locales, à qui des compétences particulières ont été attribuées [...*[332]*]. (...). La plupart de ces espaces sont emboités en une structure hiérarchisée aux frontières exclusives* »[333].

Nous ressentons la réalité de telles coordinations dans l'imaginaire des populations locales de Fandène et dans leurs rapports avec le développement. Elles ont intégré l'idée que ce dernier, en tant que dimension du changement social doit se faire avec l'extérieur aussi, avec l'environnement institutionnel du territoire comme l'illustre si bien Louis Quéré en ces termes : « *le changement n'est jamais purement endogène* »[334] ou même François Fourquet pour qui « *même le développement local endogène est en quelque sorte exogène* »[335].

Cette réalité de l'ouverture s'explique d'une part par le sentiment d'abandon de certains villages, le recul de l'action publique et les

[331] Entendre par là le développement d'un territoire et le territoire comme objet de structuration

[332] Exemple de la décentralisation, de la coopération décentralisée...

[333] Leloup F., Le développement territorial et les systèmes complexes : proposition d'un cadre analytique, *Revue d'Economie Régionale et Urbaine,* 2010/4 octobre, p. 694.

[334] Quéré L., 1984, Le pays breton comme territoire minoritaire, *Pluriel*, N°35, p. 32

[335] Fourquet F., 1988, *Planification et développement local au Pays Basque*, Paris, Commissariat général au plan, p. 77

faibles moyens et ressources dont dispose le Conseil rural pour faire face aux défis du développement. Elle s'explique aussi par la « pression » des organismes extérieurs inscrits dans une logique de promotion d'un modèle de développement fondé sur l'idéologie mondialisée de la modernité. À cet effet, ces deux contraintes pèsent sur les choix des acteurs locaux en termes d'élaboration de politiques de développement local, en termes de structuration interne du territoire. Ainsi, dans les territoires étudiés, l'ouverture, en ce qui concerne exclusivement les partenariats en vue de construire leur propre changement, ne peut pas être lue comme une simple volonté des populations, mais aussi comme une contrainte pour elles. Tous les villages de l'étude ont des partenaires au développement. À Keur Mor Ndiaye la contrainte est palpable : « *c'est normal qu'on ait des partenaires, c'est à la mode. Sans eux tu risques de ne pas aller loin dans tes projets. Si le conseil rural nous apportait la même aide et le même soutien matériel, on n'aurait pas eu besoin de faire affaire avec les ONG et projets. Mais que peux-tu faire* » **(KMN 3)**.

Cet interviewé met en avant les limites du Conseil communal dans sa mission d'acteur de développement pour justifier le besoin pour la population d'aller voir ou d'accepter de travailler avec les ONG. Il souligne un effet de mode dans les relations de partenariat avec les ONG qui peut s'expliquer par des logiques de conformisme, car tout le monde fait pareil[336].

Cet autre interviewé semble relativiser : « *oui on a des partenaires au développement. Le village est ouvert au monde du développement ce qui nous a permis de réaliser quelques actions. Beaucoup sollicitent mes prières avant d'intervenir sur le village, une manière pour eux de solliciter notre adhésion et par là, l'adhésion du village* » **(KMN6 – Imam du village)**.

Par sa position d'élite locale, d'intermédiateur, il met en avant l'intérêt pour son village de s'ouvrir aux organismes de développement pour la réalisation d'actions de développement local. Ses propos montrent aussi une partie du mode opératoire des organismes extérieurs dans leur manière d'approcher les territoires par l'identification et la sollicitation d'une élite locale pour légitimer leur institution et leurs initiatives « pour » la population.

---

336 Simmel G., 2013, *Philosophie de la mode*, Allia, 64p

Même discours à Tawa Fall pourtant plus enclin à compter sur ses propres ressources, mais qui, aujourd'hui, opte pour le partenariat pour renforcer sa dynamique de développement. C'est l'avis de cet agriculteur : « *oui beaucoup d'ONG agissent ici, à des degrés certes différents et dans des domaines aussi différents, mais oui elles nous accompagnent. Nous dans notre métier, on a besoin d'un soutien matériel et financier conséquent que nous ne pouvons pas nous procurer. Les prêts au niveau des banques ou de la CNCAS sont risqués, le conseil rural ne semble pas avoir les solutions et lorsqu'on voit que les ONG développent des projets en ce sens, on ne peut que s'ouvrir à elles et accepter l'aide qu'elles nous apportent en termes d'encadrement, de mise à disposition de matériels, de réalisation d'infrastructures, etc. Je ne peux que me satisfaire de cette solution, heureusement qu'elle existe…* » **(TF1)**.

Ces propos renforcent l'idée de la contrainte alimentée par le manque de soutien public dont souffrent ces populations, aussi des limites pour elles d'obtenir des prêts auprès des structures compétentes. Mais ils reflètent l'importance de l'appui des organismes extérieurs dans la construction du développement local avec un rôle d'accompagnement, d'acteur de développement et de substitut de l'action politique locale du conseil communal.

À Ngoumsane par contre des voix discordantes se font entendre malgré la reconnaissance du travail important des organismes extérieurs de développement. Certains émettent des doutes quant à l'utilité de leurs interventions comme nous le montre ce fonctionnaire : « *oui beaucoup de partenaires, mais qu'est-ce que ça change. On est resté aussi dépendant et pauvre qu'avant. Ils interviennent depuis je ne sais combien d'années ici et rien. Il faut par moment accepter de voir les choses en face et se poser les bonnes questions. Peut-être, qu'ailleurs ils font du bon travail, mais ici ça ne marche pas. Peut-être aussi c'est nous qui n'adhérons pas aux idées de changement proposées ; mais une réflexion s'impose pour comprendre pourquoi on ne ressent pas leur utilité ici* » **NG2**.

En plus de pointer les limites de l'intervention des organismes extérieurs, il invite à une réflexion pour comprendre les raisons des blocages. Il soulève les logiques de résistance implicite des populations face à l'intervention et qui pourraient traduire ce sentiment de non-visibilité des actions des organismes extérieurs. Cette commerçante s'interroge sur les raisons sous-jacentes de l'action de ces derniers : « *des partenaires ? Je ne sais pas. Je sais qu'il y a des ONG qui viennent avec des projets et nous les proposent comme HEIFER International qui évolue dans l'élevage de moutons. Ils sont difficiles à refuser, surtout lorsque l'argent est à disposition ou quand le bétail ou le matériel n'attend que notre approbation. Pour moi, c'est du business. Ils ne le font pas par simple charité seulement* » **NG5**.

Pour elle, la volonté d'aider les populations démunies est l'arbre qui cache la forêt des logiques capitalistes qui accompagnent les projets mis à disposition par le monde des « développeurs ». Les limites de l'action publique locale incarnée par le rôle du conseil rural dans la construction du développement associée au manque de soutiens en termes de ressources matérielles de la part des banques ou des structures de l'État sénégalais, poussent les populations locales de Fandène à explorer davantage les pistes du partenariat avec des organismes privés de développement comme les ONG. Si beaucoup magnifient le travail de ces organismes, on reviendra sur ce point plus tard, il n'en demeure pas moins que beaucoup doutent de l'utilité de leurs interventions en termes de capacité à impulser le changement. Certaines résistances aussi sont à noter et pourraient constituer des freins à la mise en œuvre des projets initiés par les organismes extérieurs. Par ailleurs, ces derniers ont leurs conceptions du développement et des populations locales qu'il nous semble important de mettre en lumière.

2.2. Les représentations institutionnalisées du développement local

Cette partie concerne toutes les perceptions des acteurs institutionnels du développement et des populations avec lesquelles ils travaillent, suivant les informations fournies par notre échantillon. Il s'agit de repérer les résidus de l'idéologie du développement dans les pratiques et logiques d'action des organismes extérieurs. Ces derniers véhiculent des visions, des stratégies, des modes opératoires qui relèvent de leur position d'acteur institutionnel de développement et qui sont contenus dans une doxa propre, un procédé bureaucratique, une approche managériale et professionnalisée bien historique.

Selon la direction de la prévention et de la statistique : « *la région de Thiès bénéficie d'un réseau étoffé de partenaires au développement (ONG,*

Projets...). Ces derniers interviennent dans divers domaines intéressant la vie socio- économique régionale à travers des programmes ou projets de développement. On en dénombre près d'une soixantaine dans la Région. Outre l'appui technique et la formation dispensée à divers acteurs régionaux, ils ont consenti d'importants investissements. Leurs réalisations participent à améliorer le cadre et le niveau de vie des populations à travers l'accès aux services de base, l'appui à la production rurale, au crédit, au renforcement de compétences techniques et organisationnelles des groupes cibles, la lutte contre l'insalubrité, la protection de l'environnement, etc. »[337].

Cette diversité d'acteurs s'accompagne d'une diversité de représentations du développement, de conceptions variées des populations et de leurs actions selon les catégories d'acteurs rencontrés, acteurs publics et privés. Cette réalité est perçue dans les différents échanges avec des organismes de développement intervenant sur le territoire de Fandène à travers d'une part les définitions proposées et d'autre part les critères qui, pour eux, font le développement d'un territoire.

Des définitions du développement...

Les définitions proposées par les organismes de développement sont très variées et reflètent l'appartenance institutionnelle de la catégorie d'acteur concernée. Pour les acteurs du public, service déconcentré de l'État, le développement se définit comme l'application dans une collectivité locale de la stratégie nationale.

Cette définition considère le local comme réceptacle des modèles globaux traduits en un projet, une vision descendante du développement partant de stratégies déclinées par l'État vers les collectivités locales qui se chargent de se les approprier et de les dérouler. Cette conception n'est pas nouvelle dans la littérature ou les modèles de développement et continue d'être appliquée dans plusieurs pays. Ici, grâce aux politiques de décentralisation, l'État joue son rôle d'acteur de développement même s'il s'engage à promouvoir l'autonomie des collectivités locales. Il ne s'agit nullement de faire le développement à la place des populations concernées (développement

[337] Direction de la prévention et de la statistique. Agence de Thiès. Rapport septembre 2005, p. 84

par le haut), mais de cadrer le développement local et de l'inscrire dans une relation dialectique avec d'autres catégories de territoire (Département, Région, Pays) pour veiller à une cohérence globale et à une planification nationale.

Rappelons que Fabienne Leloup, dans sa définition des dynamiques du développement territorial, propose le principe d'ouverture des territoires pour montrer qu'ils ne sont jamais fermés en tant que système clos, mais doivent s'ouvrir à l'environnement c'est-à-dire à un ensemble d'autres systèmes extérieurs avec lesquels ils interfèrent et sont connectés. En tant que système d'action local, le territoire est influencé et influence les autres systèmes avec lesquels il est en interaction et il est intégré dans une hiérarchie d'échelle qui rend son analyse complexe[338]. Cette posture envisage la construction du développement comme une action collective régie par le jeu entre le local et le global, entre des systèmes locaux et des systèmes globalisés. Elle explique également la nécessaire ouverture des territoires aux dynamiques du dehors aussi décisives que celles du dedans.

Le développement local est aussi perçu comme l'ensemble des actions entreprises dans un territoire pour l'épanouissement de la population. Ces actions sont l'initiative d'acteurs de développement appartenant au territoire ou extérieurs au territoire, mais qui ont en commun d'intervenir sur le territoire. C'est en sens qu'on peut définir un territoire de développement qui dépasse les cadres physiques de sa délimitation. C'est aussi le sentiment d'un acteur privé pour qui « *le développement local, ce sont les actions menées à l'échelle d'un territoire et qui concernent tous les habitants* ».

Le processus de mise en œuvre des politiques, projets de développement local est ainsi une succession d'actions collectives qui mobilisent un territoire et des acteurs dans un système d'action local en perpétuelle transformation dont l'une des dimensions concerne la valorisation des ressources locales. La vision des acteurs institutionnels privés cadre bien avec cette définition en mettant en avant l'action des populations locales et de leurs organisations, les ressources du territoire comme le pensait l'ancien président du Conseil rural à propos de la place des populations locales : « ... *c'est la base qui*

338 Leloup F., 2010, *op. cit*, p. 690

construit le développement. Nous on accompagne, car on n'a pas les moyens de tout faire ».

Pour un acteur privé intervenant sur le territoire, le Groupe de Recherche et d'appui aux initiatives féminines, le développement local : « *c'est une posture qui permet d'œuvrer pour le bien-être des populations pauvres. Cette posture vise à se baser sur leurs ressources intrinsèques pour impulser le développement* ».

En définissant ainsi le développement local comme une posture, une démarche, on déplace son intelligibilité du champ de la pratique vers le champ de la pensée. Ce serait alors une manière d'être, d'agir dans le but de faire naitre une dynamique au niveau d'un territoire en mobilisant les acteurs autour d'un projet de société partagé. Seulement, la pertinence de la démarche n'est à appréhender que dans les pratiques qui en découlent, d'où la nécessité d'inscrire la démarche dans une dialectique de l'action globale. Aussi, pour un autre acteur d'obédience catholique, « *le développement local est difficile à définir, car il implique plusieurs critères. C'est complexe, mais on peut retenir que c'est une forme de développement à la base au plus près des populations locales. C'est une forme de développement qui valorise les initiatives locales et donne de la visibilité au groupe humain local. Il comporte plusieurs dimensions comme l'environnement, l'économie, la santé, etc. qu'il faut articuler dans une démarche globale et inclusive* ».

La Caritas présente le développement local sous le prisme de la valorisation des initiatives des populations locales. En effet, l'intervenant doit dans sa démarche mettre en avant les ressources locales, favoriser les propositions d'action des populations, une manière de rompre avec l'idée d'un développement sous forme de package tout fait, prêt à l'emploi. Ceci rend compte de l'évolution de l'idéologie du développement qui cherche à revêtir un visage humain, en insistant sur un modèle de proximité, de participation des populations, de valorisation du local ; seulement dans la pratique, les logiques classiques de modélisation des pratiques de développement, de professionnalisation de ces dernières, de bureaucratisation et de rationalisation de la démarche n'ont pas cessé d'exister.

La Caritas revient aussi sur le caractère multidimensionnel du développement en présentant ses différentes dimensions comme l'environnement, l'économie, la santé entre autres. Cet aspect conforte notre conception du développement comme un ensemble de pratiques globales structurées comme système qui, par leur complexité, s'inscrit en porte-à-faux avec la logique de la disjonction. Ces pratiques renvoient à une démarche elle aussi structurée, c'est pourquoi, à notre sens, il n'y a pas de transformation sociale d'un territoire sans prise en compte globale de toutes les dimensions de sa structure et de ses rapports avec l'environnement. C'est à ce niveau qu'il est important de souligner la place des partenaires extérieurs dans le processus de développement local, de transformation locale d'un ensemble territorial situé par l'action des acteurs.

Ces multiples définitions proposées par les acteurs institutionnels ont en commun de mettre en avant trois dimensions essentielles du développement local : le territoire, l'acteur et les actions ou initiatives entreprises. Elles rejoignent par ce biais certaines analyses déjà connues autour de Bernard Vachon et de Bernard Pecqueur[339] entre autres. Elles ne mettent pas en exergue par contre une dimension capitale dans ce processus, à savoir la construction de régulations dans la structuration des relations de développement entre les différents acteurs, le territoire et le projet. Par ailleurs, même si ces définitions dénotent des points de divergence quant aux propositions des uns et des autres, elles comportent en elles des manières de faire, des conditions à réunir pour s'inscrire dans la démarche de développement local, que nous allons exposer dans ce point suivant.

... Aux critères principaux faisant le développement d'un territoire

À la lumière des définitions proposées par les acteurs institutionnels, des idées ont été émises allant dans le sens de proposer un certain nombre de critères qui selon eux, peuvent participer à faire le développement d'un territoire. Ces critères peuvent renseigner sur les modes opératoires propres à chacune de ces institutions. En effet, pour cet acteur public, pour mettre en œuvre un politique de développement local dans un territoire déterminé, il faut : « *une décentralisation effective permettant l'autonomie des collectivités locales. Des finances locales stables et suffisantes, car sans moyens financiers adéquats il ne faut pas rêver debout, les choses ne marchent pas. Une bonne gouvernance*

[339] Cf. Vachon B, *op. cit.* et Pecqueur B, *op. cit*

et des populations locales organisées et dynamiques. Tels sont les leviers du développement local selon ma conception et la compréhension que nous en avons ici. Pour moi, il est important que les collectivités locales soient assez autonomes pour valoriser le travail des populations au plus près de leurs activités. Ceci est très important de rendre visible ce qui se fait dans les zones les plus reculées et qui participe à l'effort collectif de construire le bien-être ».

Trois critères importants se dégagent de ces propos : une autonomie des collectivités locales, des finances locales, et une bonne gouvernance locale. Ces critères renvoient à la territorialisation du développement aussi bien dans sa démarche de pensée que dans sa pratique. Tout ce système s'adosse à une politique de décentralisation complète, or, au Sénégal, la décentralisation malgré plusieurs réformes, n'a pas permis aux collectivités locales de s'affranchir de la tutelle de l'État tant sur le plan économique qu'administratif et cela comporte des conséquences sur la qualité des politiques de développement locales initiées[340].

L'État continue de dicter et d'orienter la politique des territoires en fonction des intérêts politiques et partisans, eu égard aux plans nationaux de développement proposés ; car ces collectivités locales souffrent de l'insuffisance des ressources économiques locales (fiscalité faible ou inexistante, activité économique faible), de l'insuffisance de ressources humaines en mesure de porter la dynamique locale (formation tardive d'élites locales, faible alphabétisation de la population). C'est ce que fait remarquer Laurence Boutinot : « *théoriquement, la décentralisation renforce le pouvoir des collectivités rurales, mais celles-ci se retrouvent bien souvent, par manque de moyens, sous la dépendance des services déconcentrés de l'État* »[341].

Pour un autre acteur privé, « *il faut savoir mobiliser les ressources locales principalement, compter sur des partenaires, des bailleurs de fonds et initier des projets pertinents en rapport avec les réels besoins des populations* ».

---

340 Cf. Diop M. C., Diouf M., 1993, Pouvoir central et pouvoir local. La crise de l'institution municipale au Sénégal, in Jaglin S., et Dubresson A., (dir.), *Pouvoirs et Cités d'Afrique noire. Décentralisations en question*, Paris, Karthala, 101-125.

341 Boutinot L., 2001, De la complexité de la décentralisation. Exemple de la gestion des ressources forestières au Sénégal, *Bulletin de l'APAD* [En ligne], 22, consulté le 14 avril 2017, disponible sur http://apad.revues.org/52.

Ce point de vue ne nous renseigne pas, au-delà de l'étalage des critères somme toute intéressants, sur la manière de mobiliser les ressources locales avant de s'ouvrir aux bailleurs de fonds et d'amorcer des projets. Par ailleurs, l'organisation d'origine catholique propose que : « *ces critères qui définissent le développement local tournent autour d'un territoire organisé et dynamique avec des organisations de base, des projets communautaires, et des infrastructures locales. Il faut aussi des acteurs qui agissent dans le cadre collectif et individuel, qu'ils soient dynamiques et volontaires aussi, car cela n'implique pas toujours une rémunération, un salaire. Beaucoup d'actions relèvent du bénévolat, mais sont nécessaires pour le développement local. C'est l'exemple des actions de "Set settal" des ASC, des journées de sensibilisation en santé, etc.* ».

Ces critères exposés rejoignent en partie ceux contenus dans les définitions du développement à savoir la mise en avant du territoire et de son organisation, la mobilisation d'acteurs. En plus, la Caritas propose d'inclure le bénévolat comme caractéristique du développement local en relevant des actions de solidarité portées par les populations sans attente de rémunérations. C'est lorsque des jeunes d'un village décident d'assainir les rues (Set-Settal), de débroussailler les cimetières, d'organiser des journées de sensibilisation à l'approche de l'hivernage. Il existe alors une forme de conscience locale, indépendamment de toute implication extérieure, qui pousserait des populations locales à s'organiser, à se mobiliser pour mettre en œuvre des actions au bénéfice du développement de leur territoire.

Cette dynamique locale peut certes ne pas suffire, mais constitue déjà une base sur laquelle viendront s'appuyer des initiatives extérieures portées par l'État ou des organismes privés de développement. C'est ce qu'essaie d'illustrer le un cabinet d'étude en environnement : « *pour moi, il faut que les actions soient portées par les habitants de la zone et non pas par des organismes extérieurs. Ceci est essentiel. Ensuite, il faut que les fonds soient disponibles, l'aide publique aussi* ».

D'après ces différents points de vue, notons que quelques critères semblent ressortir fréquemment. Il s'agit de la nécessité d'un territoire organisé (organisations locales, décentralisation), de la nécessité de l'initiative et de l'action des acteurs locaux (primat des populations locales), de la nécessité de ressources locales suffisantes (économiques et humaines) et de la nécessité de s'ouvrir à des partenaires (ONG, coopération décentralisée). L'analyse de ces critères fait montre de quelques problèmes à notre avis.

Les organismes de développement mettent l'accent sur une approche communautaire en insistant sur le rôle des organisations communautaires de base dans le processus de construction. Ceci relève d'une institutionnalisation du développement qui serait à l'interstice d'acteurs institutionnels, ceux des organismes extérieurs, d'une part, et ceux des populations locales, d'autre part. Cette pratique est à l'œuvre aujourd'hui dans les terrains étudiés avec l'incitation des organismes extérieurs pour que les populations s'organisent en GIE, GPF, comités, autant de formes de structures qui rendent compte d'une orientation vers des pratiques bordées par un encadrement managérial et institutionnel du champ du développement. Les organismes intervenants se positionnent ainsi comme des prestataires de service en traduisant les besoins des populations en services auxquels il faut répondre par des procédés bureaucratiques depuis le petit bureau d'études jusqu'à l'Union européenne, la Banque Mondiale, l'Agence française de Développement qui financent entre autres les projets.

On a ainsi le sentiment que l'institution locale prime sur l'acteur individuel qu'est l'acteur dans sa singularité, qui serait agi par les forces du territoire. Pourtant, il ne faut pas oublier que cet acteur jouit également d'une marge de manœuvre par les interactions avec ses pairs, par son expérience, son histoire, autant de ressources propres en vertu desquelles il agit sur le processus de transformation de ce territoire et sur les institutions locales dans lesquelles il est inséré.

Une telle conception institutionnelle jetterait alors le flou dans les logiques sous-jacentes à l'action de l'acteur, mettrait un caractère secondaire à la dimension du conflit présente dans les logiques de développement et considérerait le lien social comme une donnée statique, stable alors que les processus à l'œuvre viennent constamment perturber cet équilibre apparent et le restructurer. Le territoire est pensé comme homogène sous sa forme rurale, simple, modélisable, facile à organiser alors que ces territoires ont évolué grâce à la modernité et à la mondialisation. Les organismes de développement continuent de travailler avec des territoires ruraux certes, mais dont les acteurs s'urbanisent au contact avec les réalités extérieures. On peut ressortir un défaut de perception et de représentation qui biaisent fortement les actions de développement initiées et les relations sociales entre acteurs, ce qui porte une conséquence sur la réussite ou l'échec des politiques. La mise en avant de la logique communautaire fait oublier que les transformations sociales ont apporté une individualisation des logiques et des pratiques des acteurs locaux qui se traduit par le primat de l'intérêt personnel, les conflits de position pour la gestion des ressources entre autres. Nous reviendrons ultérieurement sur ces points.

Par ailleurs, la modélisation des pratiques de développement vient contredire et annihiler le discours prôné sur l'ancrage territorial du développement local, réifiant au passage le rôle central et la dimension anthropologique de l'acteur. Ceci vient renforcer notre hypothèse montrant que le développement a beaucoup mué à travers son discours en changeant de qualificatif au fil des décennies, mais il reste ancré dans une idéologie de domination capitaliste et économique. D'où la pertinence dans ce travail de s'intéresser aux pratiques des acteurs et aux logiques qui les structurent dans la transformation sociale d'un territoire.

Ensuite, placer l'initiative et le projet de développement dans le sillage de l'acteur local avant que les bailleurs de fonds et autres acteurs extérieurs n'interviennent c'est dissocier des logiques faisant partie d'un même système global. L'acteur local n'est pas enfermé dans une bulle au moment de construire des initiatives de développement. Ces conceptions, représentations, sont façonnées par l'environnement et ses points de vue font partie d'un ensemble construit de logiques auxquelles il ne peut pas se soustraire. Il n'est pas déconnecté de la logique sociale le temps de prendre des initiatives pour son territoire, car il est enseignant, agriculteur, commerçant qui interagit avec d'autres sphères, car il échange des idées avec des agents de développement, car il participe à des formations de renforcement de capacités ; autant d'activités qui influent et qui viennent s'incarner dans le projet territorial. C'est en ce sens que Jean-Pierre Olivier de Sardan parlait de l'imbrication des logiques sociales dans les projets de développement. Il met en avant ce qu'il appelle l'interactionnisme méthodologique, cette démarche qui considère les interactions comme des entrées analytiques et non pas comme des objets d'étude à part entière[342].

Aussi, du fait de la coopération décentralisée, de la décentralisation, les ressources d'un territoire ne suffisent pas à faire le développement, malgré les défauts d'organisation de la création de richesses locales. En témoigne la présence d'organismes extérieurs dans le processus de développement local. Le système d'action local concerne à ce titre la mobilisation des ressources endogènes et des ressources extérieures. Il faut souligner que la mobilisation de ces ressources n'est pas une donnée naturelle ou qui laisserait entrevoir une solidarité philanthropique dans les actions des organismes intervenants. Une réflexion s'impose en ce sens même si nous n'allons pas trop développer sur ce sujet, car n'ayant pas d'éléments nous permettant de nous y aventurer et ce n'est pas le propos dans ce travail. Si le discours des organismes extérieurs de développement semble aller dans le sens d'une modélisation des interventions avec des concepts clés identifiables tels que participation, gestion des ressources naturelles, etc., une méthodologie perceptible ; les pratiques constatées sur le terrain laissent entrevoir des contradictions apparentes ou cachent des logiques à découvrir. Entre le discours et la pratique, le fossé est vite énorme et les pages qui suivent nous permettront d'y voir plus clair.

2.3. Perceptions du territoire

Si le développement, en tant qu'ensemble de réalités sociales vécues par des acteurs, fait l'objet de représentations ; le territoire qui constitue l'une des dimensions de sa dynamique fait aussi l'objet de visions, d'appréhensions de la part de ces mêmes acteurs. Il est perçu, approprié, vécu, imagé et imaginé, déconstruit, restructuré par les interactions des acteurs qui mobilisent ses ressources dans le processus de construction du développement. Leurs rapports avec le territoire structurent les logiques d'action mises en avant en réponse à l'action politique traduite en satisfaction des besoins des populations locales.

---

342 Olivier de Sardan J-P., 2001, Les trois approches en anthropologie du développement, In *Tiers-Monde*, tome 42, n°168, *Anthropologie du développement, fiscalité, géographie industrielle, éducation…* pp. 729-754

Un environnement propice au développement des populations

Le territoire est perçu ici, à partir de l'analyse du discours recueilli auprès des populations locales, dans sa dimension politique en tant qu'institution, lieu, collectivité locale où se prolongent une vision du changement prôné par l'État et où se créent des actions de développement par la dynamique des populations qui y vivent. Elles le considèrent comme le résultat de découpages administratifs à la suite des politiques de décentralisation qui lui confèrent tout son statut. Cette conception qui se retrouve chez beaucoup d'auteurs que nous avons évoqués, fait appel à des notions de frontières physiques, mais pas que, pour déterminer les limites du territoire. Ce dernier devient un champ de développement local à partir du moment où les hommes qui y vivent ou qui s'y intéressent décident de construire ensemble et d'organiser leur histoire. Il l'est aussi à partir du moment où l'État y décline un ensemble de politiques structurelles pilotées par les institutions déconcentrées comme l'ARD. Cet aspect politique garantit la reproduction du groupe humain en illustrant la nature intentionnelle et volontaire de sa création[343]. On l'associe au local dans un contexte de mondialisation avec un besoin de territorialiser à nouveau l'action publique tout en l'articulant avec la globalisation des pratiques. Il est alors mis en avant pour expliquer les dynamiques de développement local en permettant aux actions des acteurs de s'ancrer et de se spécifier par rapport à d'autres.

Rappelons quelques conceptions d'auteurs qui se prêtent à celle véhiculée par les populations locales. Pour Le Berre[344] par exemple, le territoire traduit l'expression de l'identité d'un groupe, la localisation matérielle d'un groupe d'individus qui s'approprie une portion de terre et partageant les mêmes valeurs et des liens étroits de parentalité. C'est ainsi un réseau d'interconnaissance hérité qui structure les relations économiques, culturelles, cultuelles et historiques entre ses habitants. Ces derniers partagent des liens de proximité, de solidarité, mais aussi de conflits et de distance en fonction des opportunités d'appropriation de l'espace et ses ressources dans le temps. Bernard Pecqueur[345], en

[343] Cf. Di Méo G., 1998, *Géographie sociale et territoire*, Coll. Fac. Géographie, Paris, Nathan, 320p.
[344] Le Berre M., 1992, *Territoires*, in Bailly A., Ferras R., Pumain D., *Encyclopédie de Géographie*, Economica.
[345] Pecqueur B., 1992, *Le développement local*, Paris, Syros, Alternatives.

outre, inscrit le territoire dans une logique d'aménagement et de dynamiques endogènes pour répondre aux besoins des populations qui y vivent. Pour lui, le territoire possède un double dynamique pour mettre en avant le développement local : la capacité de régulation pour construire, cadrer et pérenniser les relations sociales entre acteurs ; l'adaptation aux mutations extérieures de son environnement par son ouverture. À cet effet, le territoire doit éviter de tomber dans le localisme à savoir l'apologie du développement en îlot ou dans l'extrême ouverture en niant sa spécificité historique et identitaire.

Par ailleurs, le territoire associe à la fois selon Fabienne Leloup, « *l'espace comme support d'activités, l'espace de vie et l'espace imaginé. Ses contours rendent compte d'une construction collective, il évolue redessiné par les acteurs, le projet, mais aussi les normes établies* »[346]. Ceci rend compte de l'élasticité des frontières d'un territoire et légitime dans ce travail l'usage du terme territoire de développement qui représente cet espace approprié par les acteurs en vue de créer, de construire les conditions de transformations sociales de la vie collective. Toutes ces conceptions du territoire sont pour la plupart partagées par les populations locales de la Commune rurale de Fandène, résument en ces termes :

- Le développement local est plus associé à des projets successifs et des financements, des organisations paysannes autonomes et des hommes et des actions locales.
- Le territoire est plus associé à un champ de développement local, un espace qui abrite des hommes et des actions formant système, un lien social, une conscience collective matérialisée. C'est l'idée du système d'action local que permet de mettre en exergue l'entrée par le développement.
- Selon les personnes interrogées, le territoire favorise le développement local en tant que réceptacle et fabrique d'initiatives des acteurs, mais aussi en tant que dimension symbolique et anthropologique à prendre en compte. Le rapport des hommes à leur territoire détermine comment ils vont s'organiser pour faire face au défi de vivre ensemble et apporter des réponses aux besoins que soulève cette vie en communauté.

[346] Leloup F., 2010, *op. cit.* p. 694

Chapitre 2 :

Les acteurs dans le processus de transformation sociale du territoire de Fandène

Après avoir proposé une vision panoramique des différents acteurs qui structurent le champ du développement local dans la Commune rurale de Fandène et fait un point sur les différentes représentations sociales qu'ils ont du développement, du territoire, nous rentrons ici dans le cœur de l'action à travers les relations de développement. Ces dernières sont rendues possibles grâce à la forme d'intervention privilégiée des organismes de développement : le projet. Ces propos d'un agent de la Direction de la prévention et de la statistique de Thiès résument les différents arguments qui charpentent ce chapitre.

Pour lui, à propos des organismes intervenant dans la Région, « *bien qu'étant des atouts réels dans le développement régional, ces divers acteurs posent souvent quelques contraintes au développement régional. De manière générale, l'Administration n'est pas toujours informée de leurs programmes d'activité et les autres structures ne sont pas souvent associées dans l'exécution de leur action. De plus, face à la multiplicité des initiatives, il se pose une distorsion dans la planification du développement. En effet, la coordination des actions devient difficile face à la dispersion des interventions et des méthodes. Il s'y ajoute que le choix de leurs zones d'interventions n'obéit pas au souci d'un aménagement rationnel de l'espace et traduit ainsi des disparités sur le plan de la couverture spatiale régionale : certaines zones sont bien pourvues alors que d'autres sont laissées en rade* »[347].

Ces disparités constatées dans la construction du développement de la Région se reflètent aussi dans celle de la Commune rurale de Fandène. Nous allons ainsi dans un premier temps nous intéresser aux

347 Direction de la prévention et de la statistique. Agence de Thiès. Rapport septembre 2005, p. 84.

interventions des acteurs de développement avant d'aborder les problèmes constatés.

1. Les interventions des organismes extérieurs de développement

Si on devait réfléchir en termes de phases, on rangerait les interventions des acteurs extérieurs de développement essentiellement à la phase de mise en œuvre des projets même s'ils sont présents tout au long du processus. C'est à ce stade qu'il est pertinent de saisir toute l'épaisseur de la dynamique du système d'action local au prisme des interactions que le projet permet de mettre en avant. Ces interactions sont situées, sont ancrées dans une histoire ou des histoires ; celle du territoire et celles des hommes. Elles sont structurantes de logiques sociales et de pratiques d'acteurs, et elles sont structurées par les différentes représentations que les acteurs construisent au fil des expériences vécues et partagées d'une part, et par le système d'action d'autre part. La mise en œuvre du développement local, avec l'action des acteurs, repose sur un processus de transformation de la société locale, du système d'action local.

Cette déconstruction/restructuration s'oriente particulièrement sur les conditions qui permettent au territoire local de fonctionner comme système d'action et cela passe par l'examen des dimensions et modalités de partenariat, de coopération des acteurs comme structurant le processus de développement local. Ces relations sociales passent par les interventions des acteurs extérieurs sur le territoire de Fandène, interventions qui sont souvent à la demande de la population, mais pas toujours.

1.1. Les logiques d'intervention et les effets positifs de l'action

Depuis plusieurs décennies maintenant, la Commune rurale de Fandène est en contact avec des organismes extérieurs de développement, depuis les premières relations avec des missionnaires français et allemands dans le cadre des campagnes d'évangélisation des communautés africaines. Ces prêtres missionnaires ont beaucoup œuvré pour Fandène comme la mise en place de la mutuelle de Santé, une première au Sénégal à l'époque, ainsi qu'un appui dans l'installation d'une maison familiale rurale pour la formation des agriculteurs. Cette expérience a ouvert la porte à d'autres acteurs de développement sensibles à la situation de pauvreté des territoires ruraux et depuis, Fandène compte une pléthore d'organismes qui tentent tous d'apporter une initiative pour aider les populations.

Ces élans de solidarité entrent dans une conception du développement comme contraire à la pauvreté, car on cherche à transformer une situation précaire en une situation meilleure comme le constate Enda Graf Sahel : « *pour s'imposer, le développement commence par dévaloriser ce qu'il entend développer, ceci est inscrit dans la nature même du concept : pourquoi faudrait-il améliorer ce qui est déjà parfait ? Ainsi, développer l'autre suppose de le convaincre de son imperfection dans ce qu'il est et ce qu'il vit, pour rendre son insuffisance insupportable : il n'est pas de développement sans provoquer un sentiment préalable d'insatisfaction, sans dévaloriser par conséquent ce qui était vécu jusqu'alors comme satisfaisant* »[348].

Au-delà de la justesse du point de vue, ce dernier soulève une interrogation sur les réelles motivations des « développeurs » à s'acharner à implanter une vision du bien-être, du rapport de l'autre à son environnement jugé imparfait nécessitant leur intervention en vue de corriger les imperfections. La mise en avant du manque, qui la première étape d'une entreprise de développement, est un moment de dévalorisation anthropologique du rapport à l'altérité, un moment de négation de ses propres logiques structurant son territoire et qui jusque-là, suffisaient à garantir sa reproduction. Ce questionnement venant d'un acteur de développement intervenant sur le territoire de Fandène ne manque pas de faire ressortir les biais dans les actions des organismes extérieurs.

L'attentisme de la population qui est aussi souligné dans les arguments, n'est-il pas dû à la recrudescence des interventions extérieures, toutes considérées comme aptes à faire les choses, mieux que les populations elles-mêmes ? Même si attentisme il y a, il ne relève pas simplement de variables culturelles liées à une mentalité

---

348 ENDA GRAF Sahel., 2001, *Une Afrique s'invente. Recherches populaires et apprentissages de la démocratie*, Ed. Karthala et ENDA GRAF Sahel, p. 187.

quelconque. Il s'agit d'une disposition anthropologique qui peut transcender une certaine orientation culturelle. Cette conception a longtemps prévalu dans les relations de développement plaçant les échecs des programmes provenant du Nord comme relevant de blocages culturels au changement et à l'innovation[349]. L'anthropologie du développement a contribué à montrer les limites de telles thèses. La mise en avant de la mentalité rurale des populations de Fandène témoigne d'une perception biaisée de la logique populaire et qui est à la base de l'orientation des interventions de plusieurs acteurs. La situation vécue par la population « à développer » notamment celle rurale, aussi imparfaite et aussi insuffisante qu'elle puisse paraître aux yeux des « développeurs », est pleine de sens et de significations pour elle et la logique d'intervention devrait se nourrir d'elle plutôt que de chercher à la réifier.

Par ailleurs, les idées véhiculées dans les propos suivants traversent les problèmes constatés dans le territoire de Fandène, de la question foncière jusqu'à l'action des organismes de développement sans oublier le domaine de la santé. Pour chacun des problèmes soulevés, la structure possède et a mis en œuvre des solutions qui n'ont, pour le moment, pas réglé définitivement les contraintes.

« Il faut réformer beaucoup de structures caduques à mon avis, redonner une identité agricole à cette terre rurale même si l'appellation de commune pourrait créer des amalgames. La richesse de Fandène c'est la terre et les produits qui en dérivent et qui ont toujours permis à la population de vivre. Par exemple le comité de gestion du forage que nous avions participé à créer n'a pas été renouvelé depuis longtemps. Depuis que le forage a été créé le bureau a été changé qu'une seule fois. L'équipe qui y est restée avait un mode de gestion opaque, ne convoquait plus d'AG, ni ne faisait de compte-rendu, de bilans et personne ne pouvait tracer les fonds que générait le forage. Et ils se défendaient farouchement pour garder cette position le plus longtemps possible, car sans AG vous savez qu'on ne peut pas élire un nouveau bureau, faire des contrôles de gestion, etc. ça ils le savent très bien, mais on a entamé des démarches avec l'ASUFOR pour les obliger à restructurer le bureau de gestion du forage et rendre compte de leur gestion. Personnellement, je n'ai pas espoir, ce qui m'intéresse c'est de changer les choses et permettre à des gens compétents et justes de gérer la structure. Ce genre de pratiques ne

349 Cf. Kabou A., 1991, *Et si l'Afrique refusait le développement ?* Paris, L'Harmattan, 208 p.

concourt pas au développement du territoire malheureusement et on doit tout faire pour les annihiler, car quand certains travaillent, d'autres ne pensent qu'à satisfaire leurs intérêts personnels sur l'exploitation d'un bien collectif. C'est très dommage ». (Organisation catholique).

Nous sommes en face d'une logique bien présente dans les structures de développement et qui conditionne leurs actions. Au-delà des problèmes soulevés concernant les cas de mauvaise gestion, point sur lequel nous reviendrons plus amplement, il y a cette volonté de projeter une image, une représentation construite à l'extérieur d'une situation déterminée sur la situation elle-même. Autrement dit, l'organisme de développement s'est construit une vision de Fandène comme terre agricole et cherche à faire accepter cette vision aux populations de Fandène notamment avec des interventions encouragées en ce sens. Seulement, la contingence et l'imprévisibilité des dynamiques locales en termes de restructuration du cadre d'action local semblent négligées. Même si la richesse de Fandène s'est construite sur la base de l'exploitation de ses ressources naturelles, aujourd'hui force est de constater que cela ne suffit plus, car la population s'est agrandie, l'agriculture présente des limites et la population aspire aussi à d'autres formes de revenus et de travail. La question de la gestion des ressources naturelles qui se dégradent d'année en année reste entière[350].

D'après ces propos, on peut déceler des constantes. Des problèmes sont constatés dans le territoire de Fandène, leurs solutions échappent aux capacités locales et chacune de ces structures se présente comme étant celle qui peut apporter une réflexion et un ensemble d'actions efficaces ; même si un acteur privé propose un cadre d'action élargi et concerté. On comprend mieux leur position sur le territoire de Fandène et comment elles cherchent place pour dérouler leurs différents

---

[350] Ba Y., 2010, *Problématique de la lutte contre la dégradation des ressources naturelles dans la communauté rurale de Fandène (département de Thiès*), Mémoire de Maitrise, Université Cheikh Anta Diop, Dakar.

Cf. aussi *Les impacts des interventions du Groupe de Recherche et d'Appui aux Initiatives Mutualistes (GRAIM) dans la gestion de l'environnement et des ressources naturelles dans le Plateau de Thiès,* Rapport de recherche réalisé et présenté par Maude Champagne, candidate à la maîtrise en Gestion du développement international et de l'action humanitaire à l'Université Laval (Québec, Canada), sous la facilitation de Monsieur Jean Pierre Faye, Chargé de programmes en environnement et en gestion des ressources naturelles du GRAIM Thiès, Sénégal, Janvier 2017, 85p.

programmes. Ces derniers s'articulent autour de la démarche de projet qu'elles partagent toutes.

Cette dernière est marquée par des phases et l'ensemble constitue ce qu'on appelle dans le jargon, la durée de vie d'un projet ou le cycle de projet. Elles sont adoptées par tous les intervenants même si chacune se garde la liberté de construire le contenu méthodologique qui colle le mieux à ses objectifs d'action. Chacune de ces étapes fait appel à une expertise propre que les organismes de développement ont dans leurs équipes ou vont chercher auprès des structures d'appui et de soutien technique.

C'est à ce niveau que Jean Pierre Olivier de Sardan interpelait les acteurs impliqués à propos d'une meilleure collaboration entre chercheurs et praticiens du développement, car ces derniers sont souvent dans la précipitation de l'action, peuvent mal effectuer ou bâcler les études de terrain, ou n'ont pas la distance critique nécessaire pour bien analyser les informations recueillies.

Aussi, ces phases font partie de la structure de l'idéologie du développement et s'accompagnent de slogans ou d'objectifs comme la participation, l'écologie, entre autres. Nous y reviendrons. Elles sont à la base de multiples actions que les populations locales n'ont pas manqué de relever, non sans y apporter un regard critique.

Ces actions portent sur deux ordres de réalités distincts, mais complémentaires, l'action sur les personnes et l'action sur les infrastructures. Elles font appel à deux formes d'acteurs : l'acteur-accompagnateur et l'acteur-réalisateur celui qui va proposer son programme et l'appliquer sur le terrain. Beaucoup d'acteurs de développement comme la Maison Familiale Rurale, axent leur intervention en mettant en avant la dynamique locale et jouent un rôle d'accompagnement. En se basant sur les problèmes identifiés, ils privilégient une démarche de formation des populations, avant d'entreprendre une action concertée **(MFR)**.

L'acteur-accompagnateur essaie d'agir sur les personnes en proposant des classes d'alphabétisation, des séances de formations visant à renforcer les capacités des populations dans des domaines spécifiques, des campagnes de sensibilisation, des campagnes de communication, etc. Ces actions visent une modification des comportements des populations locales face aux dynamiques impulsées par le processus de transformation du territoire, dynamiques qui impliquent un niveau de connaissance de soi et des autres pour jouer pleinement son rôle d'acteur actif.

Tous les acteurs rencontrés reconnaissent l'implication bénéfique des intervenants extérieurs de développement en termes de réalisations et de mises à disposition de projets et de ressources. Néanmoins, ils s'interrogent sur le long terme de ces interventions et leurs capacités à induire de vrais changements qualitatifs dans le vécu des populations locales.

L'acteur-réalisateur va privilégier des interventions, des accompagnements aussi, mais en termes de réalisation d'infrastructures, de mise à disposition de matériels, de prêt de fonds, etc. Son action vise à doter les territoires d'infrastructures et peut obéir à une logique du développement centrée sur la quantification des ressources.

Cette démarche centrée sur la réalisation d'infrastructures généralement communautaires, touche les comportements des acteurs qui doivent s'approprier ces infrastructures, apprendre à les gérer et à en prendre soin. Par l'introduction d'infrastructures, on introduit également des pratiques nouvelles de gestion qu'on peut retrouver dans la littérature sur l'« empowerment » et la capacitation des populations locales[351].

Quel que soit le type d'acteurs intervenants, les populations apprécient différemment leurs apports comme en révèle ce témoignage : « *sans eux, je pense que rien de ce qui existe à titre collectif ne serait réalisé. C'est cet aspect collectif que je peux mesurer, car ce que leurs actions apportent à chaque famille à travers les groupements me sera difficile à expliquer. Ils font beaucoup pour nous, mais après il n'y a pas de suivi, surtout de notre part. Ils nous proposent beaucoup de projets. Effectivement, on ne peut pas tout accepter, soit parce que le projet ne nous parait pas intéressant, soit, on ne présente pas de garantie, soit les gens sont simplement*

[351] Hirschhorn M., Tamba M., 2010, *La sociologie francophone en Afrique. État des lieux et enjeux*, Karthala, 384p.

réticents. Ce sont des partenariats souvent difficiles. Quelquefois ils demandent des choses qu'on ne peut pas assurer surtout en microcrédit avec des délais courts et un taux d'intérêt pouvant atteindre facilement 10 %. On n'a pas le choix, on est obligé de prendre cet argent, car les problèmes et le manque d'alternatives ne t'offrent pas une autre solution. On arrive à négocier avec eux (rires). Mais je persiste que leur présence ne nous pousse pas à être autonome ». **(NG2)**.

Ces propos dressent un bilan critique de l'interventionnisme en faveur des populations pauvres, souvent présenté comme La Solution à leur situation. Or la réalité concrète du terrain, celle émanant de l'appréciation des populations locales, bénéficiaires de telles interventions, peut révéler d'autres perceptions qui donnent à réfléchir. Ces propos nous offrent ainsi une belle transition pour aborder les limites des interventions extérieures. La seule présence de ces organismes encore dans le territoire de Fandène justifie de quelques limites intrinsèques qu'il est intéressant de ressortir, car souvent les échecs de politiques de développement sont simplement lus comme des résistances culturelles des populations locales ou à travers les défauts émanant de leur organisation. « *Dès lors, "l'Afrique n'est pas loin de ressentir le développement comme une injonction", "les efforts de développement sont perçus comme des aveux d'impuissance, d'infériorité culturelle ou raciale". "L'Afrique noire reste profondément humiliée par l'idée même de développement", considérant que c'est "une tâche qui relève légitimement des obligations du colonisateur". La technique reste perçue comme "la chose du blanc", qu'on utilise plus ou moins dédaigneusement, sans chercher à s'en emparer* »[352]. Ce constat est encore d'actualité et fait partie des analyses cherchant à expliquer pourquoi l'Afrique ne décolle pas pour en finir avec la pauvreté permanente de la majorité de sa population. Nous offrons la possibilité de compléter ce regard avec la prise en compte des limites des organismes de développement donnant lieu à des blocages au processus de transformation sociale vers des situations de vie meilleure[353] souhaitée par les acteurs locaux des territoires concernés.

---

352 Lavigne Delville P., 1991, *Et si l'Afrique refusait le développement ?* Axelle Kabou, L'Harmattan, 208p, *Bulletin de l'APAD* [En ligne], 2, mis en ligne le 06 juillet 2006, consulté le 01 juillet 2017, disponible sur http://apad.revues.org/416.

353 Situations de vie meilleure ne renvoie pas forcément à la progression exponentielle de la possession matérielle comme le laisserait croire une conception moderniste. Il s'agit de situations où des blocages du système d'action local sont dépassés par une

1.2. Les limites de l'action des organismes de développement extérieurs

Les effets positifs de l'action des organismes de développement sur le territoire de Fandène ne sont plus à nier et sont constatés par les populations locales. Il n'en demeure pas moins qu'elle présente quelques limites qui peuvent aller dans le sens de ralentir ou d'empêcher la transformation sociale du système d'action du territoire. Rappelons que cette transformation prend appui sur les relations de développement, relations entre acteurs structurant le système par les actions entreprises, les représentations véhiculées et le territoire. Nous pensons qu'au-delà des populations, les organismes extérieurs doivent faire l'objet d'une approche clinique et critique pour restructurer leurs relations aux populations et au territoire qu'ils entendent développer.

Les limites de la mise en œuvre de l'action

La présence des organismes d'aide au développement témoigne d'une situation d'insatisfaction sur le territoire de Fandène. Parmi toutes les solutions d'aide possibles, c'est bien la leur qui est la plus en vue auprès des populations, ce qui nécessite de s'y intéresser. Nous allons présenter quelques points de vue émanant des acteurs locaux avant de les discuter et analyser. Ce maraicher de Keur Mor Ndiaye nous apprend ceci : « *c'est clair qu'on a besoin de leur aide. Ils ont beaucoup de moyens et peuvent encore faire plus pour nous. On ne demande que ça pour sortir de la galère quotidienne. Le problème c'est que les projets ne restent pas longtemps, ils font des choses intéressantes, mais avant même que nous nous en appropriions, le projet s'estompe et on ne comprend pas pourquoi. Après d'autres viennent ou reviennent, mais nos problèmes restent toujours sans réelle solution durable. Ce que je déplore aussi c'est qu'ils ne se mettent pas ensemble pour le même problème. Ils auraient plus de force s'ils acceptaient de travailler ensemble autour d'un projet pour un village. Nous, on a accepté de nous mettre en groupements, mais eux c'est chacun pour soi, je ne sais pas si c'est de la concurrence ou c'est qu'ils n'y pensent pas. Pour moi, ce serait plus bénéfique pour nous. Ils auraient plus de capacité et de moyen pour nous aider efficacement* ». **(KMN3)**.

---

appropriation des logiques de l'action collective tournée vers un « bien-vivre » des populations locales.

Cet acteur local fait ressortir trois problématiques clés liées à l'intervention des organismes d'aide. D'abord, le caractère éphémère des actions des acteurs extérieurs. Ces derniers travaillent avec la démarche projet qui connait un cycle de vie souvent très court bien adapté à la satisfaction de besoins ponctuels. Si le projet n'est pas renouvelé ou si l'intervenant ne « capte » pas d'autres fonds pour proposer autre chose, il quitte le territoire d'intervention sans que les populations ne comprennent les vraies raisons de son départ. Les populations de Fandène sont maintenant habituées à voir des intervenants arriver et repartir sans cesse et cet état de fait modifie leurs rapports à l'action de développement. Elles associent ces départs comme une instrumentalisation de leur situation par des organismes extérieurs n'hésitant pas à les abandonner si « elles ne font plus l'affaire ». Face à cela, elles développent des stratégies opportunistes, sont alertes à « capter » le maximum de ressources possibles et perçoivent la présence d'un intervenant comme une « chance » qu'il faut à tout prix saisir au point de créer des situations de conflits et de concurrence entre organisations locales, entre élites locales.

Ensuite, cette succession rapide des intervenants est ressentie comme un frein à la résolution durable et efficace des problèmes des populations locales. Les interventions sont souvent très limitées en temps et en moyens ce qui nuit à la qualité des services proposés. Les organismes d'aide parcellarisent les actions de développement et ils se spécialisent dans l'action en n'offrant pas une vision globale des problèmes des populations et leurs solutions.

Enfin, cette limite est l'une des conséquences du manque de synergie des acteurs intervenants, un manque de solidarité dans l'approche face à des problèmes dépassant la seule compétence d'une structure déterminée. Si cet acteur partage l'idée du précédent concernant la nécessité d'une coopération entre acteurs de développement, il se démarque sur deux points. Le premier point porte sur l'opacité du monde des « développeurs ». Les populations, au-delà des représentations qu'elles se font et qui peuvent structurer les rapports avec ces derniers, n'ont pas accès à des informations claires sur les procédures, l'origine des financements, les capacités réelles d'action des « développeurs ». Cette situation crée pour certaines populations notamment à Keur Mor Ndiaye un sentiment de méfiance face aux propositions souvent insistantes des agents de développement représentant ces structures. Cette opacité concerne aussi les autorités locales qui n'ont pas de traçabilité des organismes qui interviennent sur le territoire et les actions qu'ils mènent auprès des populations.

Ce constat témoigne d'un manque de contrôle et de régulation du territoire. Ce cas ressemble à celui étudié par Philippe Lavigne Delville[354] au Niger sur l'éclatement des interventions dans l'action publique et les problèmes de gouvernances que cela soulevait. Il montrait que chaque territoire recevait plusieurs formes d'interventions avec des méthodes et des approches différentes et non harmonisées et coordonnées ; que les aides étaient disproportionnellement réparties à l'échelle du territoire donnant lieu à des territoires sur « sur-aidés » et d'autres presque oubliés. Aussi il soulignait le caractère hétérogène des appuis et la multiplication de « territoires de projets »[355] mal structurés.

Le second point pousse plus loin la critique. Selon cette commerçante, même si elle n'est pas catégorique, la dépendance des populations profiterait à la subsistance des organismes intervenants. La pauvreté nourrirait-elle l'homme du développement ? Cette idée rejoint un point de vue que nous avons soulevé dans ce travail à savoir que le développement des populations considérées comme pauvres sonnerait comme la fin de l'industrie du développement, celle qui emploie des milliers de personnes qui en vivent et qui, *in fine*, n'ont aucun intérêt à ce que le développement se fasse. Cette réflexion inscrit alors les relations de développement dans les relations classiques de domination, relations dialectiques où le dominant a besoin de maintenir le dominé dans sa situation de dominé pour exister et maintenir son statut de dominant. C'est un peu l'idée que Marx exposait dans *Le manifeste du parti communiste*[356] pour expliquer les mécanismes de domination de la bourgeoisie face au prolétariat à travers le système du salariat. Dans le cas du développement, ce qui fait office de créateur de lien entre les « développeurs » et les « à

---

354 Lavigne Delville P., *Vers une socio-anthropologie des interventions de développement comme action publique,* Mémoire pour l'Habilitation à Diriger des Recherches, septembre 2011, (242 p). p. 150.
355 Dubois J., 2009, *Les politiques publiques territoriales. La gouvernance multi-niveaux face aux défis de l'aménagement,* Rennes, PUR.
356 Marx K., Engels F., 1848, *Le manifeste du parti communiste,* Flammarion, 224p.

développer » reste le projet, sorte de contrat d'action et d'intention qui lie les deux parties dans une dialectique de la domination de l'une sur l'autre.

Par ailleurs, la présence des ONG et des organismes d'aide au développement en général est perçue comme un frein à l'autonomie des populations locales. La présence des organismes extérieurs peut être un frein à la construction d'une dynamique locale pour faire face aux problèmes du territoire. L'acteur local peut se démobiliser et attendre que les solutions proviennent de l'extérieur et négliger ainsi ses capacités d'organisation et de gestion des transformations de son territoire. Il ne faut par ailleurs pas les exclure du système d'action local dont ils font partie, il s'agit de recadrer les relations de développement de manière à ce que les populations locales s'approprient certains outils et soient au cœur des processus de changement. En outre, les limites des interventions de développement mettent en exergue une des limites du développement considéré dans son aspect cyclique et répétitif des projets.

L'imperfection des actions censées résoudre des problèmes est un fait. Seulement, le développement n'obéit pas à une linéarité de l'évolution, il connait des moments de continuité et de discontinuité inhérents à tous processus de transformation sociale d'un territoire. Les moments d'arrêt sont souvent interprétés comme des limites des acteurs, mais l'analyse doit pousser plus loin pour interroger les situations de conjoncture qui peuvent contraindre les conduites des acteurs.

Les limites structurelles...

Depuis 2008, le monde connait une crise économique et financière profonde, la plus néfaste depuis 1930. Elle a entrainé des conséquences qui se font encore sentir aujourd'hui avec un accroissement du chômage dans plusieurs pays, l'alourdissement des taxes et de la fiscalité entre autres. Les budgets consacrés à l'aide au développement des pays du Sud subissent de plein fouet ces effets de la crise[357]. Même si l'aide n'a pas suffi jusque-là à impulser une dynamique de

---

357 Cf. Commission européenne, octobre 2009, L'aide au développement en période de crise économique, Eurobaromètre.

développement positif en Afrique, force est de reconnaître que des efforts ont été consentis pour faire avancer ce continent dans les domaines de la santé, l'éducation et l'agriculture entre autres. Les organismes d'aide au développement dans leur globalité dépendent de ces fonds pour financer des projets des structures locales, des collectivités locales. Il serait intéressant d'ailleurs de tracer le circuit du financement du développement et ce ne serait pas tâche aisée tellement il existe un maelstrom de structures, de réseaux, de procédures qui participent à cette politique.

En outre de la conjoncture internationale, la situation du pays n'offre pas non plus des conditions favorables à la survie des organismes de développement. L'endettement du Sénégal est endémique et les intérêts de la dette s'élèvent environ à 2 % du PIB du pays. Le coût de la dette représente 10 % du revenu de l'État, obligeant ce dernier à moins investir dans des secteurs comme les infrastructures, l'éducation (en crise depuis plus de 10 ans), la santé et obligeant les ONG à prendre le relais et à occuper ces terrains. Aussi, près de 40 % de cette dette est en dollar alors que la monnaie sénégalaise le FCFA dépend de l'euro. Les fluctuations de la valeur du dollar ont un impact sur la valeur de la dette et des intérêts qu'elle génère, ce qui relève d'une anomalie macroéconomique qui échappe au contrôle de l'État sénégalais[358]. Cette situation limite considérablement l'action publique au niveau local, laissant plus de responsabilités entre les mains des organismes de développement dont les subventions publiques et les moyens financiers s'amenuisent.

En effet, aujourd'hui au Sénégal, les ONG locales et autres organismes de développement locaux éprouvent des difficultés majeures d'accès aux financements, ce qui agit sur les politiques qu'ils menaient jusque-là. Dans un entretien informel, Kader Ndiaye, coordonnateur technique de l'équipe de gestion du projet d'amélioration du cadre d'intervention des organisations de la société civile, nous confiait ceci : « *les ONG sont devenues vulnérables, elles ont perdu beaucoup de leur autonomie et certaines n'arrivent plus à offrir la*

[358] Julio Ricardo Loayza, économiste de la Banque Mondiale pour le Sénégal, discours de lancement du rapport Africa's Pulse au siège de la Banque Mondiale à Dakar, le 20 avril 2017.

qualité de service qu'elles donnaient avant. Ceci est sans doute dû à une incapacité à trouver des ressources ».

Selon lui, ce difficile accès aux financements est l'une des conséquences de la crise économique et financière et serait à l'origine d'une concurrence entre les ONG internationales et locales pour l'accès au fonds. Cette situation est aussi à l'origine de la disparition progressive de certains organismes d'aide au développement. Pour résister, certains acteurs n'hésitent pas à utiliser des logiques de captage propre ou des stratégies d'adaptation afin de continuer à exister. Ainsi, certaines ONG vont jusqu'à changer de secteur d'activité et parfois de zone d'intervention pour capter les financements d'un nouveau bailleur qui arrive avec un centre d'intérêt différent et novateur. Ce système de recyclage des ONG préside certes pour leur survie en tant que des structures qui emploient beaucoup de personnes, mais cache une autre réalité des plus déterminantes et que nous avons soulevée plus haut. En mettant en avant des stratégies personnelles de survie, elles perdent de leur identité en suivant la voie de l'argent et en mettant en avant la garantie des emplois des personnes qui en dépendent. Elles existent alors indépendamment de la dynamique locale de développement et ne sont pas pleinement ancrées dans le système d'action local des territoires d'intervention concernés.

Elles accordent le primat à leur propre survie au détriment de la survie du système d'action qu'elles sont prêtes à abandonner, les populations avec. Elles deviennent à ce titre, point de vue que nous défendons et qui n'est pas traité par les auteurs s'intéressant aux relations de développement (par exemple Olivier de Sardan), de véritables courtiers au développement. Olivier de Sardan[359] identifiait les courtiers de développement à l'échelle des élites locales, des personnes d'intermédiation qui ont la facilité de capter des projets en les orientant vers leur territoire. Ces derniers vivent de ces opportunités pour avoir accès à des ressources que les projets pouvaient leur confier.

Les acteurs locaux, par analogie, jouent le même rôle et rendent de plus en plus complexe la structuration des territoires de

[359] Olivier de Sardan J.-P., 1995, *Anthropologie et développement. Essai en anthropologie du changement social*, Paris, APAD/Karthala.

développement tellement les strates de l'action sont difficiles à démêler. Les logiques en termes de recherche de financement des acteurs individuels, courtiers comme agents de développement, acteurs collectifs, organisations communautaires locales, organismes locaux s'enchevêtrent autour de stratégies individuelles et collectives où les conditions de vie des populations considérées comme pauvres restent les enjeux médiatiques. Face à ce problème de concurrence des organismes locaux de développement, Kader Ndiaye propose de les considérer comme des relais du gouvernement comme elles le sont pour les bailleurs extérieurs. Cette idée permet de mutualiser les ressources de l'aide publique au développement et celles provenant de bailleurs privés. Cette proposition est déjà une réalité au niveau de l'action portée par les organismes d'aide, car on constate que dans beaucoup de localités comme Fandène, des domaines prioritaires dévolus aux collectivités locales comme l'éducation, la santé ou l'agriculture sont gérés par les ONG qui se substituent ainsi à l'action publique locale. Elles ont à ce titre capitalisé une expérience de terrain et une proximité avec la population qu'il ne serait pas inintéressant de leur confier une partie des financements publics consacrés à ces secteurs même si des subventions leur sont accordées quelques fois.

Comme nous l'avons montré, malgré les politiques de décentralisation, l'État n'est pas en mesure encore d'atteindre rapidement les cibles de ses actions prioritaires et d'organiser les conditions d'appropriation locale des dynamiques en cours aussi bien celles du pays que celles provenant de l'extérieur. Ces organismes locaux de développement peuvent, dans une approche mutualiste, être de véritables partenaires des collectivités locales de manière à diversifier les sources de financement et à rendre efficientes les actions et politiques de développement menées avec les populations locales et leurs organisations. Cette idée, nous y reviendrons, les réintégrerait dans le système d'action local du territoire de développement de la Communauté rurale de Fandène. Un autre aspect des difficultés des organismes locaux de développement concerne la dépendance vis-à-vis des bailleurs de fonds extérieurs. Ces derniers véhiculent chacun sa propre idéologie du développement qu'il traduit dans les conditions de financement d'un projet. Du fait qu'ils font appel à plusieurs sources de financement, ils sont au carrefour de plusieurs conceptions de l'action qu'il faut décliner dans les stratégies d'intervention dans les territoires porteurs de projet. Ainsi des besoins identifiés par les populations lors de la phase de diagnostic peuvent être traduits en langage-projet de recherche de financement pour cadrer aux attentes du bailleur. Ces besoins sont traduits en services adaptés à l'offre de service de l'organisme même si l'idée de mettre en avant les besoins des populations est souvent exposée. Suivant cette logique, les préoccupations premières des populations sont souvent édulcorées et se dissipent face à la primeur de l'économique.

Comment l'acteur négocie-t-il ces différentes contraintes dans le cadre de ses rapports avec les populations locales ? Il s'agit là d'un acteur qui agit plus ou moins librement en raison de sa position d'organisme de développement ou d'agent de structure de développement, mais qui est agi par la force des contraintes structurelles qui orientent et déterminent en partie son action finale. Les négociations avec la population locale sont soumises aux règles du jeu définies dans le système d'action locale comme le fait remarquer par ailleurs Claude Dubar : « *les individus qui deviennent acteurs (...) s'engagent, avec d'autres, dans ces jeux stratégiques et le font librement, mais sous les contraintes inscrites dans les règles du jeu du système* »[360].

On voit aussi que certains experts techniques des bailleurs de fonds ou des organismes locaux, conduisent les projets comme des chantiers d'ingénierie et omettent la dynamique locale des énergies créatrices que les acteurs concernés ou bénéficiaires peuvent avoir sur le projet, pour le favoriser, le modifier ou le rejeter. Les pressions des bailleurs de fonds tout comme des États dans le cadre de l'aide publique au développement ou la coopération décentralisée, pèsent beaucoup sur le système d'action local et restent très peu analysées. Certains analystes en demandent à repenser les cadres de l'aide qui, dans sa forme d'« aide-projet »[361], est néfaste aux économies des pays destinataires. Le développement local est souvent analysé par les effets endogènes de sa réalisation, mais moins par la prise en compte des pesanteurs exogènes qui orientent, contraignent la participation des acteurs dans la construction de la dynamique locale de transformation

---

360 Dubar C., 2007/3, Les sociologues face au langage et à l'individu, *Langage et société*, n°121-122, p29-43.

361 Husson B., Il faut en finir avec l'aide-projet, article paru dans *Alternatives internationales* de juin 2007, propos recueillis par Antoine de Ravignan. Voir aussi dans le même ordre d'idées Bernard Husson, La coopération décentralisée, légitimer un espace public local au Sud et à l'Est, *Transverses* n°7, juillet 2000.

du territoire. Une approche systémique mettrait en avant le système d'action local des territoires qui tire sa complexité de ces multiples tiroirs de logiques et de pratiques endogènes comme exogènes, qui s'entremêlent et s'enchevêtrent pour structurer les relations sociales, les rapports au territoire et les représentations sociales. Une telle approche s'intéresse aussi à la régulation du système d'action local par la production de règles, de normes de coopération entre les acteurs participant à la transformation du territoire ainsi qu'aux effets de l'environnement institutionnel.

Mais avant d'aborder ce point, intéressons-nous aux limites de l'action locale et aux différents problèmes ou défis de développement identifiés sur le territoire de Fandène.

2. Problèmes de développement et dynamique de projet

La commune rurale de Fandène connait une évolution difficile à appréhender tellement les indicateurs restent difficiles à mobiliser. À partir de nos différents séjours sur le terrain et des différents entretiens réalisés avec les acteurs locaux de développement, populations comme organismes d'aide, nous avons pu rassembler un certain nombre de situations considérées comme des problèmes, freins ou défis de développement. Il s'agit ici pour nous de mettre en avant la dimension « émique »[362] des situations identifiées, car les acteurs locaux mobilisés dans le système d'action local sont les mieux placés pour rendre compte des blocages et contraintes du processus de transformation du territoire. Cette orientation à valoriser le point de vue de l'acteur qui vit les situations décrites semble pertinente par rapport à la problématique soulevée et apporte plus de compréhension aux processus en cours.

2.1. Les problèmes de développement à Fandène

L'acteur local est capable de s'extirper de la contrainte de la situation vécue, de se décentrer pour proposer une lecture critique. À

[362] C'est prendre en compte le point de vue de l'acteur, à différencier de la dimension « étique » qui concernerait le point de vue du chercheur. Cf. Olivier De Sardan J-P., Emique in *L'Homme*, 1998, tome 38 n°147, Alliance, rites et mythes, pp. 151-166.

cet effet, les propos des acteurs locaux sont aussi des analyses qu'il faut mettre en avant dans la compréhension des réalités sociales. Ainsi, les problèmes de développement à Fandène à travers les situations observées sont de plusieurs ordres que nous essaierons de faire ressortir à partir du discours des acteurs concernés. Beaucoup de problèmes identifiés sont d'ordre économique et sont liés à la satisfaction des besoins quotidiens et à la possibilité de se projeter pour construire un avenir meilleur. À la question portant sur une appréciation de la situation de la localité par chaque acteur, les réponses sont diverses et variées.

Les populations éprouvent beaucoup de difficultés dans la commercialisation des produits locaux. Souvent, elles sont aidées par les organismes d'aide au développement pour renforcer la production locale par le maraichage, l'élevage ; mais cette aide est limitée et incomplète, car ne va pas au bout du processus économique qui sous-tend ces activités. Les produits de ces dernières sont destinés à être revendus dans les marchés urbains déjà fournis. Le village est loin de Thiès et les moyens de transport ne sont pas diversifiés. Souvent, ce sont les « *bana-bana* » qui viennent acheter les produits au village, mais à des prix faibles leur permettant de dégager des marges à la revente. Il n'existe pas de réelle filière pour, soit transformer ces produits pour l'exportation, soit faciliter leur écoulement de manière à ce que l'agriculteur puisse tirer le maximum de profit de son activité.

Ces formes de pratiques inscrivent la relation dans un rapport de domination, car l'agriculteur devient sans s'en rendre compte un employé du « *bana-bana* » qui détient les moyens de production et l'exclusivité de la marchandise et exerce à ce titre un pouvoir sur l'agriculteur.

Les périodes de soudure, allant de mai à juillet, sont très redoutées dans le monde rural sénégalais. En pleine saison sèche, les stocks des produits récoltés pendant l'hivernage précédent tendent vers la fin, les éleveurs ne trouvent plus de terrains de pâturages pour le bétail. Une peur du lendemain, accentuée par le manque de ressources, caractérise cette situation et agit sur les capacités de l'acteur à participer à l'historicité[363] de son territoire. Nous notons aussi une prise de

363 Touraine A., 1992, *Critique de la modernité*, Fayard, 464p.

conscience des limites du modèle agricole de subsistance inadapté à répondre aux besoins de nouvel ordre, liés à l'inscription des territoires concernés dans la modernité. C'est aussi le constat dressé par la MFR d'une évolution des pratiques agricoles de plus en plus tournées vers une agriculture de rente.

Cette diversification des activités ne s'est pas généralisée à l'ensemble des villages où beaucoup encore sont restés au modèle traditionnel. Face aux problèmes, certaines populations s'endettent pour faire face aux dépenses quotidiennes.

La réalité de ses cas d'endettement de la population est aussi un obstacle supplémentaire ralentissant le processus de transformation sociale du territoire par l'action des acteurs locaux. Elle dépeint aussi un manque d'encadrement des populations face aux dérives de certains organismes de développement trop pressés à réaliser des bénéfices plus tôt que d'assurer une aide positive à la dynamique locale.

Le sentiment d'oubli par les autorités locales pousse la population locale à se tourner vers les organismes d'aide et à recourir souvent à des intermédiaires pour faciliter les relations. Les problèmes de développement à Fandène sont aussi la résultante de crise globale et d'un défaut de gouvernance locale des acteurs.

Le problème est structurel par la crise de financement qui frappe les organismes d'aide ainsi que le manque de bonne gouvernance des ressources et des acteurs dans les différents projets mis en œuvre sur le territoire. Ces propos touchent un aspect important qui freine la dynamique de développement à savoir l'éclatement des objectifs des acteurs pas assez inscrits dans la logique de l'action sociale et du système d'action local. À ce titre, chacun fait son développement et à sa manière pour le même territoire ce qui n'est pas bénéfique pour les populations.

Trois des dynamiques proposées par Fabienne Leloup manquent à la construction du développement local à Fandène :

- Manque de cohérence et de planification des actions de développement à l'échelle du territoire. Les actions des acteurs ne sont pas inscrites dans un schéma de construction d'un système d'action local faisant de Fandène un territoire de développement.

- Manque de structuration du territoire autour de la coordination des acteurs mobilisés. Les interventions des acteurs sont éparses et non structurées. Les organismes de développement ne parviennent pas à dépasser leurs singularités pour coordonner leurs actions et politiques en faveur des populations locales de Fandène. On note une juxtaposition des politiques mises en œuvre, une redondance des pratiques sans impact durable sur le vécu des populations.
- Manque de régulation des pratiques. La place d'acteur de développement est négligée par l'autorité publique surtout dans son rôle de contrôle et de régulateur des logiques et pratiques de développement du territoire. Elle lui revient d'organiser la dynamique locale, de coordonner les interventions des acteurs et de participer pleinement à la mobilisation de tous les acteurs autour du Plan de Développement local. Elle manque de maitrise face aux enjeux locaux malgré les outils mis en place par les politiques de décentralisation. Avec un taux d'alphabétisation faible dans l'équipe du conseil rural, l'appropriation des leviers du développement local est une tâche lente et difficile à mettre en place.

Dans un territoire aussi déstructuré que Fandène, les populations locales ne sont pas encore de véritables actrices du développement local. Des énergies créatrices se libèrent petit à petit offrant une place à l'entrepreneuriat local avec des initiatives économiques intéressantes. Les populations locales sont en partie dépossédées du rôle d'actrices du développement à cause de la présence clientéliste de certaines ONG et le recul du soutien public. Elles apparaissent à ce titre plus comme des participantes, des spectatrices de l'action locale que de véritables actants. Le registre de la participation faisant même partie des dimensions modernes de l'idéologie du développement donnant naissance à l'approche participative.

La conception de la participation est ainsi source d'incompréhension de la part de plusieurs acteurs et rend compte d'une appropriation très différenciée et incohérente dans les pratiques de développement. Elle suscite la réflexion critique sur deux idéologies des pratiques que ce travail tente de déconstruire : la construction du développement de l'extérieur par les organismes d'aide face à la construction du développement par le territoire et ses acteurs. Certains éléments de cette tension apparaissent au fur et à mesure de notre argumentation. Par ailleurs, si les acteurs principaux, les populations locales, sont très peu concernés par la dynamique de transformation sociale en cours, si le système d'action local est aussi déstructuré, on peut conjecturer que Fandène est une société sans maitrise de l'historicité. L'historicité inscrit les sujets historiques dans une maitrise de la dynamique de production de l'histoire et de la culture à travers les différentes interactions sociales construites. Alain Touraine en propose cette définition : « *l'historicité de la société est sa capacité de produire ses orientations sociales et culturelles à partir de son activité et de donner un "sens" à ces pratiques* ». L'historicité est « *une distance que la société prend par rapport à son activité et cette action par laquelle elle détermine les catégories de sa pratique* »[364].

Beaucoup de situations dans la Commune rurale de Fandène tendent vers plus de reproduction sociale notamment par la cyclicité des interventions des acteurs de développement, la périodicité des actions des populations locales dans les secteurs de l'agriculture ou l'élevage malgré les problèmes auxquels ils font face. Les *garants métasociaux* comme la religion, ou encore la tradition continuent de structurer les relations sociales et l'ordre social. Beaucoup d'autres situations tendent par contre vers la production sociale par la capacité inventive et innovante des acteurs.

L'action sociale, qui est une dimension de l'historicité, concerne, dans le cadre du développement local, l'ensemble des activités humaines créatrices de changement. Elle s'inscrit également comme principe d'orientation des conduites humaines, l'acteur cherche à agir sur lui et sur le système de manière à induire des innovations capables de transformer ce dernier. Certes, des politiques innovantes sont mises en œuvre dans le territoire de Fandène, mais leur impact est encore faible au point d'entretenir un sentiment de stagnation chez les populations. Une société qui prime la stabilité sur le mouvement comporte une faible historicité. En effet, tantôt le système social est du

[364] Touraine A., 1973, *Production de la société*, Paris, Éditions du Seuil, p. 10

côté de la reproduction et met en avant les garants métasociaux, tantôt il est du côté de la production et va mettre en avant le principe d'historicité. Mais à notre avis, la coupure n'est jamais nette entre ces deux pôles, car les situations observées à Fandène se placent dans une double logique de permanence et de rupture de l'ordre par l'action des acteurs locaux sur le territoire.

Ces deux formes de croyances sont présentes dans tous les villages de l'enquête et gardent une place centrale dans l'organisation de la vie du territoire et fonctionnent comme des référents de l'action des acteurs.

La présence de ces références cohabite avec des modes de gestion rationalisés de l'économie communautaire qui sont enseignés aux populations locales. Les projets proposés aux populations qui sont par ailleurs des lieux de socialisation et d'interaction apportent une grande partie de formalisation des relations construites (contrat, bilan, évaluation, tenue de cahier des charges, planification, réunions de concertation, etc.). Même si ces pratiques existaient dans une forme traditionnelle (arbre à palabres par exemple), elles ont revêtu des formes normalisées et globalisées que les institutions de développement transmettent petit à petit aux populations locales. Le recul de la pratique religieuse ou traditionnelle peut laisser entrevoir que le territoire de Fandène progresse vers une mobilisation de son système d'action local, vers plus de capacité à se produire et davantage moins à se reproduire. C'est tout l'enjeu de la modernité dans laquelle ces territoires se sont inscrits depuis les premiers contacts avec les organismes extérieurs et depuis qu'ils ont inscrit leur développement local dans le contexte du développement international.

Mais on pourrait aussi lire une forme d'hybridation entre logiques traditionnelles et logiques modernes en cela que les acteurs locaux, dans la construction du système d'action local, mobilisent aussi bien des références d'ordre culturel ou cultuel que des références d'ordre rationnel. Cette dernière lecture hypothétique nous parait beaucoup plus intéressante par rapport aux dynamiques observées dans la Commune rurale de Fandène, par rapport aux caractéristiques du territoire et des différents acteurs qui l'habitent. C'est l'exemple des Dahira religieux ou des Mbootay des femmes. Construits respectivement sur des bases cultuelles et traditionnelles, ces collectifs se sont peu à peu formalisés par l'adoption de pratiques économiques et politiques ouvrant de nouvelles dimensions à leurs actions. Si autrefois la cagnotte était confiée à une personne de confiance, aujourd'hui elle est placée en banque avec un bureau de fonctionnement qui gère les comptes et les dépenses.

La référence à ce substrat symbolique est aussi caractéristique des territoires ruraux et occupe toujours une place importante dans la définition des relations sociales, dans la distribution des rôles et statuts des acteurs locaux à Fandène. En témoignent les méthodes de désignation des chefs traditionnels, des imams des villages ou même de certaines élites locales qui obéissent à la tradition. Ces procédures locales sont à prendre en compte dans l'analyse des relations sociales construites autour du développement ; et la démarche que nous avons entreprise permet de mettre en lumière les contextes de l'interaction qui pèsent sur les conduites individuelles et collectives codifiées ou circonstanciées. Par exemple, lors de l'installation d'un nouveau chef de village dans un village de Fandène, à la suite du décès du précédent, les populations avaient souhaité procéder par vote pour élire le nouveau. Seulement le maire, après quelques conflits d'idées constatés, a préféré réunir les protagonistes pour désigner le futur chef de village en mettant en avant l'idée d'une forme de succession traditionnelle et jouant sur la solidarité entre habitants qui doit toujours prévaloir.

Ce fait est extrêmement révélateur d'une situation nouvelle, les populations réclamant plus de clarté et de démocratie dans le fonctionnement des structures locales et les autorités publiques n'hésitant pas à mettre en avant la tradition pour occulter des manœuvres politiciennes. On apprendra plus tard que le nouveau chef de village désigné est plus proche du maire que tous les autres prétendants et une réforme devrait lui faire bénéficier d'un salaire. Ce qui contraste la procédure de désignation avec le processus de modernisation de la fonction de chef de village. Par ailleurs, pour tenter de rendre intelligibles les problèmes de développement dans la Commune rurale de Fandène, nous avons travaillé sur un outil permettant aux populations locales d'apprécier le niveau de développement de leur localité au prisme de quelques réalités. Le choix de ces dernières peut sembler arbitraire tant les situations pouvant rendre compte du développement d'un territoire sont nombreuses. Seulement, nous avons jugé pertinent d'accentuer l'analyse sur la cohésion du groupe, la dynamique de la population, l'action des organismes extérieurs, le niveau d'organisation et l'ouverture du territoire. L'idée est, à partir de l'articulation de ces variables, comprendre le comportement du niveau de développement du territoire selon la population locale.

Graphique 2 : Caractéristiques des territoires ciblés

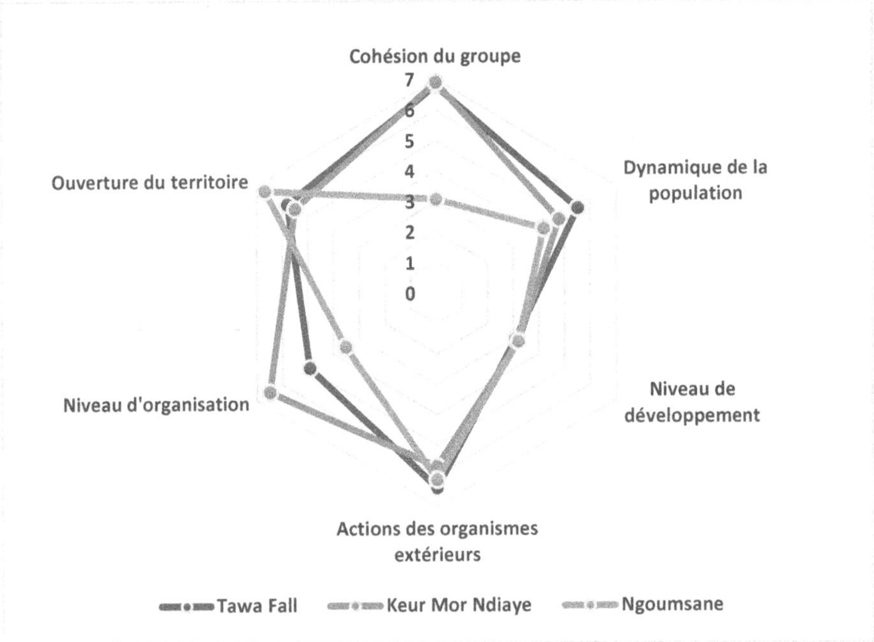

Sources : DIOP Joseph, 2020

D'après ce graphique, le niveau de développement des trois villages choisis est le même et sensiblement similaire au niveau de l'ouverture du village et de l'action des organismes intervenants. On note des différences au niveau de l'organisation villageoise, de la dynamique de la population où les problèmes de cohésion à Ngoumsane sont mis en exergue par le faible niveau d'organisation.

À la lecture de ce graphique, un trait saillant attire l'attention. Le niveau de développement des trois villages n'évolue pas, quel que soit le comportement des autres composantes caractéristiques du territoire. Cet état de fait est révélateur d'un malaise qu'il faut aller chercher au-delà de ces variables. Nous pensons que le niveau de développement du territoire ne peut être pas déterminé par la conjugaison de ces variables si la mobilisation de ces dernières n'est pas inscrite dans une logique de construction du territoire en système d'action local capable de produire les conditions de sa transformation sociale. Ce qui n'est pas le cas encore dans le territoire de Fandène eu égard à l'action des acteurs pour tenter de relever le niveau de développement des populations.

Les populations s'activent pour trouver des solutions aux problèmes quotidiens, elles s'organisent volontairement ou sous l'action des organismes de développement, ces derniers apportent beaucoup de projets et de financements grâce à l'ouverture des territoires d'intervention ; et pourtant on assiste, c'est le sentiment dégagé par les populations elles-mêmes, à une reproduction de leurs conditions de vie, à une forme d'inertie de la transformation sociale du territoire. Le système d'action local est, soit ankylosé par des logiques et pratiques mettant en avant des intérêts personnels et de groupes au détriment des intérêts collectifs, soit il subit les contraintes structurelles de ses rapports avec les partenaires et le monde du développement. L'éclatement et la juxtaposition des interventions des organismes extérieurs, le nombre important d'organisations villageoises créées, les conflits de position observés, le manque de synergie des acteurs locaux viennent attester ce constat. Le processus de développement local à Fandène n'est pas construit, il est induit par les organismes d'aide avec la participation passive des populations locales et un rôle quasi absent de l'autorité publique locale.

Nous essaierons d'en comprendre davantage, dans les pages qui suivent, les mécanismes qui bloquent la construction sociale du territoire en territoire de développement doté d'un système d'action tourné vers l'amélioration des conditions de vie des populations de Fandène.

2.2. La dynamique de projet : champ d'actions, d'interactions et de conflits

Comme nous l'avons dit plus haut, le projet est un outil d'intermédiation en ce sens qu'il permet de mettre aux prises plusieurs types d'acteurs sur un territoire autour d'enjeux visant à améliorer les conditions de vie. Dans les villages du territoire de Fandène, le projet fait partie des formes de mises en relation privilégiées entre organismes d'aide au développement et populations locales. Il est l'un des moteurs essentiels du système d'action local et participe à la transformation sociale du territoire. Pour Fabienne Leloup, « *le projet englobe l'ensemble des propositions et décisions faisant l'objet d'une construction collective propre au territoire… Ce projet n'est pas la somme des solutions ou des intérêts individuels ni la somme des inputs locaux ; il constitue un arrangement plus ou moins cohérent, plus ou moins abouti et régulièrement renégocié. L'émergence d'un tel projet façonne la délimitation de l'espace commun d'actions* »[365].

En considérant le développement local comme un processus opératoire de mutation, de transformation sociale que construit un territoire local, Pierre Teisserenc met l'accent sur la dimension de la participation et de l'implication des acteurs locaux. Grâce aux actions des acteurs intervenants comme les ONG à Fandène, le développement local induit à cet effet la capacité de mobilisation autour d'un projet qui implique nécessairement la participation des populations locales donnant lieu à des rapports d'échange entre les différents acteurs concernés. Ces relations sociales se produisent dans un cadre mouvant et incertain qui invite à l'utilisation d'une approche pluridisciplinaire pour aborder cette problématique centrale[366].

Plutôt que de présenter le projet comme un package prêt à l'emploi tel que pensé par les organismes de développement qui abusent souvent de son usage et qui tombent dans un formalisme souvent creux, nous privilégions de le considérer comme une action collective à déconstruire pour montrer ce qui la structure dans le territoire de Fandène. Un projet à Fandène c'est des organismes d'aide, des

[365] Leloup F., 2010, *op. cit*, p. 694

[366] Touzri A., 2007, *Développement local, acteurs et action collective. Les minorités issues de l'immigration et les dispositifs de revitalisation urbaine dans la commune bruxelloise de Molenbeek-Saint-Jean*, Thèse de doctorat, UCL, PUL, 342p.

bailleurs de fonds locaux ou internationaux, des agents, des courtiers de développement, des populations locales, des élites locales autoproclamées ou désignées. C'est aussi des idées, des représentations, des valeurs, des croyances, des idéologies, des normes, des règles, des procédures, des conflits, des stratégies individuelles et collectives. Tous ces éléments structurent le projet et concourent à préparer et suivre une action ponctuelle ou durable sur le territoire. Entre le projet comme lieu de structuration de l'action et l'action comme aboutissement opératoire de ce processus, il y a beaucoup de situations qui se produisent, qui souvent échappent à l'œil d'observateurs pressés de trouver des régularités généralisables. Nous nous efforçons de faire ressortir modestement les logiques sous-jacentes à l'action dans les projets de développement, spécifiquement sur le territoire de Fandène. Comment fait-on projet ? Comment se mobilisent ou mobilise-t-on les acteurs locaux ?

Sur le terrain, on a pu noter que les manières de faire projet restent les mêmes sur le plan de la forme, mais présentent des différences dans le contenu. Elles tournent essentiellement autour de l'enjeu de la mobilisation des acteurs. Nous avons identifié deux dynamiques autour du projet et qui permettent une interaction entre les acteurs.

- **Une dynamique « extervenante » :** C'est le fait des comités d'élevage, de producteurs qui formalisent un besoin en intrants, en matériels agricoles ou en financements et qui vont rencontrer des structures compétentes. Ces institutions les orientent dans la plupart des cas vers d'autres partenaires privés lorsqu'elles ne peuvent pas donner suite à la demande, qui reçoit finalement très peu de satisfaction. Le projet des populations est réadapté et renégocié avec les partenaires de la structure en fonction de ses compétences et de ses capacités d'action même si souvent dans les discours c'est l'initiative locale qui est prônée. Il faut noter que cette dynamique s'observe très peu dans les villages du fait du manque de compétences des organisations locales et des populations locales à écrire un projet, à le présenter aux organismes d'aide et à suivre son évolution. Elles ne sont pas non plus en mesure d'honorer la contrepartie attendue par les organismes d'aide par manque de mobilisation financière locale. En effet, les organismes d'aide demandent très souvent un pourcentage que les organisations locales doivent assurer pour compléter le financement et justifier de leur participation à leur projet. Beaucoup de projets échouent à ce stade.

- **Une dynamique intervenante :** Plus répandue, elle concerne les actions des organismes d'aide et leur implication dans le processus de développement de la Commune rurale de Fandène. Face aux sollicitations de plus en plus grandes des populations locales encouragées par le recul de l'action publique locale, il s'est créé à Fandène une sorte de culture de l'intervention extérieure poussant beaucoup d'organismes d'aide à proposer des projets en vue d'améliorer la situation sociale. Ces projets construits de l'extérieur dans les bureaux des organismes d'aide ont besoin de la mobilisation des populations locales par des notions comme la participation, le primat des initiatives locales ; autant de mots-valises qui cachent dans bien des cas, une réalité beaucoup plus sombre.

  Ce sont souvent de véritables leitmotivs de légitimation des actions des organismes d'aide, fussent-elles contre-productives pour le territoire.

Dans ce registre de la participation, le projet n'est pas tout à fait construit avec les populations, car non seulement il est impulsé par les organismes d'aide au développement qui identifient les créneaux d'actions et de financements à partir des problèmes des populations locales, mais ces dernières assistent aux différentes phases sans avoir une place réellement active.

En effet, on peut voir qu'après la phase de diagnostic des problèmes ou des besoins, les populations locales trouvent moins de place du fait de la professionnalisation des pratiques de la démarche. Par ailleurs, les organismes d'aide au développement utilisent beaucoup la notion d'appropriation qui est incluse dans la démarche projet, et elle justifie l'extériorité d'une démarche territorialisée, mais non territoriale qu'il faut transmettre aux populations locales par des formations par exemple. Seulement, force est de constater qu'à Fandène, les populations sont dépendantes de l'expertise extérieure en termes de construction de projets à part quelques notions acquises. Ce constat nous pousse à penser que dans la démarche des organismes intervenants, l'accent est plus mis sur l'accompagnement du projet à côté des populations plutôt que sur l'accompagnement des populations elles-mêmes.

Cependant, ces deux formes de dynamiques autour de la construction de projets entre ces différents acteurs enclenchent à tous les niveaux des processus de négociation beaucoup plus marqués dans la dynamique intervenante. Les interactions construites autour de cette dernière sont beaucoup plus fortes et ancrées territorialement que celles façonnées par la dynamique « extervenante ». La logique intervenante permet de voir le territoire comme dans son aspect de champ de développement local, mais aussi comme l'a si bien démontré Jean Pierre Olivier de Sardan, comme sous l'angle d'une arène locale. Pour ce dernier, l'arène désigne un lieu, un espace politique « *où des groupes stratégiques hétérogènes s'affrontent, mus par des intérêts (matériels ou symboliques) plus ou moins compatibles* »[367]. Dans la même lignée d'idées, Thomas Bierschenk présente le concept comme un « *dynamic concept of interaction between strategic groups* »[368]. Ces conceptions, bien que riches en enseignements, négligent souvent les processus de territorialisation de cette arène au regard des effets du territoire sur les interactions entre les acteurs en « conflit ». Nous la définissons comme une situation sociale ancrée territorialement qui se présente sous la forme d'un espace où des acteurs interagissent, s'affrontent, exercent un pouvoir ou y résistent, subissent des contraintes structurelles, avec des formes de négociations aboutissant à des issues non maitrisées ou non instrumentalisées par une catégorie d'acteurs.

Le projet, un des éléments favorisant la formation des arènes, a permet ainsi au territoire de Fandène d'entrer très souvent dans une phase d'effervescence nécessaire à son processus de changement ou de transformation sociale. Du fait des ressources que les projets promettent de mettre ou ont mises à la disposition des populations, des organisations locales sont nées, des clans se sont formés, des groupes se sont distingués, des individus se sont positionnés ; ce qui a procédé à une nouvelle structuration du système d'action local qui s'est poursuivi pendant la mise en œuvre des projets jusqu'à leur fin. Elle a donné naissance à une nouvelle forme de système d'action

[367] Olivier de Sardan J-P., 1993, *op. cit.* p.13

[368] Bierschenk T., 1988, *Development projects as arenas of negociation for strategic groups.* Sociologia Ruralis, 28, 146-160

notamment avec des populations adoptant de nouvelles positions que nous exposerons plus loin face aux intervenants extérieurs. Ce nouveau système est frappé d'emblée par le postulat d'indétermination marquant le caractère aléatoire et non prévisible de sa teneur et de son orientation.

En outre, l'intervention des acteurs extérieurs de développement a favorisé l'évolution du lien social par les relations sociales construites autour du projet. Ces relations sociales sont le biais de conflits de positionnement entre les acteurs pour le contrôle et la gestion des ressources disponibles au nom des politiques de développement. Ce caractère conflictuel des relations sociales est beaucoup plus visible à Ngoumsane où le niveau de cohésion du groupe est assez bas. Aussi, dans les autres villages les dissensions constatées comme conséquences des interventions extérieures sont bien présentes, mais minimisées par le primat de la collectivité dans la définition des politiques de développement. Pour autant, cette dernière reste encore extravertie et inhibe les dynamiques internes.

Dans la dynamique de projet, les acteurs locaux se mobilisent par l'action des organisations locales que les populations créent elles-mêmes ou sous l'impulsion des organismes extérieurs de développement. Des journées de sensibilisation sont organisées, des passages d'informations dans les maisons par les présidentes et présidents de groupement sont effectués afin de mobiliser les populations. L'agrégation au projet n'est pas acquise d'avance, un travail d'information et de mobilisation est nécessaire. C'est souvent un moment de tensions, de méfiance, de peur, de réserve pour les populations locales qui finissent par s'intéresser au regard de l'implication des différentes organisations locales et des élites qui les représentent. C'est à ce niveau que les organismes d'aide au développement favorisent les organisations et élites locales dans la prise de contact avec les populations locales. À l'arrivée d'un projet, les populations locales ne se mobilisent pas instantanément, il y a bien une phase d'incertitude qui pousse les promoteurs du projet à adopter des techniques d'inclusion par la communication, l'enrôlement des élites locales et des chefs religieux et coutumiers, des responsables de groupement. Ces derniers deviennent ainsi des relais, des agents de développement pour l'intervenant.

Par ailleurs, les organismes extérieurs mobilisent les populations locales dans la dynamique d'intervention par le biais de ces relais, mais aussi par leurs agents de terrain qui organisent des réunions avec les groupements et autres organisations locales. Ils sont les représentants de l'organisme et sont souvent issus du territoire local pour légitimer l'ancrage de l'intervenant. Ils facilitent la communication, la mise en confiance tout en accompagnant la population à s'orienter vers les attentes, en termes de structuration par exemple, de l'organisme qui l'emploie. Leur mission principale est de gagner l'adhésion de la population locale en sensibilisant autour du projet ou de l'organisme, en organisant des réunions d'échange, en structurant la population locale par la création de comités, en suivant la collecte des cotisations. Ils sont ainsi porteurs de l'institution qui les emploie et sont souvent confondus à elle par les populations locales. Leur force de mobilisation peut leur provenir de cette légitimité institutionnelle, car derrière l'institution pour les populations, c'est l'espoir de financements, d'infrastructures, de projets. Cette marque de confiance peut parfois mener à des dérives de la part des agents de terrain dans leurs relations avec les populations locales.

Chapitre 3 :

Interactions et construction sociale du développement local

« *(...) les relations entre groupes paysans et ONG (ou autres structures d'appui aux caractéristiques similaires) s'inscrivent dans une collaboration inégale, fluctuante et tissée de malentendus, mais à laquelle ni les uns ni les autres ne semblent disposés à renoncer* »[369] fait remarquer Yves Guillermou.

Le développement local à Fandène est un champ d'interactions, d'actions et de représentations sociales entre différents acteurs sociaux travaillant autour de projets dont la finalité avouée est de favoriser une évolution positive du territoire. Ces projets permettent aux populations locales de s'organiser et de participer à l'action collective impulsée souvent de l'extérieur par les organismes d'aide. Ils permettent aussi à ces derniers de pénétrer des territoires locaux et de proposer des programmes, des financements, des infrastructures, accompagnés d'une vision propre du développement. Partant des problèmes constatés ou construits des populations locales, des solutions sont proposées et donnent lieu à des interventions sur la population, le territoire concerné. En effet, au contact d'organismes extérieurs, le territoire se réorganise, se restructure en vue d'accueillir des opportunités extérieures. Ce processus donne naissance à des organisations locales ou renforce d'autres, déjà existantes, afin de répondre à la nature de l'intervention proposée. Les relations qui se profilent prennent l'allure de relations interinstitutionnelles laissant

---

[369] Guillermou Y., 2003, « ONG et dynamiques politiques en Afrique », *Journal des anthropologues* [En ligne], 94-95, consulté le 01 juillet 2017, disponible sur http://jda.revues.org/1980.

peu de place en apparence à des relations de type interindividuelles pourtant bien présentes.

Notre réflexion sur le développement local nous conduit à mettre en avant les relations sociales construites sur le territoire pour comprendre les orientations de l'action des acteurs. Il s'agit de prôner l'idée d'un développement local situé dans le temps, car les relations sociales construites se renouvellent au rythme des projets qui leur permet d'avoir sens, dans l'espace, car ces relations sont ancrées sur un territoire. Mais aussi on parlera de développement local situé, car les acteurs sont contraints par leurs arbitrages relationnels induits par les représentations sociales construites en situation de réciprocité autour de l'action. Dans ce sens, la dynamique de construction du système d'action local repose sur la qualité du tissu relationnel qui peut prendre plusieurs formes, mais dont deux attirent principalement notre attention : les coordinations verticales et les coordinations horizontales. Les premières rendent compte des processus de mise en relation entre les acteurs institutionnels appartenant à des groupes différents et occupant des statuts différents. Ce sont les relations tissées entre acteurs de développement et organisations locales. Les secondes mettent l'accent sur le renforcement des relations existantes au sein du groupe ou de la communauté. Les relations familiales, amicales, les réseaux de type communautaire ou les organisations locales à l'échelle du territoire structurant le lien social local. Ces deux formes de coordinations ne fonctionnent pas de manière isolée, elles s'articulent chaque fois qu'une action en termes de projet met en situation d'échange des acteurs locaux et des acteurs extérieurs. On observe ainsi un accent plus prononcé pour les relations verticales interinstitutionnelles mettant aux prises les ONG et les organisations communautaires comme les groupements. C'est pourtant entre ces ordres institutionnels que des individus ou groupes organisés se démarquent pour peser sur le lien en essayant de le déterminer et de l'orienter selon des logiques individuelles et d'intérêt.

Ainsi, dans ce chapitre, nous montrerons que les relations sociales se construisent dans l'articulation des logiques communautaires et des stratégies individuelles, favorisant l'émergence d'élites locales aux aspirations souvent floues conduisant à des dérives pouvant avoir des effets sur la structure du système d'action local.

1. Les relations sociales : entre logiques collectives et individuelles

Dans le territoire de Fandène à travers les villages étudiés, le développement local peut être perçu comme un construit social, comme un ensemble de « bricolages » de tout ordre avec l'objectif de rendre meilleure une situation jugée insatisfaisante, mais dont le résultat ne peut être prédit d'avance, car échappant toujours au contrôle des acteurs. Ces derniers y trouvent une place centrale du fait des relations sociales qu'ils construisent pour produire de l'action de développement. Les relations évoluent vers l'envie de faire pour la communauté afin de régler des problèmes collectifs exprimés par les populations locales ; elles s'orientent aussi vers l'envie de faire pour soi qui s'incruste dans l'envie de faire pour tous. L'envie de faire pour soi se décline par des stratégies propres, souvent invisibles, qui accompagnent l'action collective et agissent sur le comportement des acteurs.

En effet, les relations de développement et les multiples interactions sociales vivent une tension entre le collectif et l'individuel en ce sens que dans le territoire de Fandène, les organisations locales ainsi que les organismes d'aide tentent ensemble d'impulser une dynamique positive profitable à tous. À noter que les relations se construisent différemment selon les acteurs, car si le conseil rural privilégie les relations avec les chefs de village, les organismes de développement privilégient eux les relations avec les responsables de groupements tout en sollicitant les chefs de villages et les chefs religieux pour légitimer leurs interventions.

Ces logiques collectives concernent, d'une part, des logiques communautaires avec les organisations locales ancrées sur le territoire et, d'autre part, des logiques institutionnelles avec les organismes d'aide. D'un autre côté, des individus ou des groupes informels d'intérêts se positionnent suivant des logiques et stratégies individuelles pour tirer parti des ressources mises à disposition au nom du développement local. Ces deux logiques structurant la mobilisation des acteurs autour des initiatives de développement opèrent tout au long du processus de transformation sociale du territoire et président toutes les actions entreprises sur le territoire. Elles ont permis l'émergence des élites locales positionnées sur des stratégies individualistes et la création d'organisations villageoises tournées vers la collectivité. Nous verrons que ces logiques s'imbriquent dans la pratique du développement. Nous aborderons en ce sens le rôle des élites locales et des acteurs de la médiation ainsi que la création d'organisations locales comme révélateurs de ce double jeu qui caractérise les relations de développement sur le territoire de Fandène.

1.1. Les élites locales : entre médiation collective et profit personnel

Dans la majeure partie des communautés africaines et notamment sénégalaises, il existe une variété de leaders qui sont perçus comme des représentants de la population locale par les acteurs extérieurs. Ces leaders peuvent être définis ou identifiés à travers plusieurs sources de légitimité. En effet, « *aux côtés des leaders de l'État moderne, d'autres acteurs émanent d'autres sources de légitimité, émergent et obtiennent une forte adhésion des populations locales. Il s'agit des détenteurs de la légitimité coutumière (et religieuse) et ceux ayant la légitimité d'action (les diverses organisations de la société civile : association, ONG, etc.)* »[370].

Ces différents leaders s'observent sur le terrain du développement. Ainsi en racontant une rencontre avec un jeune leader d'une association paysanne sénégalaise, Giorgio Blundo confiait ces propos de ce jeune : « *quand un projet vient s'installer dans la zone et que les toubabs arrivent avec les financements, il y a toujours des gens qui se proposent comme les représentants des villageois, et qui sont de ce fait investis pour la suite des activités comme les responsables locaux du projet. Les coopérants s'appuient sur eux et les considèrent comme leurs interlocuteurs privilégiés. Mais il faut faire attention : très souvent, ces individus poursuivent exclusivement leurs intérêts personnels. Ils sont comme des mouches sur un morceau de sucre : les premières à s'y poser, mais après leur passage le sucre est irrémédiablement contaminé* »[371].

---

370 Nach Mback C., 2003, *Démocratisation et décentralisation : Genèse et dynamique comparés des processus de décentralisation en Afrique subsaharienne*, Paris, Karthala ; Cotonou, Bénin : Programme de développement municipal, 528p

371 Blundo G., 1995, Les courtiers du développement en milieu rural sénégalais in *Cahiers d'études africaines*, Vol. 35 N°137, pp. 73-99.

Ces propos de ce jeune Sénégalais décrivent un ensemble de pratiques et de logiques d'action orientée vers le captage de ressources et d'opportunités par des individus au flair redoutable et qui arrivent à gagner la confiance des organismes extérieurs souvent pressés de trouver des interlocuteurs et des entrées dans les villages. Les villageois ont ainsi l'impression que l'élite locale est celui qui a été trouvé l'ONG pour aider le village, ce qui conforte sa place et lui permet de se présenter aussi devant l'organisme extérieur comme un mandataire des populations villageoises. Blundo ajoute que « *quelques années plus tard, quand son assise locale se fut consolidée, le jeune animateur céda lui aussi au charme du "sucre", et escroqua à plusieurs reprises les partenaires d'un projet avant d'abandonner la région* »[372].

Ce jeune a ainsi développé une stratégie pour écarter ses concurrents en dénonçant un comportement courant et qui semble faire partie des logiques à prendre en compte par les intervenants extérieurs et même pour les populations. Les logiques de médiation pour les élites locales ne datent pas d'aujourd'hui dans le paysage institutionnel sénégalais sans doute hérité des pratiques datant de la colonisation[373]. Il est d'usage de passer par des facilitateurs pour approcher un territoire déterminé, comme en témoigne notre démarche d'entrée dans les villages de notre étude de terrain. Ce rôle de facilitation était joué par les chefs traditionnels, les notables, les chefs religieux. Mais depuis le recul de l'État dans la définition des politiques locales en termes de lutte contre la pauvreté et l'avènement des ONG dans les milieux ruraux sénégalais, on a assisté à une recomposition des rôles avec l'émergence de nouveaux types d'acteurs.

Différents des facilitateurs traditionnels, beaucoup de ces acteurs se constituent essentiellement autour de ce que l'on peut appeler à juste titre « la rente du développement » même si certains s'inscrivent dans une volonté de travailler pour la collectivité. Ils profitent néanmoins d'une position privilégiée et souvent convoitée et source de conflits de positionnement. Ils assurent la mise en relation des populations locales à travers leurs organisations communautaires et les organismes extérieurs. Ils acquièrent des compétences techniques dans ce domaine

---

[372] Blundo G., 1995, ibidem

[373] Cf. Atlani-Duault L., 2009, *L'anthropologie de l'aide humanitaire et du développement. Des pratiques aux savoirs, des savoirs aux pratiques*, Armand Colin, 320p.

du captage de ressources par l'expérience des rencontres et des relations avec des organismes de développement tout en bénéficiant d'une connaissance fine du milieu, leur garantissant légitimité et pouvoir. Ils se rendent incontournables pour les organismes extérieurs et utiles pour la population locale. Dans les trois villages concernés par notre étude de terrain, les profils les plus couramment observés et les plus en vue sont ceux du leader associatif paysan à Tawa Fall, celui du retraité revenu s'installer au village à Ngoumsane et celui du politicien/homme d'affaires à Keur Mor Ndiaye.

Cette catégorisation peut s'inspirer du travail de Max Weber concernant les formes de domination s'appuyant sur des formes différentes de légitimité. En effet, Weber définit le pouvoir comme une situation de relations où la volonté d'un individu ou d'un groupe peut l'emporter sur un autre : « *le pouvoir est toute chance de faire triompher au sein d'une relation sociale, sa propre volonté, même contre des résistances ; peu importe sur quoi repose cette chance* »[374].

Cette conception relationnelle se rapproche de celle de Crozier et Friedberg considérant le pouvoir comme la capacité de l'acteur individuel ou collectif à peser sur une relation sociale et à en contrôler les termes afin qu'elle lui soit favorable[375]. Il s'agit d'un vrai jeu de pouvoir local pour le contrôle des ressources qui influe sur l'action collective que constitue le projet de développement. Même si nous n'insisterons pas énormément sur cet aspect, il est intéressant de le ressortir dans la structuration des relations sociales construites autour des initiatives de développement local. En effet, le leader associatif paysan prend la figure du leader traditionnel, car il est l'un des fils héritiers du fondateur du village. Il se positionne sur toutes les opportunités d'organisation. Il assimile la direction d'une organisation à un devoir, mais aussi à une réussite sociale propre et un signe d'engagement pour la collectivité. Il se sent investi d'une mission à tous les instants et à toutes les structures, ce qui peut lui valoir certaines critiques.

Certains acteurs, comme c'est le cas du président du CVD, n'hésitent pas à garder le pouvoir en étant à la tête de l'association des

---

[374] Max Weber, *Economie et société*, tome I, *op.cit.* p. 95

[375]Crozier M., Friedberg E., 1977, *L'acteur et le système. Les contraintes de l'action collective*, Paris, Seuil.

producteurs/éleveurs, du comité de gestion du forage entre autres. Au-delà de la connaissance qui peut être une source de pouvoir, cela relève ici de la gestion d'un pouvoir traditionnel transmis dans la famille Ndiaye, petits-enfants du fondateur du village. Si certains contestent cet état de fait aujourd'hui c'est parce que la position de chef confère des privilèges, des rentes du fait de l'implication des organismes de développement. Ils en appellent souvent à une gestion démocratique des structures et une meilleure redistribution du pouvoir entre les mains de plusieurs acteurs, mais reconnaissent un choix de la population de perpétuer une tradition par la désignation quasi naturelle de l'acteur.

Le retraité revenu s'installer à Ngoumsane est souvent très bien vu. Dans l'imaginaire populaire, il est perçu comme quelqu'un qui aime son village et qui est attaché aux racines du terroir. Il bénéficie d'une expérience et d'une réussite sociale qui en font une élite dès qu'il entreprend d'« aider » le village. Instruit et respecté, il force l'adhésion, mais suscite la jalousie de ses pairs restés au village et n'ayant pas eu la chance d'une carrière sociale. Il peut constituer une menace pour ces derniers qui se sont déjà positionnés dans les différentes structures et organisations locales. Tout comme le leader charismatique, il est plébiscité pour apporter son appui à la bonne marche des projets locaux, mais voit son pouvoir remis en cause par les conflits de positionnement et d'intérêt.

Ces conflits peuvent ainsi se tourner vers la défense d'intérêts personnels au détriment de la collectivité.

Par ailleurs, d'autres retraités par exemple, veulent profiter d'une manne de ressources disponibles et n'hésitent pas à instrumentaliser les organisations qui leur sont confiées à cet effet. La figure du politicien/homme d'affaire incarnée par M. N peut renvoyer à l'image du leader légitime légale, car depuis qu'il a été élu au Conseil communal, il s'est distingué et s'est imposé à côté des autorités traditionnelles qui ne voient pas son investissement tourné vers l'intérêt collectif vu son passif.

De clientélisme politique et manœuvre politicienne entre les acteurs publics et les différents acteurs de développement passés sur le territoire, sur fond de dérives et de détournements, M. N s'est imposé comme un des interlocuteurs du village et concentre une partie importante du pouvoir local. Même si le regard bienveillant de la famille traditionnelle limite son influence locale, il réussit à légitimer sa présence et son rôle de courtiers avec une nette mise en avant de ses intérêts personnels.

Ces profils établis sont loin d'être exhaustifs, mais permettent de montrer que les interventions des organismes extérieurs de développement favorisent l'émergence de nouveaux types d'acteurs dans les territoires du fait des ressources rendues disponibles pour le développement local. Ils rejoignent une typologie dressée par Jean Pierre Olivier de Sardan des courtiers en fonction de leur réseau d'appartenance. Il distinguait quatre types qu'on voit presque dans le territoire de Fandène : le courtier issu des réseaux confessionnels, le courtier, cadre originaire de la localité, le courtier issu de mouvement culturel et ethnique, le courtier leader paysan[376]. La formation d'élites locales, l'émergence de courtiers locaux vient complexifier les relations sociales et opacifier les logiques d'acteurs éclatées par les intérêts et opportunités personnelles et collectives que suscitent les projets de développement. Si certains élites locales et courtiers cherchent à travailler pour le bien-être collectif, d'autres s'inscrivent dans une logique de carrière personnelle afin de bénéficier pleinement des rentes du développement. Seulement, il faut souligner que, quelles que soient les dérives constatées, ces acteurs de médiation sont reconnus dans le milieu local, il s'agit d'une couche que les populations identifient clairement qu'elles soient d'accord ou non avec leurs démarches.

Si l'esprit de médiation collective a longtemps primé dans les relations horizontales et verticales dans le territoire de Fandène, les stratégies individuelles ont pris le dessus et ont poussé les acteurs de développement à s'adapter à ces nouveaux risques pesant sur l'action locale. Des individus, des groupes, au capital social important, prennent de plus en plus en otage les structures locales de développement, se dressent en représentants des villages, pour pouvoir profiter de la rente économique et matérielle des projets de développement. Ce glissement d'objectifs est encouragé par l'introduction du per diem, du salariat dans les relations de

---

[376] Olivier De Sardan J-P., 1992, *op. cit.*

développement, tuant au passage le bénévolat local qui les caractérisait jusque très récemment. Les organismes intervenants utilisent le per diem pour mobiliser les populations à assister à des formations ou à des réunions, même les conseillers ruraux ou autres administratifs publics réclament des indemnités de déplacement et de présence aux rencontres.

La présidente de la Maison Familiale Rurale dénonce l'introduction de telles pratiques dans les relations de développement : « *avant c'était uniquement la formation jusqu'en 1976, c'était de la formation théorique qu'on faisait. Mais les paysans nous ont dit qu'un sac vide ne tient pas debout, il faut nous donner quelque chose qui puisse rapporter de la plus-value. C'est comme ça qu'ils ont commencé à être financés. Et après ils ont commencé à voir d'autres formes de choses, des formations-per diem, des formations-manger, des formations-boire, des formations-fêtes amenées par d'autres acteurs. Mais nous on ne donne pas de per diem, on peut donner à manger si on a le financement, mais voilà... il ne s'agit pas de blâmer les gens, mais de voir ce qui est à l'origine de telles pratiques, et... les choses sont comme cela, ce sont les maux actuels du développement à Fandène. C'est devenu très répandu et même à la mode dans les pratiques locales en termes de développement* ». (**MFR**).

L'introduction de la pratique du *per diem* marque ses débuts dans le territoire au début des années 80 si l'on en croit les propos de la présidente de la Maison Familiale Rurale alors qu'elle a fait son apparition au début des années 70 en Afrique de l'Ouest. Si au début, il s'agissait d'une pratique isolée pour « motiver » certains acteurs influents pouvant jouer des rôles spécifiques de conseil par exemple ou servant à couvrir des frais de détachement de certains cadres de l'administration ou encore à dédommager les participants à des journées de formation ; aujourd'hui, elle s'est institutionnalisée comme pratique courante et fait partie des logiques à prendre en compte dans les relations de développement. Le per diem sert à inciter la participation des acteurs à un processus qui les concerne et qui s'inscrivait jusque-là dans une logique de bénévolat.

Le sujet est très peu traité dans la littérature du développement ou de l'aide humanitaire et pourtant certains praticiens et par ailleurs hommes de sciences l'appliquent dans les termes des contrats lorsqu'ils sont missionnés par des organismes internationaux de développement comme la Banque Mondiale. « *Aujourd'hui, le participant à un atelier de restitution de résultats de recherche, à une formation ou à une action concrète dans le domaine du développement s'attend obligatoirement à ce que l'organisateur lui fournisse une prime, un per diem. Tous les chercheurs et intervenants sont confrontés à ce dilemme éthique où l'octroi d'une somme d'argent incite les personnes à participer. Si les per diem étaient à l'origine prévus pour compenser la perte de temps et d'argent de la participation à l'intervention, ils sont aujourd'hui devenus des instruments politiques qui entachent les activités de recherche et d'intervention dans le monde du développement* »[377].

Il fait partie des innombrables surprises qui attendent les organismes extérieurs sur le terrain du développement qui ne prévoit pas cette rubrique dans leurs lignes budgétaires où cette dernière n'est pas éligible selon les cadres de références du financement international. D'ailleurs, cette ligne n'apparaît dans aucune demande de financement adressée aux bailleurs de fonds. Elle apparaîtra dans les divers ou les dépenses imprévues au moment de l'évaluation économique de l'intervention.

La recherche de la motivation de l'acteur répond à un besoin d'efficacité et d'atteinte des objectifs de développement fixés. On revient à la question de l'importance de l'économique dans les démarches de développement où on pense que l'argent suffit à faire du changement et à créer des liens durables d'implication et d'investissement. La réalité est qu'on s'acharne sur un territoire pour appliquer un modèle de développement quitte à « acheter » la participation de la population qui se voit ainsi déposséder des logiques sociales qui concernent sa situation. Ces dernières instrumentalisent les relations de développement tissées sur la base de contrats tacites entre les populations et encouragent la « salarisation » de la participation bénévole. Elles entretiennent aussi des relations clientélistes entre les acteurs de développement laissant place à plus de complaisance que d'objectivité dans la mise en œuvre des projets en faveur des populations. Il est alors difficile dans ces conditions de savoir si les acteurs de la population locale participent par conviction ou pour profiter des rentes des innombrables rencontres de formations, réunions, séminaires organisés par les organismes de

---

[377] Ridde V., 2012, Réflexions sur les per diem dans les projets de développement en Afrique, *Bulletin de l'APAD* [En ligne], 34-36, consulté le 23 août 2013, disponible sur http://apad.revues.org/4111.

développement. Les relations ainsi construites peuvent devenir de véritables biais à la finalité première des projets de développement : « *par la distribution de ces ressources monétaires, on cherche moins à faire en sorte que le projet soit efficace en produisant des effets pour les populations que de s'organiser pour que les activités soient mises en œuvre, dans un but évident de produire des rapports aux bailleurs de fonds sur la réalisation des activités et de justifier la présence de ceux qui les organisent* »[378].

Une des conséquences de cette pratique explique les luttes de positionnement dans les villages pour la gestion des structures locales. En effet, être responsables de groupement ou même faire partie du bureau offre une opportunité de participer à des journées de formation, d'aller à des réunions souvent hors du territoire, mais pas toujours, et pouvoir « toucher » des per diem. Le per diem, lorsque les rencontres sont multiples et régulières, ce qui est le cas à Fandène, car les organisations locales ont plusieurs partenaires, garantit un revenu supplémentaire non négligeable. Il devient ainsi un objet de compétition et un instrument de pouvoir qui poussent les responsables de groupement à garder le monopole des opportunités de formation et de réunions en ne diffusant pas l'information ou en sélectionnant les personnes qui les accompagnent. Et en plus de cette plus-value économique et de la possibilité de profiter des formations, ils accroissent ainsi leur position sur le territoire et leur légitimité à garder le pouvoir local.

Une autre conséquence concerne la concurrence que se livrent les organismes d'aide au développement pour « recruter » des formateurs, des récipiendaires, des groupements à travers leurs responsables pour assister à ces formations. C'est ce que nous relevons à travers les exemples proposés par Valérie Ridde. En effet, chaque organisme aligne sa grille financière en fonction de ce que proposent les autres, rien n'est réglementé et les primes varient énormément d'une structure à une autre. Par ailleurs, il y a une hiérarchie dans l'octroi des per diem, l'enveloppe d'un expert pouvant aller jusqu'à 20.000Fcfa (environ 30 euros) par jour va être supérieure à celle d'un président de groupement par exemple de l'ordre de 5000 FCFA (environ 8 euros) par jour.

---

378 Ridde V., ibidem.

Cependant, cette pratique n'est pas simplement l'œuvre des seuls représentants des organisations locales, elle est aussi répandue chez presque tous les praticiens du développement, des responsables de programmes jusqu'aux agents en passant par les courtiers. Les acteurs mettent en place des stratégies et déjouent les codes pour profiter le maximum possible de cette rente comme le démontre Valérie Ridde : « *lors de nos propres observations, nous avons vu également certains signer à la place d'un collègue absent pour obtenir et se partager les sommes par la suite. On s'organise aussi pour que des réunions prévues pour la journée entière se terminent à 14 heures, afin de toucher le per diem de la journée entière et reprendre d'autres activités. La même stratégie est déployée pour raccourcir un atelier de trois jours en deux jours, en travaillant un peu plus les deux premiers jours, mais pour toucher par la suite les trois jours dans leur totalité. Réduire la durée d'un atelier est quasiment impossible si le montant total des per diem n'est pas maintenu. Alors que les organisateurs d'une réunion souhaitaient faire un tel raccourci, une dame au fond de la salle s'est levée pour dire "on a déjà pris des engagements". Le novice en per diem ne comprendra pas. Mais celui qui navigue dans ces sphères depuis longtemps saura que cette personne a voulu dire qu'elle avait d'ores et déjà prévu des dépenses (ou contracter un prêt) équivalentes à la totalité de la somme prévue. La réduire est évidemment impossible* »[379].

Ces propos recoupent avec la réalité observée sur le territoire de Fandène où cette pratique est banalisée, et désormais incluse dans la culture du projet. Il s'agit de pratiques tacites de marketing et de commercialisation d'offres de service sans lesquelles certains organismes de développement perdraient du terrain. Nul besoin de revenir sur la question de l'utilisation instrumentale de la misère à des fins personnelles dans certaines de ces structures. On voit aisément la complexité des relations sociales dans les territoires de développement, aux formes diverses et impliquant divers acteurs. Les logiques et stratégies qui y ont cours concernent autant une orientation communautaire que la recherche de profit personnel ramenant l'acteur individuel à jouer entre les interstices et à capter des ressources sans lesquelles sa singularité serait difficilement perceptible. Au-delà des élites locales et des courtiers qui émergent des projets de développement qui donnent sens à ces relations sociales, la création

---

[379] Ridde V., *op. cit.* p. 8

d'organisations villageoises constitue un autre enjeu dans la structuration des territoires.

1.2. La création d'organisations villageoises : un enjeu de taille

La forme d'organisation villageoise que nous connaissons aujourd'hui tire son origine historique de la forme traditionnelle d'association villageoise caractéristique de la société agricole traditionnelle. L'association villageoise au Sénégal est adossée sur un principe d'organisation sociale, avec un primat absolu de la collectivité sur l'individu. Ce dernier n'est pas totalement défini à partir de sa singularité, il est défini à partir de son appartenance au groupe social avec qui il partage valeurs, règles et normes sociales. L'association villageoise remplissait ainsi une fonction d'intégration pour l'individu. Elle remplissait en outre une fonction productive par exemple pour le travail des champs lorsque « *les membres de la communauté associent leur force de travail pour défricher et exploiter des champs collectifs ou pour louer collectivement leurs bras à des particuliers lors des labours, des semences ou des cueillettes. Le produit de l'exploitation commune ou de la vente groupée de leurs services était moins destiné à être partagé entre chacun qu'à être consommé collectivement lors des fêtes* »[380].

Cependant, cette forme d'association villageoise s'est effritée peu à peu suivant la dynamique de changement social des territoires traditionnels et laisse place à de nouvelles formes d'organisations villageoises aux contours différents et aux fonctions également différentes. L'étude du village de Fandène a ainsi permis de constater un éclatement de la forme traditionnelle de l'association villageoise donnant naissance à de multiples micro associations structurant l'ensemble de la vie sociale : association des jeunes, groupements des hommes, des femmes, association des chrétiens, « dahiras » des musulmans, association des producteurs, des éleveurs, etc. Cette forme nouvelle de structuration du territoire villageoise émane, depuis quelques décennies de la présence des organismes extérieurs dans le champ du développement. L'enjeu de l'organisation villageoise est devenu une des dimensions de la pratique du développement dans les

[380] Dupuy C., 1990, Les associations villageoises au Sénégal : fonctions économiques et modalités de financement, in *Tiers-Monde*, Tome 31, n°122, *Technologie et développement*. pp. 351-375.

pays du Sud notamment en Afrique. En effet, le groupement ou l'organisation villageoise est désormais la condition *sine qua non* pour que les ressources de la coopération au développement, de l'aide humanitaire ou de la solidarité internationale soient injectées en milieu rural[381], avec le travail de relais des organismes d'aide au développement.

Dans la Commune rurale de Fandène, beaucoup d'intervenants locaux ont travaillé en ce sens et ont été à l'origine de la création de plusieurs groupements. Mais le POGV (Programme d'Organisation et de Gestion Villageoise) est l'un des acteurs qui a axé principalement sa démarche sur l'organisation des villages avant de mettre en œuvre ses interventions. Il a été créé des Comités villageois de Développement (CVD) rassemblant l'ensemble des forces vives du village. En outre de ces CVD, plusieurs autres formes subsistent comme les associations des jeunes, les GIE et GPF. Ces entités sont autonomes et développent des partenariats avec des organismes extérieurs de développement ; il arrive même qu'un partenaire appuie deux organisations locales du même village.

Ces organisations locales jouent un rôle essentiel dans le développement des villages et sont les interlocuteurs privilégiés des organismes extérieurs de développement. Elles permettent de structurer les relations de développement au sein des territoires et entre les territoires et le monde extérieur de partenaires. Si, à bien des égards, elles favorisent le captage des ressources du développement, leur création peut révéler d'autres logiques tournées vers la satisfaction d'objectifs personnels et entrainer des dérives pour ces territoires, tant sur le plan de la mise en œuvre des projets de développement que sur le plan du système d'action local. Ce qui nous intéresse ici, c'est de comprendre les logiques qui président à la création d'organisations villageoises et quels effets elles ont dans la structuration du territoire. Certaines sont créées par les organismes extérieurs de développement, d'autres le sont par les populations elles-mêmes ou avec l'appui des organismes extérieurs, mais elles partagent toutes l'objectif de participer pleinement à la construction du mieux vivre local ; objectif qui n'est pas toujours atteint.

---

381 Cf. Jacob J-P, Delville P L., 1994, *Les associations paysannes en Afrique*, APAD, p. 258-259.

Nous allons voir, à travers cet entretien réalisé par Séverine Benoit avec la responsable du GRAIF, comment procède un acteur particulier pour mobiliser et structurer un territoire en vue de préparer son intervention et justifier sa présence :

« (...) C'est comme cela que j'ai pu pénétrer dans les villages. J'ai contacté 7 villages. J'ai essayé de mettre en place dans chaque village un petit comité de concertation et je travaillais avec ces comités. On parlait de tout ce qui se passait au village, les problèmes, comment les femmes vivent, comment les hommes vivent, quelles sont les ressources et les potentialités du village. On a fait le diagnostic ensemble, village par village. Au niveau de chaque village, il y avait un petit comité composé de 7 personnes et c'est avec ces personnes-là que j'ai fait l'étude. Pour celle-ci, à chaque réunion villageoise, on essaie de toucher toutes les couches sociales. On essaie d'identifier les problèmes et les actions possibles. Puis on se lance dans des actions avec ces groupements villageois, tout en sachant que si on doit démarrer quelque chose, on démarre avec nos propres moyens, on démarre entre nous : on ne compte pas sur le gouvernement ou sur les bailleurs. On essaie de voir comment nous pouvons faire pour résoudre tel ou tel problème. C'est comme cela qu'on a travaillé avec ces 7 villages, pendant 4 ans, sans aide extérieure. C'est au bout de ces 4 ans qu'on a essayé de contacter des bailleurs pour renforcer les initiatives que les populations avaient déjà mises en marche.

Le GRAIF n'a jamais prêté sans l'apport des bénéficiaires. Comme le dit le proverbe "aide-toi et le ciel t'aidera". Il n'y a pas de cadeau ni de dons, il faut transpirer. Le gouvernement ne fait pas de cadeaux, les bailleurs de fonds ne font pas de cadeaux, donc il faut qu'on transpire nous-mêmes pour avoir quelque chose et ça fait plaisir de savoir que ça, c'est notre propre bébé. Au début, quand on a démarré, les femmes mettaient ensemble des cotisations en nature (du mil, du maïs, du quinquiliba, etc.) et des prestations de services. Chaque groupement a ainsi mobilisé son capital de départ avec ses propres forces. Elles ont travaillé ensemble. Par exemple, des groupements font des travaux, ils sont rémunérés et l'argent est mis dans une caisse qui a permis au départ de mobiliser l'apport. Les groupements sont fiers d'avoir mis en place la boutique grâce aux cotisations en nature et aux prestations de services, et c'est bien géré. Si aujourd'hui une femme du village, qui était là quand on a démarré et qui n'a pas voulu participer au début, veut participer, les femmes vont lui dire : "on va calculer tout ce qu'on a mis depuis tant d'années et si tu as les moyens, tu rembourses tout ça", sinon tu continues à faire cavalier seul.

Quand une nouvelle demande d'appui d'un groupement qu'on ne connait pas arrive, on l'étudie, on va dans les villages discuter avec les groupements et on explique notre méthode d'approche, nos techniques de travail. Après, on leur demande s'ils sont toujours intéressés pour collaborer avec le GRAIF et on leur demande leurs adhésions. Le groupement adhère 5000 FCFA (50 FF) et les individus donnent 500 FCFA au groupement (qui verse au GRAIF). Le GRAIF a toujours accepté les demandes de tous les groupements, mais si, par exemple, certains groupements sont déjà en contact avec d'autres organisations, on leur dit : "vous êtes déjà appuyés, il ne faut pas mélanger les partenaires, il ne faut pas concentrer tout dans un seul village pendant qu'il y a d'autres villages qui n'ont pas d'appui". On leur dit qu'on les laisse avec ces gens-là, sinon ça fait des télescopages. Il y a des cas où on dit au groupement qu'on ne peut pas. Par exemple, si le groupement n'est pas organisé, on leur dit qu'il faut qu'ils s'organisent d'abord en groupement, qu'ils fassent une caisse commune, qu'ils travaillent ensemble, qu'ils se concertent pendant deux ou trois années.

Avant d'intervenir dans un village, on étudie ensemble quels sont les problèmes du village et c'est à partir de cette étude qu'on peut établir un plan d'action. Par exemple, pour le programme formation en gestion, cela a été une demande des populations. C'est seulement s'ils ont des problèmes dans la gestion des fonds, dans la gestion des caisses qu'il faudra trouver une solution donc une formation en gestion. Quelques fois, on les pousse à découvrir un peu leurs problèmes, mais on ne le dit pas clairement, on essaie d'amener les gens à identifier eux-mêmes leur situation ».

Source : www.grad-france.org[382]

Cet entretien rend compte d'une démarche de création de projets par la prise de contact sous forme de prospection avec les populations locales, une démarche qui ressemble beaucoup au démarchage des commerciaux. Elle s'appuie sur un diagnostic commun des problèmes et la recherche de solutions dont une grande partie sera proposée par l'organisme de développement. Elle permet de voir comment il est essentiel pour le processus relationnel de s'appuyer sur des organisations locales du côté des organismes locaux de

382 Critères, conditions et démarche d'appui du GRAIF (Thiès, Sénégal). La stratégie d'appui au développement d'une ONG qui épaule les femmes rurales d'une région. Entretien avec NDIONE Joséphine réalisé en février 2001 à Thiès. Séverine BENOIT 06 / 2001

développement, ce qui a poussé Mme Ndione à accompagner les populations dans leur structuration, phase qui a duré quatre ans avant la sollicitation des bailleurs de fonds. Pour assurer son financement et son investissement, l'organisme de développement aide les organisations locales créées à cet effet à adopter un fonctionnement bureaucratique avec une personnalité juridique. La plupart de ces organisations obtiennent un récépissé en tant que GIE par exemple et établissent un organigramme clair avec des règles de fonctionnement bien construites.

Mais quel est l'intérêt de créer autant d'organisations locales dans des territoires comptant peu d'habitants comme Keur Mor Ndiaye, Ngoumsane et Tawa Fall ? C'est une lapalissade de dire que les organisations locales des populations de Fandène jouent un rôle positif dans le développement de la localité. Seulement, malgré cette reconnaissance, il est essentiel de jeter un œil critique sur les raisons de leur création, sur leur fonctionnement et sur les relations qu'elles entretiennent avec les organismes extérieurs. L'organisation villageoise peut se présenter, pour beaucoup d'acteurs aussi bien locaux qu'intermédiaires, comme un outil de captage des ressources du développement. Intégrer une organisation locale peut faciliter l'accès aux financements proposés par les organismes de développement.

La force de la collectivité et la garantie qu'elle représente pour les organismes d'aide au développement comme les structures de microfinance favorise l'accès aux ressources pour des familles, des individus porteurs de projets d'activités génératrices de revenus. En effet, en créant une organisation villageoise ou une structure fédérative, beaucoup de courtiers de développement qui tendent vers une professionnalisation de leur pratique, peuvent rendre visible la demande locale d'aide pour les bailleurs de fonds, peuvent matérialiser un groupe-cible organisé, ce qui facilitera l'obtention de financement ou d'autres formes de prestations sociales. Véritables réseaux d'interconnaissance, ces organisations villageoises assurent ainsi la dynamique de développement du village même si les actions sont souvent segmentées et juxtaposées. Par ailleurs, si l'organisation villageoise peut permettre d'atteindre des objectifs de financement pour les populations locales, elle est souvent l'objet de détournement, d'instrumentalisation de la part de beaucoup d'acteurs. Elle peut être révélatrice des limites du modèle de développement adopté dans ces territoires.

Au niveau interne des villages concernés, la création excessive d'organisations locales est révélatrice des conflits et de l'état tendu du lien social abandonnant peu à peu le primat de l'intérêt collectif dans la définition des objectifs de développement pour laisser plus de place aux stratégies individualistes ou de groupes.

L'une des conséquences de ce phénomène est l'éclatement des forces du village face à l'action collective, les conflits qu'il engendre, les concurrences entre organisations locales, les fractions créées et l'introduction de dérives dans la gestion des ressources du développement. Il s'agit d'une instrumentalisation de l'organisation locale par des individus et des groupes, qui, sur la base d'une lutte de pouvoir, se positionne en haut de l'échelle d'importance et d'influence des organisations locales pour mieux capter les ressources mises à disposition par les organismes de développement.

Aussi, au niveau des relations entre le village et le monde extérieur du développement, les organisations locales sont autant d'outils, d'instruments permettant au courtier de « rabattre » des organismes extérieurs. Habitant du village, il est à l'affût d'informations exprimées en termes de besoins ou de problèmes et qu'il est possible de traduire en actions. Cette position lui permet de démarcher des organismes extérieurs et de se proposer comme porte-parole du groupement auprès des organismes extérieurs. Et si l'organisme extérieur choisit d'appuyer le groupement, il est d'office l'interlocuteur privilégié et peut jouer le rôle d'agent de développement, ce qui permet à l'intervenant de se passer des services payants d'un agent qualifié.

Ce cas de figure a permis à des courtiers de revendiquer le statut d'agent de développement, certains finissent par être recrutés dans des organismes intervenants locaux.

1.3. Les dérives dans les relations de développement

Le territoire de développement est une arène locale où des ressources sont mises à la disposition des populations. Ces dernières sont organisées ou s'organisent selon des logiques et stratégies propres pour capter ces ressources ou en tirer parti. Le champ d'action du développement est surtout le lieu de dérives, de conflits, de luttes de positionnement que se livrent les acteurs pour le contrôle du pouvoir donnant accès à la gestion des ressources allouées.

Jean-Pierre Olivier de Sardan se place du côté des « *réactions paysannes* » pour justifier les principes à l'œuvre dans les dérives des projets de développement : la sélection et le détournement. Le principe de sélection part du constat que le projet arrive sous forme de package que les populations déconstruisent pour en sélectionner des composantes qui les intéressent et en abandonnent d'autres. Le principe de détournement concerne l'utilisation des opportunités d'un programme ou projet pour satisfaire des objectifs des populations différents de ceux pour lesquels le projet a été instauré. Ces deux principes généraux représentent selon lui une forme d'appropriation des projets par les populations locales[383] ; ce que nous ne partageons pas, car le principe d'appropriation du projet, tel que nous l'avons perçu sur le terrain, survient souvent vers la fin et après l'exécution du projet lui-même et en appelle à des formations pour que la population s'autonomise davantage. L'idée étant de faire maitriser aux populations les démarches de gestion des projets par leur formation et la mise à disposition d'outils méthodologiques et techniques. L'analyse d'Olivier de Sardan se place du point de vue de la réaction des populations locales face à la mise à disposition de ressources et d'opportunités comme si ces dernières n'avaient pas le choix quant à l'application des programmes proposés. Aussi, les populations ne sont pas que « réactrices », elles sont également actrices dans la mise en œuvre des projets.

On a l'impression que des stratégies de calcul personnel ou de groupe ne sont pas mises en œuvre pour tirer parti des ressources, au-delà des enjeux globaux d'adoption du projet pour le bien de la collectivité. Cette conception ne sert pas à notre avis, à analyser et éclairer la relation de développement qui nous semble importante pour comprendre les dérives dans la construction du développement local, mais surtout les logiques sous-jacentes de cette relation. Pour nous, ces deux principes ne suffisent pas à comprendre la structuration du système d'action local que constituent les différents acteurs de

---

383 Olivier De Sardan J-P., 1992, *op.cit.*

développement. Le problème que nous constatons provient de cette manière de traiter les logiques et stratégies des acteurs en les détachant souvent du fond culturel et symbolique sur lequel elles opèrent. Les acteurs sont souvent abordés selon une vision fonctionnaliste et utilitariste qui méconnait la structuration des rapports sociaux hérités d'une histoire du territoire et en prise avec les évolutions de la modernité. À notre avis, d'autres logiques et stratégies d'acteurs, ancrées dans le symbolique du territoire et son héritage, difficilement perceptibles, car contenues dans les types de relations entre acteurs influent sur l'action et peuvent mener à de véritables dérives dans la mise en œuvre des projets de développement.

Le système d'action explicite des acteurs dans les villages étudiés nous permet d'avancer un certain nombre de logiques ou stratégies qu'il est possible d'identifier, sans toutefois, tendre vers l'exhaustivité ou la modélisation des situations observées. Ces logiques et stratégies peuvent se décliner d'une manière cohérente et on peut, à travers elles, essayer de suivre les phases de construction des relations de développement. Tout comme les interactions se construisent dans un contexte déterminé, celui du projet par exemple, les logiques sociales que nous allons présenter, s'expriment dans des contextes spécifiques sans lesquels elles perdraient de leur contenu.

Des logiques de positionnement

Elles peuvent être définies comme une stratégie employée par un acteur en vue d'occuper une place idéale sur l'échiquier social, lui permettant d'acquérir ou de renforcer un pouvoir de contrôle sur les autres acteurs et les actions du territoire. Elles surviennent au début de la construction des relations de développement, au début de la prise de contact. Dès l'arrivée d'un nouveau partenaire, d'un nouvel organisme de développement ou même d'un nouveau projet même si l'intervenant est connu, il y a une phase de bouleversement de la structure locale où la redistribution du pouvoir peut faire l'objet d'une remise en cause. Les individus responsables de structures ainsi que de nouveaux acteurs se positionnent pour capter la ressource que représente le projet ou les ressources qui seront mises à disposition par l'intervenant. Des réunions sont organisées, des visites sont planifiées et le ou les courtiers se font voir. Les différents groupes et factions se rendent invisibles pour le nouvel intervenant et gomment les antagonismes aux yeux de l'ancien de manière à s'assurer que le projet reste dans le village.

Mais devant ce calme apparent, ce semblant d'union et de primat du collectif, des forces individuelles et de groupe sont à l'œuvre pour maximiser les chances d'hériter de la gestion du projet. C'est ce qu'essaie de décrire cet acteur de Keur Mor Ndiaye pour rendre compte de la situation de tension que génère un projet dans le village : *« du fait que les gens se renferment de plus en plus sur eux et leur famille, des tensions éclatent pour savoir qui va gérer tel projet ou tel autre, déjà que ces projets se raréfient. Souvent lorsqu'un organisme de développement extérieur rentre dans le village, cela crée des tensions, car tout le monde veut être au-devant des choses. C'est une attitude que je ne comprends toujours pas. Mais quelque temps après, cette effervescence retombe et les problèmes refont surface »*. (**KMN3**).

Après les réunions avec le partenaire ou ses représentants, les populations restent plus longtemps pour rediscuter des termes du partenariat et c'est en ce moment que les conflits de positionnement sont manifestes. Les potentiels candidats à la gestion du projet affichent leur position selon leur appartenance aux organisations locales. Le courtier qui a « rabattu » le projet est courtisé par les groupements et voit sa position sociale valorisée. Les groupements se préparent pour répondre aux exigences administratives du futur intervenant et ce seront les groupes les mieux armés qui tireront parti de la nouvelle situation. L'intervenant reviendra plusieurs fois avant de confier la gestion du projet à une organisation locale ciblée. Ce dénouement calme la tension au niveau du village, mais ne règle pas pour autant la logique conflictuelle qui se traduit différemment entre les acteurs.

Des logiques d'accaparement

Nous percevons la logique d'accaparement ici comme une stratégie qui vise à contrôler la gestion de certaines ressources mises à disposition par les organismes de développement pour satisfaire des intérêts personnels ou de groupe. Dans la majeure partie des villages observés, les ressources en question sont généralement des ressources financières, mais aussi matérielles. Le processus d'accaparement peut s'étendre aussi à des structures telles que des bâtiments. Ce qui est recherché par les acteurs c'est mettre la main sur la gestion des flux financiers principalement, sur les moyens d'exploitation des infrastructures réalisées (garder les clés des salles polyvalentes par exemple).

Cette logique intervient lorsque le projet est réalisé pour le village. Des individus ou des groupes stratégiques se disputent la gestion des ressources. On peut voir cette situation dans deux cas que nous allons présenter.

Le premier cas concerne un groupement de femmes du village de Ngoumsane. Elles avaient obtenu un financement d'un partenaire pour réaliser des activités génératrices de revenus. Elles ont décidé d'acheter des plateaux et chaises à louer lors de cérémonies comme des mariages, enterrements, dans le village ou les villages environnants. Une fois réalisée, une des membres du groupement s'est proposé de garder le matériel chez elle, ce que la présidente n'a pas accepté, proposant de les stocker dans la salle polyvalente. Face à ce refus, elle a convoqué une réunion pour dénoncer la toute-puissance de la présidente qui décide de tout, qui veut tout gérer ne laissant que peu de place aux autres alors qu'elles cotisent et participent aux activités autant qu'elle. Avant de mettre en avant le fait qu'elle a beaucoup d'espace chez elle pour garder le matériel du groupement, le fait aussi que la salle polyvalente n'est pas destinée à stocker du matériel. Elle a obtenu gain de cause et s'est vue confier les chaises et les plateaux.

Seulement, elle savait qu'en gardant le matériel chez elle, elle assurerait en même temps la gestion des locations et donc de l'argent généré. Après des mois de gestion, l'inventaire des locations effectuées a fait ressortir un manque à gagner de plus de 50.000 FCFA (environ 77 euros). En effet, elle ne déclarait pas les sommes réelles dans le cas de gestion et se permettait aussi de louer du matériel à l'insu de tout le monde et cet argent n'avait pas été reporté sur le cahier. La réunion d'inventaire a donné lieu à des insultes, critiques de tout genre avant de lui retirer la gestion du matériel. Ce cas est révélateur de l'ambition personnelle d'un acteur visant à accaparer les ressources que génère un bien commun dont les retombées doivent bénéficier à l'ensemble des membres du groupement, des familles des membres.

Le second cas a été observé à Keur Mor Ndiaye. D'après les propos de l'imam du village, après la réalisation du forage, un groupe de jeunes maraichers s'est constitué pour proposer leur service pour former le comité de gestion du forage. Ce comité s'occupe du groupe électrogène, des clés du local, d'actionner la motopompe, de recouvrir les paiements des usagers, de faire les achats de carburant entre autres tâches. Une fois le comité installé, tout a fonctionné normalement pendant plus de six mois. Ils ont commencé à arroser leurs plantations sans payer l'eau utilisée contrairement aux autres agriculteurs et éleveurs (ce qui maximise les bénéfices réalisés à la vente des produits), ils utilisaient le carburant de la motopompe pour leurs motos, l'un se servait du groupe électrogène pour un usage domestique. C'est la panne du groupe électrogène et face aux difficultés à le réparer qu'une réunion a été convoquée pour éclaircir la situation du forage. Le bilan que le comité a présenté à la population présentait des pertes énormes, ce qui faisait état d'une utilisation frauduleuse de l'argent généré par le forage. Certains versements n'ont jamais été faits sur le compte ouvert à cet effet. Ils ont été mis à l'écart et sommés par l'intervenant de rembourser les sommes dues sous peine d'une saisie du bétail et des plantations.

Ces deux cas de figure témoignent de situation que redoutent certains intervenants qui souvent préfèrent assurer la gestion des infrastructures réalisées plutôt que de la confier aux populations même si l'idée d'une appropriation est mise en avant : « *nous assurons le suivi de la gestion en créant des comités de gestion selon le type d'infrastructures. On a connu des mésaventures nébuleuses tendant à s'octroyer un bien public ou commun, c'est pourquoi on est assez rigide sur ce plan (ton de fermeté). Je vous ai parlé du forage de Fandène et de sa gestion, ce n'est qu'un exemple parmi tant d'autres* ». (**Organisation catholique**).

Ils présentent aussi comment les ressources du développement peuvent être des enjeux de lutte entre acteurs et de véritables freins à la construction de l'action collective.

Des logiques de détournement

La logique de détournement peut être comprise comme une stratégie visant à utiliser les ressources et/ou les objectifs d'un projet d'une manière différente des raisons pour lesquelles ils ont été mis à disposition par un intervenant. Dans les différents villages étudiés, cette logique se décline doublement avec des stratégies visant les ressources du projet, et d'autres visant les objectifs du projet.

En effet, le détournement de ressources semble concerner tous les acteurs impliqués dans les relations de développement, de l'agriculteur à l'agent de développement travaillant dans un organisme d'aide, en passant par le courtier et autres acteurs d'intermédiation.

Ce sont souvent les détournements de deniers qui sont plus répandus dans la zone avec des pratiques de ponction sur les fonds alloués à la population. Certains agents ou courtiers expliquent à la population que cela est normal, que c'est une prime que nous appellerons « prime de rabattement », pour avoir réalisé la médiation et obtenu du financement. En légitimant cette pratique auprès de la population, ils tentent d'éviter la dénonciation. D'autres reviennent simplement dire à la population que le financement risque de tarder ou qu'il a été refusé par le bailleur ; mais qu'ils feront tout pour leur trouver un autre bailleur dans les meilleurs délais. C'est plus tard que la population se rendra compte du forfait.

Le détournement d'objectif est très peu constaté dans les villages enquêtés. Il se manifeste lorsque la population souhaite réaliser un projet prioritaire, mais que cette priorité n'en est pas une pour l'organisme de développement qui décide de dérouler son programme. Devant l'opportunité financière ou matérielle, les populations s'entendent pour accepter l'intervention, mais proposent d'en assurer la gestion. Une fois le projet financé et exécuté, elles utilisent l'opportunité qu'il représente pour satisfaire leurs objectifs initialement prévus. C'est le cas à Keur Mor Ndiaye, où l'un des groupements de femmes avait reçu le financement d'une boutique communautaire dont les retombées devaient servir à rembourser le prêt et assurer aux familles adhérentes un revenu trimestriel. « *Le village avait auparavant demandé le financement d'un car pour le transport des femmes et des produits dans le centre urbain de Thiès évitant ainsi le coût très cher des navettes, mais aucun intervenant ne voulait réaliser ce projet. Nous avons après, obtenu le financement d'une boutique communautaire. Nous avons saisi l'occasion pour utiliser les bénéfices pour acheter ce car et prendre un de nos fils pour transporter les femmes et nos produits. Depuis, cette question semble résolue* » (**KMN3**).

En réalité, la population avait sollicité auprès des intervenants l'achat d'un car pour le transport des femmes et des produits dans le centre urbain de Thiès évitant ainsi le coût très cher des navettes. Face aux refus, elles ont saisi l'opportunité de la boutique communautaire pour satisfaire ce besoin, elles ont utilisé la partie des bénéfices qui devaient revenir aux familles pour acheter un minicar et embaucher un jeune du village. Deux navettes sont organisées par jour, le matin à 6 h 30 pour un retour à 10 h au village et le soir à 17 h pour un retour à 19 h 30 au village, servant au passage à récupérer les apprentis et les élèves de collèges et lycées travaillant en ville. L'autre partie de la journée, le car circule en ville et permet de réaliser des bénéfices pour le carburant, son entretien et couvrir une partie du salaire du chauffeur.

Ceci est un modèle réussi de détournement d'objectifs d'un projet. À notre avis, cette stratégie relève de la résistance des populations face à l'interventionnisme extérieur en déplaçant le curseur vers les initiatives réellement prioritaires et exprimées par les populations et non vers le déroulement d'un programme préétabli par l'intervenant. Elle démontre aussi les capacités des populations à traduire leurs problèmes en solutions, à s'organiser de manière autonome pour construire une action collective bénéfique à l'ensemble de la collectivité. Ce fait interroge la place des organismes d'aide au développement dans le système d'action local dans lequel ils continuent toujours d'occuper un rôle central et moteur.

Des logiques de « neutralisation »

Souvent constatée chez les courtiers et très peu vue dans le territoire de Fandène, la logique de neutralisation se définit par une stratégie qui vise à annihiler l'action locale lorsque l'acteur-médiateur n'y trouve pas son compte et que cela ne lui profite pas personnellement. Il utilise le projet qu'il a démarché auprès des organismes d'aide en portant une doléance des populations locales, pour renégocier sa place dans l'échiquier politique local. Il cherche ainsi à maximiser sa position et à accroître les profits qu'il peut tirer d'une éventuelle revalorisation de son statut auprès des organisations locales et d'une officialisation de son rôle de médiateur auprès des organismes d'aide. Si ses attentes ne sont pas satisfaites, il peut bloquer le projet ou le proposer à un autre territoire.

Par ailleurs, le courtier local peut simplement espérer la reconnaissance populaire pour son investissement personnel dans le développement de la collectivité.

On note aussi cette stratégie dans les relations entre organisations locales, lorsque des acteurs locaux décident de créer une structure dans le but de neutraliser l'action d'une structure concurrente. Elle apparaît après l'échec d'une stratégie d'accaparement et vise à saboter les actions entreprises par l'organisation locale en question par des tentatives de discréditation auprès des intervenants extérieurs, par une communication visant à décourager l'adhésion de la population, par des tentatives d'isolements des acteurs dirigeants. Autant de pratiques visant à annuler ou rendre inopérant l'action locale lorsque les intérêts d'un groupe stratégique ne sont pas pris en compte.

Des logiques de « bénéficiaire assisté »[384]

La logique de bénéficiaire assisté peut être définie comme la stratégie propre aux acteurs de la population locale qui visent à maximiser les opportunités des projets en légitimant que ces ressources mises à leur disposition leur soient dues. C'est lorsque les bénéficiaires (terme que nous utilisons qu'à des fins de compréhension) ultimes des projets considèrent que toutes les aides, les prêts, les dons de matériels médicaux relèvent de la solidarité internationale et sont normaux au vu de leur situation de pauvreté et au passé qui les lie avec les donateurs occidentaux.

Cette stratégie se manifeste par des refus de remboursement de prêts, de retour de matériel agricole prêté, de refus d'avancer une contrepartie au financement d'une infrastructure, etc. La présidente de la Maison Familiale Rurale témoigne de ces faits : « *tu sais quand tu creuses un puits hors bas-fond, tu peux faire du maraichage en toute saison,*

---

[384] Nous préférons le terme de bénéficiaire-assisté à celui d'« assistancialisme » d'Olivier De Sardan car ce dernier ne permet pas à notre avis de segmenter l'acteur ciblé ou les situations dans lesquelles on peut voir cette logique.

et quand tu cultives, c'est ta conscience qui doit te dire que tu as eu quelque chose, que tu te dois de rembourser pour que d'autres puissent en bénéficier en retour. Mais en retour, tu déclares être en faillite, avoir eu des sinistres tout le temps pour ne pas payer. (...) ils mettent en avant des arguments tels que les choses n'ont pas marché, je n'ai pas pu vendre, etc. Voilà, on rencontre ces genres de problèmes liés au remboursement des financements. On a financé des charrettes aussi pour leur permettre de sortir les produits et les vendre dans les marchés extérieurs, en fonction des potentialités du milieu comme la mangue, les produits du rônier. On a financé aussi un fonds de crédit surtout pour les femmes afin qu'elles puissent faire du commerce, acheter les produits locaux et les revendre à Thiès ou à Dakar, exactement comme le font les "bana-bana" qui viennent chercher ces mêmes produits, comme ça les bénéfices, la téranga restent au village. Mais le problème c'est que tout ce que tu amènes, ils le consomment volontiers et ne savent pas rembourser [déception] ». (**MFR**).

Dans les situations observées, il s'agit d'une logique de profit dans les relations de développement et aussi d'une forme de résistance face à l'action extérieure. La plupart des populations ne demandent pas à bénéficier d'aide et ne se gênent pas alors à utiliser l'aide de manière à montrer à l'intervenant leur désintérêt pour les actions entreprises. Car sans cette aide aussi, elles se débrouillent tant bien que mal pour joindre les deux bouts.

Cette banalisation de l'aide extérieure peut entrainer d'autres formes de logiques pouvant peser sur la portée des interventions de développement.

Des logiques de cumul et de prédation des ressources

La logique de cumul et de prédation des ressources du développement peut se définir comme une stratégie visant à multiplier les sources d'opportunités provenant de tous les intervenants que l'acteur accumule. Elle est corrélée à la stratégie qui vise à considérer les prêts consentis par les groupements, les prêts de matériel comme des subventions accordées par les intervenants extérieurs. À la différence de la logique du « bénéficiaire assisté » qui normalise l'aide apportée et la justifie par sa situation de pauvreté, ici l'acteur a conscience que ces prêts relèvent d'un engagement contractuel tacite avec l'intervenant, mais décide une fois les financements accordés, le matériel mis à disposition, de les requalifier en subvention. Il se déresponsabilise de la gestion collective et se soustrait de l'engagement de rendre. Ce cas est arrivé à un intervenant extérieur qui avait lancé un programme d'élevage de moutons. L'idée était de recevoir 3 moutons par éleveur intéressé, de les faire reproduire et de rendre 2 moutons pour que d'autres éleveurs puissent en bénéficier. L'intervenant se chargeait de construire les enclos, d'apporter l'aliment, d'assurer le suivi médical et de réaliser des formations pour les éleveurs. Ces derniers en contrepartie s'engageaient à bien gérer le bétail et à faire suivre la chaîne du programme.

Lors d'une visite dans un des villages du programme, nous avons rencontré l'agente de terrain (une femme) qui semblait déçue du constat : beaucoup d'éleveurs refusent de rendre, revendent les agneaux, certains ne s'occupant pas du bétail, sans doute du fait que le programme ne leur bénéficie pas totalement. Ils savent qu'il ne s'agit pas d'un don et pour décourager l'intervenant qui pourrait finir par abandonner le bétail entre leurs mains, ils multipliaient les déclarations de mort du bétail, critiquaient la « race » choisie qui ne serait pas adaptée au milieu, etc. Ce genre de pratique n'est pas nouveau dans ces secteurs d'activités et les populations ont développé des tactiques et combines pour toujours réussir à berner les intervenants extérieurs. On a affaire à un acteur stratégique qui déroule des dispositions sociales acquises pour accroître sa position sociale, pour profiter des ressources que proposent les organismes d'aide au développement. Opportunistes, les populations locales passent de projet en projet pour maximiser les rendements, imposant de fait aux intervenants extérieurs une concurrence qui leur profiterait en retour. Cette pratique est nocive pour le développement local selon la présidente de la Maison Familiale Rurale.

Elle représente à notre avis une adaptation des populations locales face au manque de coordination des actions de développement proposées par des organismes extérieurs soucieux d'acquérir de nouveaux territoires d'intervention. Face au manque de concertation autour de l'action locale, les populations construisent des stratégies pour tirer le maximum de profits des projets proposés en sélectionnant, détournant. Ce qui renforce deux des conclusions de Jean-Pierre Olivier de Sardan à cet effet et qu'il convient peut-être de discuter :

- *« Toute innovation réussie (adoptée) est le produit d'une négociation invisible et d'un compromis de fait entre les divers groupes d'opérateurs de développement et les divers groupes d'agents sociaux locaux, et non le signe d'un triomphe de la logique technico-scientifique et économique des concepteurs.*
- *Tout projet subit une "dérive", c'est-à-dire un écart entre ce qui est prévu et ce qui se passe, qui est la manifestation de son "appropriation" par les acteurs concernés* »[385].

Loin d'être exhaustifs dans l'énumération des diverses logiques d'acteurs présentes dans les relations sociales construites autour de l'idéal-type du projet de développement qui nous sert de point d'ancrage, nous pouvons d'ores et déjà avancer que les interactions sociales dans le contexte observé contribuent à façonner les opérations de développement. Véritables constructions sociales, ces opérations mettent aux prises différents acteurs sociaux, individuels comme collectifs, poursuivant des objectifs différents, tournés vers la collectivité ou la défense d'intérêts personnels diffus. Nous voulons aussi préciser que ces différentes logiques ne sont pas des types finis et unifiés dans un acteur en particulier. Ce dernier peut se retrouver avec plusieurs de ces dispositions et choisir d'en déployer une en fonction de la situation et de l'interaction. Ceci nous renvoie à la conception de Bernard Lahire sur la pluralité des logiques de l'acteur. Il avance l'hypothèse de « *l'incorporation, par chaque acteur, d'une multiplicité de schèmes d'action ou d'habitudes. Ce stock de modèles, plus ou moins étendu selon les personnes, s'organise en répertoires, que l'individu activera en fonction de la situation* »[386].

À la différence de Jean-Pierre Olivier de Sardan, nous pensons que les dérives que subissent les projets de développement ne sont pas seulement la manifestation d'une appropriation différenciée par les acteurs concernés, ce qui est déjà admis ; mais sont aussi les résultats des différentes formes de relations sociales construites et des différentes logiques et stratégies qui s'y déploient. L'acteur jouit certes d'une relative liberté d'action, mais reste contraint par les flux de

---

385 Olivier De Sardan J-P., 1995, *op.cit.* p. 140

386 Lahire B., *L'Homme pluriel. Les ressorts de l'action,* Nathan, « Essais et Recherches », 1998.

représentations et par les effets des structures sociales qui influent sur ses relations avec les autres.

Les logiques et stratégies qu'il met en avant sont autant de signaux envoyés aux autres acteurs et qui structurent la relation construite dans l'arène locale. Le jeu de ces relations reconfigure l'arène locale, d'un projet à un autre, et place l'acteur au cœur du processus de transformation du système d'action local. Tantôt, le fruit de la relation profite à la collectivité, tantôt il est instrumentalisé pour satisfaire des besoins personnels de profits et de position sociale. En déconstruisant le processus de développement par les relations sociales qu'il permet de mettre en avant, nous rompons avec une vision globalisante et simpliste du développement, comme si tout allait de soi, pour épouser une vision constructiviste, complexe de ce dernier. L'ordre négocié est le fruit d'interactions manifestes au niveau micro, territorial entre des paysans, leurs organisations, des courtiers, des agents de développement, des organismes d'aide, des bailleurs de fonds, des cultures, des perceptions, des représentations de tout ordre qui doivent s'entrecroiser, s'entremêler, s'imbriquer pour participer à la construction du « bien-vivre » collectif.

Les dérives constatées dans ce processus sont aussi la manifestation d'un système d'action local très peu construit en rapport avec les dynamiques propres du territoire de Fandène et dont la mobilisation est encore provoquée de l'extérieur. Fandène se limite ainsi à un simple réceptacle d'actions imaginées de l'extérieur au lieu d'être le lieu d'éclosion de la créativité, de l'inventivité des acteurs locaux, valorisées et promues avec l'aide des organismes extérieurs. Autant de dérives qu'il convient de rendre visibles pour permettre de repenser l'articulation des acteurs dans le territoire de Fandène, tout en déconstruisant ce que nous convenons d'appeler désormais « l'industrie du développement ». La recherche du profit, surtout personnel, et la quête d'un statut social restent au cœur des logiques sous-jacentes et implicites des relations d'interface. La situation des populations servant toujours de leitmotiv officiel pour des pratiques officieuses tournées vers l'individu et ses intérêts ; même si beaucoup d'actions de développement échappent à cette critique. Il faut aussi ajouter que certaines de ces logiques sont transversales et peuvent se retrouver aussi bien chez les populations que dans les structures intervenantes, comme le détournement par exemple. Fort de ces constats sur le terrain de Fandène, nous allons exposer quelques pistes de réflexions théoriques et d'appui à la pratique en contexte africain. Puisque la relation est au cœur des dispositifs de développement, il nous parait pertinent de proposer une autre manière de construire les partenariats par le primat de la structure locale tout en laissant une place à l'initiative individuelle et tout en s'ouvrant à l'environnement extérieur, même s'il peut représenter une menace à l'heure de la mondialisation.

2. La redéfinition du cadre partenarial local : Perspectives théoriques pour les pays en voie de développement

L'entrée par le développement et par le projet comme cadre d'interaction et de construction d'une action collective a permis de voir au plus près des opérations de développement comment les relations sociales se structurent et influencent le cours des actions entreprises. À cet effet, le système d'action local repose sur un cadre partenarial qu'il est intéressant de réinterroger à la lumière des logiques et stratégies d'acteurs mises en évidence par le terrain de Fandène.

Les acteurs de développement, dans leur très grande diversité, s'inscrivent dans cette logique de partenariat pour construire des projets à visée communautaire pour les territoires qu'ils choisissent de développer. Ils échangent du savoir, de la connaissance, des expériences, des représentations, mais aussi entretiennent des relations de pouvoir, caractéristiques de l'arène locale que constitue le champ des initiatives de développement local. Nous pouvons noter, à l'image de la segmentation théorique des acteurs, deux formes de cadre de partenariat que les projets de développement permettent de constater. Dans un premier temps, nous mettons en avant une structuration interne du territoire avec le rôle central de l'autorité publique locale et avec les différentes formes d'organisations créées pour répondre à un besoin d'action collective en faveur du bien-être collectif. Nous mettons en exergue dans un second temps, une structuration externe concernant les relations du territoire avec son environnement immédiat constitué des organismes d'aide au développement.

Loin de sacrifier à une catégorisation binaire de ces deux systèmes partenariaux, nous pouvons conjecturer, sous forme d'essai, à un dépassement de cette polarisation par l'émergence d'une nouvelle forme hybride matérialisée par l'hypothèse d'un territoire de développement. Espace imaginaire, ce type de territoire serait une forme éphémère construite à l'émergence d'initiatives de développement formant projet et mobilisant les différents acteurs classiques du développement. Cet espace a la particularité d'être construit exclusivement pour le projet de développement qui permet aux différents mondes de communiquer et d'entrer en interaction. Sa structuration tient compte des appartenances des différents acteurs qui choisissent d'y transposer un certain nombre de leurs relations primaires. Ces différents cadres partenariaux fonctionnent de manière interdépendante et favorisent l'émergence d'un principe d'agencement par des normes de régulations et des organes de régulation légitimes et légaux. C'est le rôle de l'autorité publique locale dans le territoire de Fandène, mais aussi des organisations locales, rôle qu'il convient de discuter.

2.1. La revalorisation du rôle du pouvoir politique local

S'il y a un acteur dans le système d'action local du territoire de Fandène qui semble « dépassé » par la dynamique locale, c'est bien le Conseil communal. Méprisé par certains acteurs locaux, ignorés généralement par les intervenants extérieurs, en retrait sur les questions de changement, le Conseil communal de Fandène est loin de répondre aux attentes d'un acteur de planification et d'organisation du développement local. Avec un plan de développement réalisé pour la période 2002 - 2006 et qui n'a toujours pas été actualisé, malgré le changement de statut et d'équipe, le développement local à Fandène est confié aux organisations locales et à la bonne volonté des organismes d'aide. Sur le terrain, les actions réalisées par ces derniers, tiennent très peu ou pas compte des conclusions de ce plan local. À l'image d'un acteur privé de développement, nous considérons que le Conseil communal de Fandène, en tant qu'organe de gestion et de planification du développement local, ne remplit pas entièrement cette fonction. Dans les différents entretiens réalisés dans les différents villages, à la question concernant les partenaires au développement, les populations ne retiennent pas le Conseil communal. Dans l'imaginaire local, le Conseil communal n'est pas en mesure d'apporter une solution à leurs problèmes quotidiens, ce qui les pousse à se tourner vers d'autres partenariats. Ceci pour plusieurs raisons évoquées plus haut.

D'abord, la gouvernance locale organisée autour des politiques de décentralisation ne permet pas jusqu'ici de rendre autonomes les collectivités locales. Ces dernières, malgré la délégation de neuf domaines de compétences restent tributaires de l'appui technique de l'État et de ses services déconcentrés. Des formations sont organisées en faveur des élus locaux, mais ne suffisent pas pour impulser une dynamique de programmation et de planification locale. Ensuite, la collectivité locale de Fandène manque de ressources financières pour tenter de mener une démarche autonome de construction du développement local du territoire. Face à cela, et sans l'appui conséquent de l'État, elle se déresponsabilise de ce rôle de planificateur pour laisser la place aux organismes extérieurs. Ce manque de crédibilité et légitimité économique et stratégique fausse le processus de négociation avec les acteurs extérieurs, la poussant à ouvrir son territoire sans contrôle des actions entreprises. Enfin, la ressource humaine au sein de l'équipe dirigeante fait défaut. La logique du clientélisme politique empêche le recrutement d'agents qualifiés et favorise surtout l'arrivisme et la confiscation de postes importants dans la gestion du territoire. Il s'agit d'une institution qui ne jouit pas d'une structure capable d'assumer sa mission d'acteur de développement en charge de la construction et du contrôle du système d'action local.

Ces différentes insuffisances agissent directement sur le processus de construction du développement local, car les relations sociales restent non coordonnées et non régulées par l'autorité publique locale. Ceci renvoie à la question de la gouvernance des territoires et de l'articulation des acteurs dans la dynamique des projets. Cette quête de synergie est soulevée par beaucoup d'acteurs interrogés qui pointent cette situation comme l'un des problèmes majeurs du développement de Fandène.

L'approche de l'organisme catholique, au-delà de l'idéalisation qu'elle se fait du système d'action local, pose les bases d'une réflexion allant dans le sens de repenser la configuration locale du territoire.

Cette configuration locale s'articule autour du Conseil rural dans le cas de Fandène qui décline le plan de développement du territoire. Il veille à son exécution et à la cohérence de la mise en œuvre. Il se donne les moyens de sa réalisation par la mobilisation de ressources propres au territoire, mais aussi par la capacité à intégrer des ressources extérieures. Les ressources propres au territoire concernent l'aspect financier, mais aussi l'aspect humain par les différentes organisations paysannes créées dans le but d'animer la dynamique sociale locale et de contribuer au développement des localités. L'idée d'un renforcement du rôle de l'autorité locale répond à un besoin de régulation du système d'action local, régulation qui fait défaut aux relations sociales construites autour des initiatives de développement à Fandène. Pour Fabienne Leloup, « *la dynamique des régulations concerne la production, l'adaptation de règles, institutions, normes qui coordonnent les acteurs et activités de développement. Comme ces acteurs et leurs activités sont multiples à l'échelle d'un territoire et comme l'espace structuré n'est plus homogène, des règles diverses en termes administratifs et juridiques se superposent. Les normes et règles sont négociées et résultent d'une adaptation des structures historiques préexistantes et des dynamiques amenées par le développement local* »[387].

Un territoire régulé permet d'offrir plus de lisibilité aux actions de développement, de coordonner les acteurs et de rendre opérationnelle une logique de gouvernance locale. Cette dernière s'adosse nécessairement sur les acteurs des territoires concernés par les actions de développement comme les organisations des populations locales.

2.2. L'autonomie des populations locales et de leurs organisations

En plus de la réhabilitation du pouvoir local à travers l'institution du Conseil rural, la cohérence interne nécessite de s'appuyer sur des organisations paysannes autonomes et dynamiques. Comme vu dans les sections précédentes, dans le territoire de Fandène, des organisations sont créées avec le soutien des organismes extérieurs ou avec l'impulsion des populations elles-mêmes. Ces organisations jouent actuellement un rôle important dans la structuration du système d'action local. Les multiples relations tissées entre elles et

---

[387] Leloup F., 2010, *op. cit.* p. 695.

entre les organismes extérieurs pour construire le développement local constituent des signes de cette dynamique. Cependant, d'après les logiques d'action identifiées, leur prolifération dans les villages étudiés, répond à une stratégie d'instrumentalisation et de détournement de leurs fonctions, réduites à de simples outils de partenariat pour justifier des objectifs personnels ou de groupe. Les interventions de développement en font une condition tacite de financement et de réalisation de projets. Les populations en font des champs de lutte politique pour la gestion du pouvoir et des ressources qu'elles permettent de capter. Les conflits et dérives qu'elles engendrent annihilent les efforts consentis pour tendre à la construction du bien-être local. À ce titre il semble intéressant de repenser leur position dans l'échiquier local de manière à favoriser une coordination horizontale des relations sociales. Le modèle des Comités villageois de Développement (CVD) [388] semblait trouver une solution à cette question, mais faudrait-il qu'il s'impose comme la forme de gouvernance locale reconnue par les autorités publiques et les intervenants extérieurs ?

Ce modèle constitue à bien des égards une source d'inspiration pour la structuration du territoire de Fandène. Il permet de faire émerger un acteur collectif représentant le village, doté d'un plan de développement réalisé exclusivement par les populations locales. Avec cet outil, le CVD peut entreprendre de démarcher des organismes extérieurs partenaires ainsi que le Conseil rural pour le financement, l'accompagnement technique de ce plan d'action. Les interventions de ces partenaires s'intègreront dans la cohérence du projet local réalisé. La promotion d'une gouvernance locale à l'échelon même du village permet de gommer beaucoup de dérives par la responsabilisation des acteurs locaux, la démocratisation des prises de décision et l'horizontalité de l'exercice du pouvoir. Loin d'être une panacée, cette approche ne supprime pas pour autant, la logique conflictuelle et l'émergence de groupes stratégiques tournés vers la satisfaction de besoins personnels à partir des ressources disponibles. En outre, le modèle CVD favoriserait, si ce n'est contraindre, une

---

388 Pour un exemple au Bénin, consulter Hounmenou, B. G., 2002, Nouveaux modes de coordination des acteurs dans le développement local : cas des zones rurales au Bénin, *Développement durable et territoires* [En ligne], Dossier 2, consulté le 26 mai 2017, disponible sur http://developpementdurable.revues.org/1094.

synergie d'action des intervenants extérieurs, point qui fait défaut dans la construction du développement local à Fandène.

2.3. L'ouverture à l'environnement institutionnel

Articulé autour de l'autorité de l'organe public local, ici le Conseil communal, et une structuration efficience des organisations locales comme le modèle des CVD ; le territoire assoit ainsi une cohérence interne présidant à la dynamique des acteurs dans le processus de transformation sociale du cadre de vie. Cette cohérence interne est un préalable pour faire de la communauté de vie un territoire défini par ses valeurs, ses normes, ses règles, son identité propre. Le caractère de territoire permet à cet effet d'ancrer les actions localement et de construire la mobilisation des acteurs locaux dans la réalisation des projets du territoire, élaborés par leurs organisations locales et défendus par l'organisation représentative (CVD). La construction d'un système d'action local se nourrit en partie de cette structuration locale interne, mais intègre des dimensions exogènes à l'heure où les initiatives de développement sont accompagnées, imposées par les organismes extérieurs.

L'environnement extérieur, immédiat ou lointain, joue un rôle capital dans la définition des initiatives de développement, rôle que doivent intégrer les territoires. L'approche systémique oblige dans ce cas présent à tenir compte, à valoriser l'environnement du système d'action local et à contextualiser les relations sociales tout en analysant les effets feedback ; à construire des « *boucles explicatives* »[389] entre les initiatives des acteurs et les cadres sociaux. En effet, dans la recherche de partenaires pour concrétiser le plan de développement, le territoire, devenu système par sa cohérence interne, s'ouvre à d'autres territoires systèmes, à des institutions de développement, publiques comme privées, autres systèmes, avec lesquels il doit composer et accentuer la teneur des relations sociales construites. La gestion de cette imbrication systémique devient une tâche nouvelle et complexe pour les organisations locales ainsi que pour l'autorité publique locale.

[389] Gaudin, J-P., 2001, L'acteur. Une notion en question dans les sciences sociales, *Revue européenne des sciences sociales* [En ligne], consulté le 20 décembre 2017 sur http://journals.openedition.org/ress/641.

Cette gouvernance externe est le lieu de rencontres, d'échanges, de conflits de tout genre dont la principale finalité est de participer à l'effort de développement impulsé par les populations locales. Les systèmes externes sont ainsi considérés comme des outils à la disposition des populations et de leurs organisations. Ces systèmes n'ont pas vocation à construire le développement, ils disposent de réseaux pour faciliter l'accès à des ressources qu'ils mettent à la disposition des populations suivant des relations régulées explicitement et tournées vers la satisfaction des demandes formulées par la population. Cette démarche limite l'ingérence des organismes intervenants dans les territoires et freine la construction extérieure du développement dont les effets sont encore plus dévastateurs que les problèmes qui les justifient. Par ailleurs, cette démarche favorise une cohérence externe des organismes de développement de Fandène organisés souvent dans des ensembles comme le FONGS, la CONGAD. La synergie de ces acteurs, tant demandée par les acteurs eux-mêmes pourrait être une réalité. L'opacité de l'aide pourrait prendre fin par la promotion d'une traçabilité des sources de l'aide, une coordination locale des projets disponibles et meilleure fluidité du déploiement des ressources en termes de formation, appui technique, financement, etc.

À la lumière de ces deux niveaux de coordination et de cohérence, le système d'action local est construit autour des acteurs mobilisés pour matérialiser les initiatives de développement dans l'objectif de participer à la structuration du territoire. Il est à rappeler que le système d'action local n'est ni exclusivement le système local, ni exclusivement l'ensemble des systèmes extérieurs intervenants ; mais le champ d'exercice et d'interaction de ces systèmes une fois que les différents partenaires s'engagent autour d'un projet concret. Sa réalité et sa dynamique rendent possible l'émergence d'un territoire de développement, caractéristique d'un territoire tourné vers la maitrise de la transformation sociale de ses conditions de vie.

Le système d'action local fonctionnerait à l'image d'une représentation sociale avec des éléments centraux et des éléments périphériques. Les éléments centraux concernent l'autorité publique locale et les organisations locales, forme de structures permanentes, garantissant une cohérence interne et une identité du territoire. Ils sont caractérisés par une stabilité quant à leur forme même si le contenu peut évoluer d'un moment à un autre. Les éléments périphériques sont constitués par les partenaires immédiats et leurs réseaux qui peuvent changer en permanence de forme et de contenu. L'instabilité qui les caractérise impacte très légèrement la structure des éléments centraux. Éléments centraux et éléments périphériques entretiennent une relation dialectique par des modalités de coopération, de partenariat, de contrat dans l'élaboration et la mise en œuvre des projets et programmes de développement des territoires. Cette conception vient déconstruire le modèle de la « configuration développementiste » proposé par Jean Pierre Olivier de Sardan. En effet pour lui, la « *configuration développementiste* » désigne « *cet univers largement cosmopolite d'experts, de bureaucrates, de responsables d'ONG, de chercheurs, de techniciens, de chefs de projets, d'agents de terrain, qui vivent en quelque sorte du développement des autres, et mobilisent ou gèrent à cet effet des ressources matérielles et symboliques considérables* »[390].

Cette définition exclut les populations locales et leurs organisations locales de cette configuration alors que pour nous elles en font partie intégrante. En y ajoutant les populations locales et leurs organisations dans l'analyse, « *la configuration développementiste* » ressemblerait à notre notion dynamique de territoire de développement. Olivier de Sardan voit dans la « *configuration développementiste* » l'existence même du développement du moment que des acteurs et des institutions se le donnent pour objectif, excluant ou minimisant ainsi le rôle et la place de ce qu'on serait tenté d'appeler « la configuration locale » dans le processus de changement. Car il faut bien l'admettre, le développement permet la mise en relation de la « *configuration développementiste* » et un « *milieu* » qui peut aussi être une autre forme de configuration au niveau des populations locales fonctionnant comme structure ou système et qu'il ne faut pas réduire à de simples « *réactions paysannes* ». Plus que de simples réactions, les populations locales, par le biais de leurs organisations locales, posent des actions collectives pour transformer leur milieu et aussi pour répondre aux sollicitations externes. Deux formes de configuration aux frontières souvent floues sont ainsi identifiables.

En effet, dans une vision normative du développement, on peut définir une frontière entre ce qui relève des logiques institutionnelles et ce qui appartient aux logiques populaires, mais dans l'observation

---

390 Olivier De Sardan, J-P., 1995, *op.cit.*

pratique du processus de développement, il existe un champ de rencontre où l'ordre apparent des réalités est négocié sans cesse par les différents acteurs en situation. Les frontières tendent à se dissiper dans l'action collective que constitue une opération de développement. Les acteurs en situation se réfèrent à leur origine institutionnelle ou populaire, mais sont confrontés à la réalité des nouvelles relations qui se structurent et redéfinissent le jeu de pouvoir. Par ailleurs, les contraintes de l'action collective pèsent sur chacun d'entre eux, les obligeant à tisser des relations d'alliance, de compromis, à supporter les conflits, à gérer les dérives par des procédures de négociation propres au système d'action local émergeant. C'est ce qui justifie la présence de logiques d'action et de stratégies telles que nous avons tenté d'en faire ressortir quelques-unes dans les précédentes sections.

L'approche que nous soutenons ici essaie d'aborder la question du développement en dépassant le primat de l'interventionnisme extérieur sur le milieu comme condition de transformation sociale. Elle tente de la traiter par le prisme de la mise en relation de *« mondes sociaux »*[391] dans la définition des interventions de développement par le biais d'une initiative initiée soit par les populations locales, soit par les organismes extérieurs. En acceptant l'appartenance systémique des acteurs, l'analyse dépasse les seules relations entre acteurs, mais intègre aussi les relations de leurs systèmes d'origine déterminantes dans la définition des interactions exclusives entre acteurs pris dans leur singularité. Il s'agit d'une approche récursive de l'interaction qui ne la détache pas des conditions dans lesquelles elle se produit et qui pèsent sur son déroulement ; car les mondes sociaux ainsi identifiés s'interpénètrent et s'entrecroisent tout au long du processus de développement.

L'initiative, l'action de développement, le projet, impulsé de l'extérieur ou initié de l'intérieur, seraient la condition de mobilisation des acteurs sur un territoire en pleine transformation. Il serait aussi le prétexte de rencontre entre acteurs cherchant tous à mobiliser des ressources avec des objectifs collectifs ou personnels, mais qui doivent faire ensembles, pour répondre aux exigences du projet initié. Le résultat de la mise en œuvre du projet ne dépend ni des acteurs, ni des ressources mobilisées ou disponibles, mais des relations situées

---

[391] Strauss A., 1991, *La trame de la négociation. Sociologie qualitative et interactionnisme.* Textes réunis par Isabelle Baszanger, L'Harmattan, 311p.

construites grâce au projet, et c'est à ce niveau qu'une approche socioanthropologique du développement trouve tout son sens.

2.4. Essai sur une approche centrée sur l'Intelligence territoriale stratégique

La formulation du concept d'Intelligence territoriale stratégique locale (ITS) nous est apparue au fur et à mesure de l'avancement de la recherche et des informations fournies par les enquêtes de terrain. Il regroupe plusieurs préoccupations d'ordre théorique et opératoire, mais constitue une unité d'analyse et d'action pour la compréhension des territoires. Avant d'en dire plus, il est nécessaire de décortiquer le concept global composé de concepts particuliers à résonnance théorique spécifique. Nous retiendrons ici le concept principal d'intelligence territoriale (IT). Nous retiendrons cette définition de Jean-Jacques Girardot, l'intelligence territoriale « *désigne l'ensemble des connaissances pluridisciplinaires qui améliorent la compréhension de la structure et de la dynamique des territoires* »[392].

En premier lieu, le concept d'intelligence territoriale fait appel à deux approches différentes : une approche descendante qui se définit comme la déclinaison directe, au niveau local, des principes nationaux de l'intelligence économique (IE) et une seconde approche de type ascendante qui s'articule autour de la mise en synergie des acteurs[393]. Rappelons que l'intelligence économique se définit comme « *l'ensemble des actions coordonnées de recherche, de traitement et de distribution en vue de son exploitation de l'information utile aux acteurs économiques* »[394].

Les spécialistes du domaine résument le cadre opératoire de l'IE en ce triptyque suivant : la veille pour assurer l'acquisition de l'information stratégique, la protection des informations surtout celles sensibles et le renforcement de l'influence de l'acteur. Cette différence d'approche dans la conception de l'IT est liée à la différence de vision

---

392 Bertacchini Y., Girardot J-J., Gramaccia G., juin 2006, De l'intelligence territoriale : théorie, posture, hypothèses, définition, V colloque *TIC et Territoire : Quels développements ?* Université de Franche-Comté, Besançon.

393 Pélissier M., 2008, Etude sur l'origine et les fondements de l'intelligence territoriale : l'intelligence territoriale comme une simple déclinaison de l'intelligence économique à l'échelle du territoire ? *Revue internationale d'intelligence économique*, vol 1, (2), 291-303.

394 Martre H (dir). *Intelligence économique et stratégie des entreprises*, La documentation française.

du développement des territoires. La première approche met l'accent sur les notions de compétitivité, d'attractivité et de concurrence grâce aux outils rendus disponibles par l'intelligence économique dans un objectif de performance économique des territoires. En effet, face aux enjeux actuels de gestion de l'information et à l'explosion des outils et technologies de l'information et de la communication, les stratégies de l'IE se tournent vers la sélection et le croisement d'informations facilitant la prise de décision pour les acteurs économiques des territoires et même des États. Dans un environnement économique de plus en plus concurrentiel, la maitrise et l'exploitation et la protection des flux d'informations stratégiques sont des gages de positionnement et de création de ressources pour les entreprises, PME, PMI et pour les grands groupes. Selon Roger Mongereau, « *la concurrence exacerbée donne à la maitrise de l'information pertinente, à la rapidité de réaction et au décryptage des menaces adverses une importance redoutable* »[395].

Par ailleurs, cette démarche s'est de plus en plus ouverte dans le champ public avec l'appropriation ou l'application des outils de l'IE par les territoires et les collectivités locales. C'est en ce sens que des notions comme le marketing territorial ont émergé, mais nous n'allons pas (encore) rentrer dans les détails de telles pratiques concurrentielles. Dans cette acception, l'IT est perçue comme un prolongement dans les territoires de la politique nationale d'intelligence économique ; où le territoire est conçu comme un échelon économique et un espace d'application d'une politique décentrée d'intelligence économique dont le but est de restaurer la compétitivité d'une nation par l'attractivité de ses territoires. Si la première approche de l'IT est née d'une volonté des nations de se positionner économiquement sue le champ de la géopolitique mondiale, la seconde approche est issue de l'apport de plusieurs disciplines dans le cadre des coordinations horizontales au niveau des territoires[396].

Les territoires retrouvent une nouvelle signification en ce sens qu'ils ne sont plus considérés comme de simples « *réceptacles passifs* »,[397] mais

---

[395] Mongereau R., 2006, *Intelligence économique, risques financiers et stratégie des entreprises*, Rapport du Centre d'Analyse Économique (dir.), 1994.

[396] Cf. pour plus de détails les travaux de l'Action de Coordination du Réseau Européen d'Intelligence Territoriale (CaENTI).

[397] Greffe X., 2000, *Le développement local*, Éditions de l'Aude, Datar.

comme des lieux d'éclosions de nouvelles dynamiques favorables au développement local. Dans le contexte actuel de la mondialisation, et d'articulation du local et du global, ce sont les notions d'acteurs et de territoires qui retrouvent une place dans les nouvelles approches du développement local et territorial. La proximité relationnelle est considérée à ce titre comme le véhicule de la performance économique des territoires qui s'inventent avec les acteurs les clés de leur propre développement. Évoquant l'efficacité des relations dans les nouvelles formes de gouvernance locale, Pierre Veltz affirmait que « *l'écosystème relationnel est devenu le facteur clé de performance* »[398] des territoires et des acteurs locaux.

Le territoire produit des relations sociales et offre un cadre réglementaire à leur évolution. L'intelligence territoriale permet ainsi la création, le développement et la protection de ce tissu relationnel et fait du territoire « *un espace de valorisation de ressources construites selon une logique endogène et favorise le partage de l'information selon une logique coopérative* »[399]. En outre, il est un espace de relations sociales construites et un système ouvert au monde en valorisant sa cohérence interne. Il crée un effet de proximité sur tous les plans et favorise l'émergence d'un sentiment d'appartenance nécessaire pour co-construire des projets et des initiatives communes. Cette dimension sociale de la proximité est essentielle pour que les acteurs locaux, aussi divers qu'ils puissent être, ancrent leurs actions dans l'imaginaire du territoire, s'approprient collectivement ses ressources et s'inscrivent dans une démarche de partage et de transfert de ressources informationnelles et de compétences. L'IT devient à ce titre une stratégie de développement local s'appuyant sur des projets locaux suivant des modalités de coordination et de gouvernance territoriales dans un souci de préserver le « bien-être » des populations.

C'est cette nouvelle dimension prise par les territoires locaux qui pousse Claude Courlet à les définir en ces termes : « *… le territoire, loin d'être un domaine de repli, est appelé à être un espace de relations et*

---

[398] Veltz P., 2002, *Des lieux et des liens, politiques du territoire à l'heure de la mondialisation*, Paris, Edition de l'Aube

[399] Pélissier M., Pybourdin I., 2009, L'intelligence territoriale : Entre structuration de réseau et dynamique de communication, *Les Cahiers du numérique*, vol. 5, (4), 93-109, disponible sur http://www.cairn.info/revue-les-cahiers-du-numerique-2009-4-page-93.htm.

d'ouverture instituant sa cohérence propre et son lien avec le monde. L'effet de proximité (cognitive, institutionnelle, organisationnelle) qui caractérise le territoire aide à créer la confiance et concourt à la visibilité des enjeux, des initiatives et des porteurs (...) Lieu de ressources humaines, il devient donc un site privilégié de constitution du capital social. Par-là, il sera la base de la gouvernance de demain »[400].

Au regard de ces deux approches divergentes de l'IT, il nous semble essentiel de s'inscrire dans la tradition de l'IT, mais aussi de dépasser cette dichotomie par une approche qui tente d'intégrer les contraintes institutionnelles et les stratégies des acteurs dans une dynamique globale de construction du développement des territoires. C'est dans cette perspective que nous avons proposé l'approche de l'ITS.

Dans le contexte africain de relecture des politiques de décentralisation et de promotion du développement local, la question de l'articulation des acteurs dans un territoire déterminé devant répondre aux exigences du développement économique du pays se pose avec acuité. L'approche que nous mettons en place ici s'inscrit dans une logique dialectique d'étude et d'analyse des processus de transformation sociale des territoires en intégrant aussi bien la dimension institutionnelle de la résonnance des projets que la dimension locale de leur élaboration. Elle cherche à mettre en avant la place de l'humain au centre des enjeux économiques des territoires en recentrant l'analyse sur ce qui fait lien et moins sur la finalité de ces liens. Les propriétés structurales du territoire en tant que système complexe ne permettent pas toujours de saisir la logique des liens et leur influence dans les actions et initiatives locales. Les territoires restent des maillons administratifs des États, mais ils sont de plus en plus ouverts à la dynamique des échanges et des partenariats que la mondialisation permet de concrétiser.

L'objectif qui détermine cette approche est la mise à disposition d'informations pertinentes à différents échelons (local, régional, national, international) en faveur des acteurs locaux inscrits dans une

---

[400] Courlet C., 2003, Conduites du développement des territoires. Processus continu de créativité des territoires ; le travail sur les enjeux, les outils ; comment mieux penser le développement territorial ? Table ronde Bucourt F., Courlet C., Garofoli, G., Pecqueur B., Perrot B., *colloque Territoire-Acteur et Mondialisation*, Chambéry, 29 octobre.

dynamique collective de construction du développement du territoire. L'information disponible sert à renforcer la définition de stratégies d'actions pour chaque acteur tout en harmonisant ou en veillant à la coordination des relations sociales entre acteurs. La finalité de l'approche est d'induire le rayonnement qualitatif du pays à partir de la gouvernance stratégique de chaque territoire. Cette gouvernance territoriale met exclusivement l'accent sur les facteurs de liens, d'interactions entre les divers acteurs et privilégie l'initiative endogène, la créativité endogène. Cette action passe par la définition d'un système d'action local en perpétuelle mutation et dont l'ITS permet de comprendre les modalités de production, de changement et d'évolution. L'ITS comporte à cet effet deux dimensions qui se fonctionnent de manière dialectique : une dimension théorique et une dimension opératoire.

L'approche par l'ITS comporte une dimension théorique en ce sens qu'elle peut constituer un modèle d'analyse des territoires en mutations. Elle permettra de penser le système d'action local par une modélisation théorique pluridisciplinaire à partir du jeu d'interactions locales entre les différents acteurs en situation. Partir de l'action comme entrée et des interactions entre acteurs qu'elle génère pour induire les motifs et modalités de liens et aussi pour comprendre les logiques et stratégies des acteurs mobilisés dans le territoire. L'analyse permettra d'identifier des systèmes stratégiques en négociation pour la mise en œuvre de l'action collective en vertu de laquelle ils interagissent. Le but est de ressortir une connaissance fine des territoires africains en particulier concernés essentiellement par des opérations relevant de ce que l'on peut appeler le développement, sociétés inscrites dans une dynamique de transformation sociale. Mais à l'heure de la mondialisation des problématiques de lutte contre la pauvreté, cette approche s'élargit dans son application à tout territoire en mutation qui connait des processus de changement impliquant la mobilisation d'acteurs et de ressources.

Par ailleurs, c'est une approche qui permettra dans l'analyse d'observer les influences du local et du global dans les logiques d'interaction et d'analyser leur articulation dans la production du système d'action local. Elle se fonde sur une vision systémique du territoire avec une prise en compte des dimensions du conflit, de la négociation, du partenariat et de la solidarité et de l'intégration. Dans cette perspective, l'acteur est pris dans sa situation, il n'est pas détaché du système d'action dans lequel il s'est inscrit, même si sa singularité anthropologique est mise en avant. Ses représentations, sa vision du système, sa perception des autres acteurs, le sens donné aux relations créées sont autant d'informations utiles pour le chercheur et qui peuvent éclairer les logiques de participation et d'implication à l'action collective. Ainsi, le processus de recherche est axé sur un modèle pluridisciplinaire avec l'application d'une méthodologie compréhensive où les dimensions de la construction et de la relation occupent une place importante. Entre distance et engagement, cette démarche respectera les conditions de validité scientifique des connaissances produites, lesquelles serviront de base pour éclairer l'action politique des différents acteurs locaux.

En effet, cette démarche de recherche offre aussi aux décideurs et acteurs locaux un outil d'action sur leur structure et sur la formalisation du système d'action local dans lequel ils s'intègrent. Elle permet de mettre en place des outils pratiques pour agir sur les territoires en mutation par la facilitation de la formation des réseaux stratégiques identifiés, l'aide à la prise de décision dans les processus de négociation et d'élaboration de l'action collective, la formalisation des procédures de régulation et leur application. Ces outils se fondent essentiellement sur les apports de l'IE en termes de veille d'information, de collecte d'informations pertinentes et stratégiques, de protection de l'information et de sa diffusion.

Ces outils permettent également la construction et l'accompagnement d'un territoire de développement. Les acteurs locaux inscrits dans le système d'action local doivent s'approprier la démarche afin de maitriser les logiques de transformation sociale du territoire. Le diagnostic des problèmes et des blocages, la formalisation d'un plan d'action, la planification des interventions, la veille de la conduite des projets et l'évaluation des réalisations sont autant d'instruments à la disposition des acteurs locaux. La mise en œuvre de la démarche obéit à une logique de mutualisation, de synergie et de complémentarité des efforts déployés par les acteurs. Ceci n'exclut pas l'action libre des acteurs, car ils bénéficient d'une marge de manœuvre, mais veille à ce que la cohérence du système soit préservée. Pierre Teisserenc insiste beaucoup sur cette maitrise des leviers du développement : *« un développement plus autonome est fondé sur l'existence d'une capacité locale de gestion et de décision ; cette capacité interpelle les compétences des services, la qualité du partenariat et d'une manière générale, l'état du système d'action local* »[401].

L'exemple de la situation de construction du développement local à Fandène justifie de la pertinence d'une telle approche. En partant des territoires et des acteurs locaux, il est possible d'aboutir à la production d'un système d'action local, lequel participe à la création d'un territoire de développement. Il s'agit d'une approche innovante qui s'appuie sur les opportunités de l'IE pour proposer une démarche d'analyse globale des territoires, laquelle se fonde sur ses résultats pour mettre à la disposition des acteurs des outils pratiques d'action. C'est une véritable démarche de gouvernance locale, de consolidation et d'autonomie des territoires et d'ancrage des stratégies d'ouverture et de partenariat.

Les résultats de la recherche sont localisés et ont pour but d'éclairer le système d'action local afin de faciliter les divers positionnements stratégiques des acteurs locaux tout en veillant à la cohérence et à la structure du système. La valorisation des résultats de la recherche dans le territoire par l'implémentation et le transfert de compétences et connaissances est innovante dans le champ du développement local en Afrique ; Jean-Pierre Olivier de Sardan ayant appelé à plus de collaboration entre chercheurs et praticiens du développement. L'innovation se situe essentiellement sur le caractère itératif de la recherche, son ancrage territorial, la mobilisation et l'implication des acteurs dans son élaboration et sa conduite et le développement d'outils pratiques à la disposition des acteurs locaux. Cette démarche permettrait de rompre avec l'application de modèles de développement importés par la construction locale de la transformation sociale des territoires. Elle permettrait de replacer l'acteur local au cœur des dynamiques de changement au détriment des acteurs extérieurs. Elle permettrait de valoriser l'identité des territoires à l'heure de la mondialisation par une reconnaissance des capacités inventives des acteurs locaux. Elle permettrait enfin l'objectivation des problèmes et solutions de développement par des

---

[401] Teisserenc P., 1994, *Politique de développement local : La mobilisation des acteurs, op.cit.* p. 194

travaux de recherche ancrés dans les réelles conditions sociales des territoires.

L'ITS, dans sa globalité, approche théorique et approche pratique, ouvre une perspective nouvelle pour un développement endogène prenant en compte exclusivement les ressources du territoire, non sans nouer des partenariats stratégiques avec des acteurs extérieurs. Le territoire reste ainsi le champ de construction et d'application des projets et initiatives de développement que les acteurs implantés construisent au gré des interactions tissées et en fonction des opportunités offertes par l'environnement immédiat comme lointain.

Ces quelques lignes ne constituent qu'une ébauche de l'ITS[402] qui fera l'objet d'un travail de formalisation beaucoup plus approfondi. Le but étant de lancer une réflexion en termes de perspectives sur les conditions de changement dans les sociétés en situation de pauvreté en général et sur les territoires inscrits dans une dynamique évolutive de transformations sociales, comme c'est le cas dans la collectivité locale de Fandène, en particulier. Éclairer les pratiques et les logiques, rompre avec l'opacité des procédures de partenariats et d'action des organismes extérieurs, rendre lisibles les procédures de financements des actions par les projets, territorialiser la formulation des initiatives de développement, responsabiliser les acteurs locaux sont autant de défis que cette démarche contribuera à relever dans le territoire de Fandène. La compréhension des blocages à la logique de transformation sociale des territoires et leur gestion reste un enjeu capital pour tendre vers l'application d'initiatives porteuses de changement ; ces blocages étant d'ordre relationnel et non liés à la disponibilité des ressources ou à la compétence des acteurs. Il faut rappeler que les résultats de l'action collective comprise en termes de projets de développement ne sont pas lus comme des échecs ou des réussites, mais comme de nouvelles transformations du système d'action local. À la suite de Pierre Teisserenc, nous pensons que « *c'est d'abord un système ouvert sur son environnement, apte à mobiliser des ressources locales, matérielles et immatérielles, à tirer bénéfice de sa capacité à produire de l'innovation sociale au niveau des modes d'organisation, par une*

402 Nous nous appuierons beaucoup sur la méthodologie proposée par Bourret Christian., Eléments pour une approche de l'intelligence territoriale comme synergie de projets locaux pour développer une identité collective, *Projectics / Proyéctica / Projectique*, 2008/1, Vol. O, n°1, p. 79-92.

articulation étroite entre finalités économiques et finalités sociales, entre fonctions de production et fonctions d'insertion »[403].

3. Conclusion

Les problèmes de développement ont longtemps été lus par le prisme des acteurs intervenants, de l'inadaptabilité des programmes et projets, de l'incompétence des populations locales à s'approprier les logiques du développement, le blocage ou le rejet culturel de l'innovation, le manque d'inventivité des populations locales, les conséquences de la colonisation et des phénomènes d'acculturation ou même par l'insuffisance des moyens financiers déployés par les organismes internationaux[404]. Et pourtant, l'aide publique au développement a explosé, les organismes d'aide se sont multipliés au cours des dernières décennies, les populations ont bénéficié de formations dans plusieurs domaines concernant la gestion et la conduite des projets de développement. Mais force est de constater que les problèmes persistent face à l'émergence de ce que nous appelons « l'industrie du développement ».

Qu'est-ce qui pourrait expliquer et faire comprendre, avec autant de moyens injectés, avec autant d'experts investis dans la mise en œuvre de projets à travers les organismes d'aide et avec autant de capacitation des populations locales depuis les indépendances, que les pays d'Afrique en général et le Sénégal en particulier, soient dans une situation où la pauvreté s'accentue et que le développement ne connait toujours pas un décollage significatif, malgré des indicateurs quantitatifs assez flatteurs[405] ?

---

403 Teisserenc P., 1994, *Politique de développement local : La mobilisation des acteurs, op.cit.* p. 194

404 Hugon P., 1969, *Analyse du sous-développement en Afrique Noire. L'exemple de l'économie du Cameroun*. - Travaux et recherches de la Faculté de Droit et des Sciences économiques de Paris, série « Afrique » n° 3, Paris, Presses universitaires de France, VII - 325 p.

405 L'Afrique, moteur de la croissance mondiale. La nouveauté : l'Afrique est sur la voie d'un développement structurel. Ses atouts : une population jeune, une urbanisation exponentielle et un afflux de capitaux. Par Laurence Daziano, Publié le 10/11/2014 à 16 : 06 - Modifié le 24/11/2014 à 09 : 33 | *Le Point Afrique*.

La réponse est à voir dans les relations construites autour des projets de développement entre les différents acteurs qui gravitent autour des ressources mises à disposition et que génère la situation de pauvreté réelle ou perçue ou construite des populations locales et de leur territoire. Ces relations ne concernent pas uniquement une supposée « configuration développementiste » et des populations locales avec leurs réactions. Elles se disséminent dans le territoire avec l'émergence d'acteurs circonstanciels qui se positionnent et qui nourrissent des intérêts particuliers pour participer à l'action collective. Le jeu d'interactions local structure le quotidien des projets de développement avec l'apparition de logiques et stratégies qui souvent échappent aux acteurs intervenants. Certains acteurs locaux ont fait évoluer leur rôle en se plaçant plus du côté du curseur de l'individualité que de celui de la collectivité ; l'exemple des élites locales et accessoirement des courtiers locaux en est un parfait exemple.

Le développement est à ce niveau réduit aux ressources qu'il permet de mettre à la disposition des populations par les projets proposés par les organismes. Ces derniers doivent leur existence à la situation de pauvreté des populations locales à tel point que dans bien des cas, elle est instrumentalisée pour servir les intérêts des personnels y travaillant. Il faut constater que près de 80 % de l'aide apportée sont destinés au paiement des salaires des personnels et à couvrir les frais de fonctionnement. Seuls les 20 % accèdent effectivement à la population pour laquelle le projet a été financé[406]. Une situation assez révélatrice de la réalité de « l'industrie du développement » et de sa capacité à générer des flux financiers qui font l'objet d'un business d'un nouveau genre.

Face à l'apparition de nouveaux acteurs centrés sur leur personnalité, mais aussi contraints par les enjeux systémiques, et face à la perception de nouveaux enjeux financiers, le champ du développement est devenu une arène locale où conflits, intérêts, alliance, dérives rythment le quotidien des projets. Des individus se dressent, des groupes stratégiques se forment pour asseoir un positionnement sur le territoire afin de mieux tirer parti des ressources

[406] Voir « Envoyé Spécial » du jeudi 02 mars 2017 : « Avec les meilleures intentions du monde », Une enquête de Nicolas Bertrand, Thomas Donzel, Lorène Bosc et Marion Cantor.

disponibles. La structuration classique du territoire rural s'est vue transformée par l'émergence de nouvelles formes d'organisations encouragées et appuyées par les organismes d'aide et par lesquelles transitent les flux de l'aide au développement. L'existence de ces organisations garantit l'accès aux ressources, supprimant de fait ou dévalorisant l'entrepreneuriat individuel, sauf quelques rares cas d'expatriés rentrés aux villages et bénéficiant de l'appui des ONG pour développer un projet innovant.

Ainsi la direction de ces organisations locales est un enjeu de pouvoir dans les villages et se elles retrouvent instrumentalisées par les acteurs entrainant des dérives dans la mise en œuvre des projets de développement. Entre détournements de fonds, détournements d'objectifs, prédation des ressources, les exemples sont nombreux dans la collectivité locale de Fandène. Ce qui ne préside pas à l'existence d'un système d'action local tourné vers la construction locale du développement. Tous les éléments du système sont présents, mais les relations entre eux font défaut et même quand elles existent, elles ne sont pas assez structurées et tournées vers la formalisation d'une action collective profitable à la transformation sociale du territoire.

La construction d'un système d'action local, autour des acteurs présents, participe à faire du territoire un territoire de développement, c'est-à-dire, dont les acteurs maitrisent le processus de transformation sociale. Cela passe par la redéfinition du cadre partenarial local de manière à induire les initiatives de développement à partir des réelles conditions de vie des populations locales, en redonnant plus de place à l'autorité locale. Cela passe aussi par replacer l'acteur local au cœur de la dynamique de développement en contribuant à son autonomie et à l'autonomie de ses organisations qui doivent connaitre une rationalisation conforme à la nature du système d'action local. Cela passe également par l'ouverture du territoire aux apports et influences de l'environnement, car les opérations de développement même initiées dans les territoires, sont accompagnées par des organismes extérieurs, qui sont à intégrer dans le système d'action local selon des modalités de partenariat favorables au territoire.

Cette vision systémique du développement ne recentre l'analyse non plus du côté des relations entre les différents acteurs du territoire, mais va aller plus loin pour la placer du côté des logiques et facteurs de relations. La formalisation d'une approche basée sur l'Intelligence territoriale stratégique (ITS) semble comporter des promesses de réussite dans l'analyse et la compréhension des territoires en mutation comme celui de Fandène. L'intelligibilité des relations de développement est nécessaire pour produire des outils adaptés à la mobilisation des acteurs d'un territoire, à l'accompagnement de l'action collective, à la régulation des partenariats et à l'ancrage territorial du processus de transformation sociale.

L'ouverture disciplinaire d'une telle approche garantit sa rigueur. Son innovation réside dans le fait de voir les blocages des relations sociales inscrites dans le système d'action local au-delà des relations sociales elles-mêmes, mais dans les facteurs de relations, à savoir les motifs stratégiques ou institutionnels qui poussent les acteurs à se rapprocher et à faire interaction. Ces logiques sous-jacentes à la relation n'ont de sens que dans le contexte dans lequel la relation s'est inscrite et elles ont une capacité d'influence sur l'action, supérieure à celle des relations elles-mêmes. Diffuses, elles ne transparaissent que pendant le déroulement de l'action ou après sa réalisation, se confondant ainsi avec l'effet des acteurs ou des relations sociales tissées.

CONCLUSION GÉNÉRALE

À la lumière des idées qui ont charpenté tout ce travail, il est intéressant de rappeler en guise de conclusion quelques éléments clés qui ont participé à sa construction. Face au problème de notre thème de recherche abordant la question du développement, nous avons choisi de faire de cette notion une entrée pour aller questionner les réalités sociales, les pratiques sociales qu'on a appelées « actions de développement ». À ce titre, le prisme des relations sociales semble à même d'approcher le terrain pour rendre compte de l'intérieur des groupes sociaux les dynamiques qui les mobilisent lorsqu'on est en présence d'une action dite de développement. C'est ainsi que nous avons choisi de considérer le développement local comme un ensemble de relations sociales, un ensemble de dynamiques propres à un territoire dans le but de construire qualitativement ce dernier avec et pour les acteurs qui y vivent et/ou qui sont intéressés par son changement. Cette conception qui dépossède la réalité du développement de tout son pouvoir structurant, pose le territoire comme l'instance où se créent et se construisent les initiatives de développement que les acteurs, extérieurs et intérieurs, façonnent pour apporter des solutions à des problèmes posés par le vivre-ensemble. Ce climat de travail interactif entre les acteurs souvent conflictuel et engageant poussant Jean-Pierre Olivier de Sardan à le comparer à une arène.

Trois concepts et notions essentiels ont émergé de cette hypothèse de travail et renvoient à des traditions théoriques et épistémologiques qui ont nourri le débat tout au long de la recherche : les acteurs, le territoire et les relations ou interactions sociales. Au-delà de l'intérêt heuristique que soulève chacun de ces concepts dans les sciences humaines et sociales, c'est leur articulation dynamique qui a permis de dépasser les appartenances paradigmatiques et de construire une démarche interdisciplinaire pour rendre intelligible notre objet de recherche. Le territoire s'est révélé être le concept central, fédérateur, il est le champ d'exercice des relations sociales, l'arène où les acteurs entrent en compétition pour la maitrise et la gestion des ressources du développement ; mais aussi, le lieu où les initiatives, les projets de développement prennent source et sont ancrés dans des valeurs sociales et culturelles communément partagées. Tout comme l'idée d'un retour de l'acteur, même si l'acteur n'a jamais disparu du champ de l'action, on redécouvre la notion de local pour parler du territoire en opposition aux grands enjeux internationaux que mettent en avant la globalisation et la mondialisation. Ainsi, dans le cadre de notre quête, en plus d'être un espace construit, le territoire symbolise un espace de projets, d'actions et d'acteurs qui valorisent ses ressources pour construire le bien-vivre collectif. C'est en ce sens que nous avons parlé de territoire de développement pour matérialiser l'ancrage du processus de développement dans une configuration territoriale spécifique et dont la mise en œuvre n'est ni modélisable, ni reproductible. À cet effet, le développement local renvoie à un processus de mise en œuvre d'une politique de territoire, de projets de territoire qui s'inscrivent dans une dynamique continue de transformation du cadre de vie individuel et collectif.

À ce titre, l'approche systémique s'est montrée pertinente pour rendre compte de la dynamique des acteurs, des conflits, alliances, interdépendances, logiques et stratégies qui participent à façonner le projet de transformation sociale et économique d'une localité comme Fandène. Elle nous a permis d'ouvrir la recherche à plusieurs apports théoriques tout en respectant une certaine cohérence méthodologique et paradigmatique. À cet effet, nous avons intégré les apports de l'interactionnisme, de l'analyse stratégique entre autres, et les travaux d'auteurs comme Anselm Strauss, Jean-Pierre Olivier de Sardan, Alexandre Moine, Fabienne Leloup, Edgar Morin ou encore Michel Crozier. L'éclectisme qui se dégage d'un tel choix se justifie par l'objet de recherche lui-même et la volonté pour nous chercheur d'apporter le maximum de réponses pertinentes aux questionnements soulevés par la problématique. Pour éprouver cette stratégie de recherche, nous avons choisi de travailler sur un terrain, Fandène, où depuis des décennies des actions de développement étaient constatées et qui ne présente toujours pas de signes de ce qu'on pourrait appeler « développement ».

Le travail de terrain mené dans trois villages de la Commune de Fandène a révélé des résultats intéressants. En effet, si l'on considère le territoire de développement comme un système d'action local, nous pouvons classer les résultats du travail en termes de configuration du système et de relations entre acteurs. Dans chacun de ces niveaux, des facteurs bloquants au processus de transformation sociale et économique du territoire sont décelés et analysés. Aussi, la typologie des acteurs identifiés renseigne trois types objectifs : les acteurs institutionnels ou organismes extérieurs de développement ayant des représentations locales ou organismes locaux ayant leurs sources de revenus à l'extérieur ; les acteurs de la médiation, moins visibles, mais très influents, et les organisations locales des populations. Acteurs collectifs et acteurs individuels sont en relations permanentes autour de situations à problèmes nécessitant une intervention en termes de projets ou d'actions ponctuelles de développement. Ne nous limitant pas à ce niveau descriptif, nous avons cherché à mettre en exergue les modalités de rencontres, qui ne vont pas de soi, qui sont construites autour de valeurs, de représentations, et qui sont sur la *valence différentielle*[407] entre relations sociales et spécificités anthropologiques propres à chaque type d'acteur. La tension entre le pôle collectif et le pôle individuel se ressent dans les interactions autour des projets où des flux de ressources circulent devenant de véritables enjeux de lutte et de contrôle.

Par ailleurs, l'analyse a fait ressortir des caractéristiques propres à ces types d'acteurs et a permis de voir les motivations et contraintes de participation à l'action collective ; allant des logiques et stratégies de prédation, d'accaparement entre autres des acteurs de la médiation ou des leaders d'organisations locales, aux logiques corporatistes et opportunistes des organismes de développement. Ces logiques et stratégies aux principes des relations sociales construites autour des projets de développement s'imbriquent au quotidien et échappent à toute forme de modélisation rationnelle du processus de développement. Beaucoup de projets échouent à cause de la faible prise en compte de ces enjeux politiques. Cependant, une sociologie du projet démontre son importance dans la construction des relations sociales, car d'énormes ressources gravitent autour et concentrent l'intérêt de plusieurs acteurs. Le projet est aussi l'outil d'intervention

---

[407] Selon le concept emprunté à l'anthropologue de la parenté Françoise Héritier expliquant les différences construites entre les sexes et justifiant la domination des hommes sur les femmes. Héritier Françoise., 2010, *Hommes, femmes : la construction de la différence*, Paris, Le Pommier.

par excellence utilisé par les organismes de développement. Il permet de modéliser chaque intervention et de mobiliser les acteurs autour d'objectifs pour le territoire. Les populations locales s'appuient sur leurs organisations locales pour participer à la logique de projet par le biais des agents de médiation. Les organismes de développement voient dans ces groupements, qu'ils participent à créer, des relais et partenaires locaux et des interlocuteurs de projets. Beaucoup de relations se créent et renvoient à des dynamiques positives pour les populations locales et les organismes de développement, mais elles se révèlent aussi être contre-productives et mènent à des dérives.

C'est pourquoi nous pensons que la forme et le fonds des interactions créées diffèrent d'un territoire à un autre, d'un projet à un autre ; d'où notre conception d'une forme de développement unique pour chaque territoire échappant à la généralisation et au transfert systématiques.

Par ailleurs, l'incertitude des résultats des actions de développement entamées et les tensions dans les relations entre les acteurs s'expliquent aussi par les perceptions et les représentations des acteurs de ce qui les réunit : la réalité du développement lui-même. En effet, la vision constructiviste des populations locales, par le primat du lien social, se heurte à l'orthodoxie des organismes de développement qui reproduisent le discours classique de l'idéologie du développement. Cette dernière semble évoluer et s'adapter aux réalités des pays pauvres, mais sa pratique ne s'est pas déconstruite pour autant. À ce titre, non seulement on relève une inadéquation de perception entres acteurs, mais une inadéquation entre discours et pratiques du développement au sein des organismes de développement. Ce double niveau d'incompatibilité est générateur de problèmes et de blocages qui sont très peu analysés dans la sociologie du développement local. Pour nous, la réponse à ces questionnements est à chercher dans les relations construites autour des projets de développement.

Au-delà de ce problème d'ordre général, l'analyse des logiques d'acteurs, des pratiques qui structurent l'action et les interactions, a fait comprendre les sources d'autres formes de blocages qui pourraient expliquer qu'après tant de décennies de développement les populations de Fandène sont toujours dans la pauvreté et continuent de compter sur la présence de tant d'organismes de développement. Face aux flux financiers qui circulent, aux ressources qui sont allouées aux organismes de développement qui se chargent de les redistribuer à « leurs » territoires d'intervention dans les organisations locales, le développement est devenu au fil des décennies une véritable industrie, un business florissant. Des individus se mobilisent, des groupes se forment et semblent prêts à participer à l'action collective, mais à vrai dire, ils cherchent d'abord à asseoir un positionnement sur le territoire pour mieux exploiter les ressources disponibles au nom du développement et jouir par la même occasion d'un statut social. On peut donner les exemples des détournements de fonds, des détournements d'objectifs, de la prédation des ressources, qui caractérisent des profils d'acteurs, et qui sont autant de blocages à l'action collective et à sa mise en œuvre.

Face à ces dérives et problèmes, des solutions ont été proposées par les acteurs selon leurs positions et leurs perceptions de la situation. Après analyse, il ressort de cela que la construction d'un système d'action local semble nécessaire pour faire émerger un territoire de développement, c'est-à-dire un territoire dont les acteurs maitrisent le processus de transformation sociale. Pour cela, il est nécessaire de redéfinir le cadre partenarial local avec une place centrale à l'autorité locale, de replacer l'acteur local au cœur de la dynamique de développement, de rendre autonomes les organisations locales, d'ouvrir davantage le territoire à son environnement et d'intégrer les organismes de développement extérieurs au système d'action lui-même. Il s'agit d'une vision systémique du territoire et du processus de transformation sociale, qui cherche à faire de la qualité des relations de développement un tremplin de réussite des actions et initiatives des acteurs. En prolongement de cette vision, nous avons formulé une approche basée sur l'Intelligence territoriale stratégique, sorte de démarche méthodologique pour l'analyse et la compréhension des territoires en mutation comme celui de Fandène. Cette approche offre une ouverture disciplinaire pour répondre aux caractéristiques multidimensionnelles du développement, en permettant ainsi aux praticiens et théoriciens de toute origine de participer à une action de développement pour garantir de meilleurs résultats[408] ; de la phase de détection du problème jusqu'à l'évaluation du ou des projet(s)

[408] Appel lancé par beaucoup de chercheurs notamment par Jean-Pierre Olivier de Sardan.

retenu(s). Il s'agit d'une perspective de travail et de recherche à construire davantage, à éprouver pour l'ajuster au mieux et lui donner un contenu pertinent pouvant donner des résultats probants.

Cependant, en marge de cette approche qui pourrait être intéressante à mettre en œuvre dans le cadre d'études ultérieures, un problème que nous avons rencontré sur le terrain focalise davantage notre curiosité. Il s'agit du manque d'informations, en tout cas au niveau des organisations locales et des organismes locaux de développement, sur les origines diverses et variées des financements du développement local. Il se pose, à notre avis, un véritable problème de traçabilité des financements des actions de développement, de manière à pouvoir identifier les bailleurs ultimes et pouvoir aussi connaitre les orientations politico-stratégiques de telles facilités économiques. Il règne une telle opacité, réelle ou construite, nous ne pouvons pas conjecturer à ce stade, sur la circulation des financements, les zones de transit, les acteurs responsables ainsi que la part volatile de l'argent, celle qui se perd dans la « nature ». Les choses nous ont été présentées comme si l'argent dépensé par centaines de milliers d'euros ou de dollars ne suffit jamais à faire face aux préoccupations grandissantes des populations locales. Il s'agit là d'une piste de recherche dont les retombées pourraient aider à éclairer davantage les relations construites autour du développement en prenant comme entrée l'un des tendons d'Achille du développement : l'économique.

Les dernières dépêches du continent ne sont guère reluisantes. On parle de ventes aux enchères d'Africains en Lybie[409], on parle de milliers de jeunes, femmes et enfants traversant l'océan à la quête d'un mieux-vivre ailleurs. On a l'impression que les évènements se répètent avec les deux grandes tragédies de l'histoire africaine avec l'esclavage et la déportation du commerce triangulaire. Mais cette fois, la volonté de quitter le continent africain émane de la population africaine même si, en filigrane, cette situation peut être la résultante de configurations structurelles découlant de la politique internationale. Comment

409 Compte rendu : Libye : des migrants vendus aux enchères comme esclaves. Des journalistes de CNN ont filmé une vente d'êtres humains. L'ONU a dénoncé une situation « inhumaine », et la Libye assure qu'une enquête va être ouverte. LE MONDE Le 15.11.2017 à 23h02 • Mis à jour le 16.11.2017 à 06h16. http://www.lemonde.fr/afrique/article/2017/11/15/libye-des-migrants-vendus-aux-encheres-comme-esclaves_5215509_3212.html#FchGQCPAjrQkCye5.99.

construire un mieux-vivre africain de manière à fixer la population africaine dans le continent ? Cette réflexion pourrait être un début de réponse avec l'exemple de la Commune rurale de Fandène. Mais il est évident que des recherches plus approfondies doivent être menées de manière à fournir des cadres de réflexion et d'action aux décideurs souhaitant participer à l'émergence économique, sociale et politique du continent africain.

L'expérience du COVID 19 a montré les limites du modèle de développement actuel et rappelé l'impératif des communs dans un monde disruptif et de plus en plus morcelé. L'homme de demain devra composer avec l'exigence d'être humain parmi d'autres.

TABLE DES MATIÈRES

Structures éditoriales du groupe L'Harmattan

L'Harmattan Italie
Via degli Artisti, 15
10124 Torino
harmattan.italia@gmail.com

L'Harmattan Hongrie
Kossuth l. u. 14-16.
1053 Budapest
harmattan@harmattan.hu

L'Harmattan Sénégal
10 VDN en face Mermoz
BP 45034 Dakar-Fann
senharmattan@gmail.com

L'Harmattan Cameroun
TSINGA/FECAFOOT
BP 11486 Yaoundé
inkoukam@gmail.com

L'Harmattan Burkina Faso
Achille Somé – tengnule@hotmail.fr

L'Harmattan Guinée
Almamya, rue KA 028 OKB Agency
BP 3470 Conakry
harmattanguinee@yahoo.fr

L'Harmattan RDC
185, avenue Nyangwe
Commune de Lingwala – Kinshasa
matangilamusadila@yahoo.fr

L'Harmattan Congo
67, boulevard Denis-Sassou-N'Guesso
BP 2874 Brazzaville
harmattan.congo@yahoo.fr

L'Harmattan Mali
ACI 2000 - Immeuble Mgr Jean Marie Cisse
Bureau 10
BP 145 Bamako-Mali
mali@harmattan.fr

L'Harmattan Togo
Djidjole – Lomé
Maison Amela
face EPP BATOME
ddamela@aol.com

L'Harmattan Côte d'Ivoire
Résidence Karl – Cité des Arts
Abidjan-Cocody
03 BP 1588 Abidjan
espace_harmattan.ci@hotmail.fr

Nos librairies en France

Librairie internationale
16, rue des Écoles
75005 Paris
librairie.internationale@harmattan.fr
01 40 46 79 11
www.librairieharmattan.com

Librairie des savoirs
21, rue des Écoles
75005 Paris
librairie.sh@harmattan.fr
01 46 34 13 71
www.librairieharmattansh.com

Librairie Le Lucernaire
53, rue Notre-Dame-des-Champs
75006 Paris
librairie@lucernaire.fr
01 42 22 67 13

www.ingramcontent.com/pod-product-compliance
Lightning Source LLC
LaVergne TN
LVHW011443061026
849535LV00004BA/932
* 9 7 8 2 3 4 3 2 4 2 3 8 5 *